平等の方法

ジャック・ランシエール

市田良彦・上尾真道・信友建志・箱田徹　訳

La méthode
de l'égalité

Jacques Rancière

航思社

平等の方法

目次

はじめに　7

第Ⅰ章　生成過程　13

幼年時代と青年時代 — 高師時代の教育 — 『資本論を読む』 — 共産党路線との関係 — 六八年五月、ヴァンセンヌ、プロレタリア左派 — 分岐 — 『プロレタリアの夜』のなかで — 方法の誕生：読み書きの仕方 — ミシェル・フーコー — 『論理的反乱』と「五月」の退潮 — 映画、左翼フィクション、民衆の記憶

第Ⅱ章　いくつもの線　101

相続と特異性 — 反体系的体系性 — 空間の優先、時間の再考 — 過剰あるいは出来事 — シーンをどう定義するか — 発話による主体化 — 能力あるいは可能性 — 美学革命か民主主義革命か — 哲学的エクリチュールと普通の言説 — 効果としての哲学 — 残りはあなたのもの — 思考の笑い

第Ⅲ章 鬩　　181

脱神秘化あるいは脱構築 ── コンセンサスと愚鈍 ── 支配を払いのける ── 無意識を位置づける ── 象徴秩序の平等な喪失 ── プロレタリアの過去と現在 ── 平等／不平等 ── 〈共〉の動的編成 ── 脱アイデンティティと主体化 ── 政治と制度 ── 社会の場所 ── 新しさと歴史性 ── イメージの散乱はもう一つの芸術体制であるか ── ポピュラーカルチャー

第Ⅳ章 現在　　271

可能なものの地図作成 ── 現在の姿、「ポリス」のあり方 ── 切断、革命、反乱 ── 新たなインターナショナリズム？ ── 移住する身体、苦しむ身体 ── 人間、人間でないもの：政治的エコロジーについて ── 脱現実化した世界：どのように情報を得るか？ ── 三面記事、ありふれた生、調査 ── 不安定で庶民的な生の技法 ── 感覚的なものの分割と現代アート ── 社会主義の未来 ── 政治経済学 ── インタビューと対話

訳者あとがき　338

事項索引　355　　人名索引　389

【凡例】

・訳文中、原則として以下のように示した。なお、（）と［］は原文どおり。

『』　書名、雑誌名、新聞名など
傍点　原文におけるイタリック体による強調
〈〉　原文において大文字で始まる語句
「」　原文の « »
〔〕　訳者による補足説明

・注釈は＊で示して傍注として左頁端に掲載した。原注と訳注をあわせて通し番号を付し、訳注は冒頭に「訳注――」と記して区別した。
・人物に関する注釈は、巻末の人名索引にあわせて掲載した。
・引用されている外国語文献のうち、既訳があるものについてはすべて参照したが、本書の文脈・文体に合わせて新たに訳し直した。

カバー写真：Roe Ethridge

平等の方法

Jacques Rancière
La méthode de l'égalité

Entretien avec Laurent Jeanpierre et Dork Zabunyan

© Éditions Bayard, 2012

This book is published in Japan by arrangement with Éditions Bayard S.A.,
through le Bureau des Copyrights Français, Tokyo.

はじめに

同世代のフランス人哲学者のなかで、最近のジャック・ランシエールは間違いなく、多様な職種の人々からインタビューされる一人である。彼がこうした特別な存在であることは偶然ではない。本人が文中でも説明しているように、インタビューに応えることは、短絡や単純化の危険がつきまとうため研究活動と同一視されえなくても、彼が一九七〇年代から倦むことなく擁護してきた「方法」の重要な一部をなしているからである。その「平等の方法」を本書のタイトルに選んだのも彼である。インタビューの場合にも、思考は書物に負けず劣らず活動している。この「方法」の特徴のひとつは、「思考に固有の場などない。思考はあらゆる場所ではたらいている」[*1]とみなすことだ。とはいえ、過去のインタビューの多くがすでに書籍化されている[*2]ところに、新たな一冊を加えるのはどうしてか。

　われわれインタビュアーには、二つの目標が指針としてあった。第一に、この四部構成のロング・インタビューを、さかんに読まれ言及されているアクチュアルな理論家の思想への入門とすること。それゆえ、読み手が機械的に繰り返し、なんとなく使うだけになりやすい概念やスローガン（感覚的なものの分割、不和〔dissensus〕、無知な教師、不和〔mésentente〕[*3]、分け前なき者の分け前など）について、起源・役割・定義をはっきりさせる必要があった。そこでわれわれは、定式の壁の向こうにあるいくつもの点について、ジャック・ランシエール本人に詳しい説明を求めた。それにより、彼の思想を構成するいくつかの要素を掘り下げ、明確にしようとしたのである。こうしたねらいは第二の目標、ランシエールの哲学プロジェクトを統一的なものとして再構成することにつながる。根強い誤解もあって、彼のプロジェクトは「政治」の時期と「美学」の時期とに区分され続けている。だが実際には、主著『プロレタリアの夜』以降どの著作でも、彼は両者を対置することを退けているのである。能力／権限のある／なしを固定領域にあらかじめ割り振ることと同様に。ランシエールはむしろ、見ることと考えることがいかに干渉しあい、たがいに循環するか、またそれらがどのように連携して闘うかを研究してきた。これは平等の方法の定義でもある。領土と能力の再配置、そこから出てくる語と事物の意味の変化に注目することに、平等の方法は方法としての一貫性を見いだす。しかし、著作群はパースペクティブと方法の統一性をもつのと同時に、いくつもの屈曲、時代的変化、見直しを経てきた。いまもなお、その途上にある。本書ではそれについても語られるだろう。

第I章（「生成過程」）では、一九四〇年生まれのランシエールの知的形成と青年時代の著作を通して、彼の知的プロジェクトができあがるプロセスを振り返っている。彼が自著として世に出した最初のテキストは、ルイ・アルチュセールの監修により一九六五年に刊行された『資本論を読む』への寄稿論文である。七四年には、『アルチュセールの教え』の出版により、六九年以来明らかではあったユルム街のマルクス主義哲学者[*4]との方法論的かつ政治的断絶が公然と確認される。八〇年、ランシエールはジャン＝トゥーサン・ドゥサンティを指導教官として、学位論文『フランスにおける労働者思想の形成――プロレタリアとその分身』を書き上げる。これは翌年『プロレタリアの夜』として刊行された。彼の思想全体に枠組みを与えている問題群が、この時期に結晶化したように思われる。それらはまた、ランシエールが六八年五月から得た教訓や、それをもとに知識人の任務やかれらの知と言説の限界について彼が新たに下した診断から生まれたものでもある。

＊1　二〇〇五年にスリジー＝ラ＝サールでランシエールをテーマに研究集会が開催された際、閉会の辞で本人が述べた言葉。発言の全文は翌年出版された集会の記録に「平等の方法」という題で収録されている。以下を参照。*La philosophie déplacée-Autour de Jacques Rancière*, Laurence Cornu et Patrice Vermeren (dir.), Lyon, Horlieu, 2006, p. 519.〔未邦訳、『移動した哲学――ジャック・ランシエールをめぐる討論』〕

＊2　*Et tant pis pour les gens fatigués. Entretiens*, Paris, Éditions Amsterdam, 2009.〔未邦訳、『疲れた人々にはお気の毒さま』〕

＊3　訳注――二つの「不和」の異同については、第I章注39を参照のこと。

＊4　訳注――アルチュセールのこと。パリのユルム街に、彼の勤務校かつ住居である高等師範学校があった。

第Ⅱ章（「いくつもの線」）では、ランシエールの研究を内在的に読み解くさまざまな道筋を示すことで、彼の仕事に統一性があるという仮説を検証している。とはいえ、ランシエールの思想とその主要カテゴリーを要約・反復しようというのではなく、その輪郭や下位区分を描きだそうというのでもない。彼がほかの主題について勧めているように、われわれもまた、ひっそりと生じている移行やいくつもの往還を探そうとしたのである。それはしばしば、彼の仕事を古典的哲学問題に照らし合わせる作業を通じて行われた。言表行為としての哲学には、格別の注意が払われた。それは、ランシエールの仕事が権威ある言説生産者に向けてきたさまざまな問いを本人に差し向け、それらを一つの全体として浮き彫りにするためである。われわれはつまり、ある一般哲学というより、ある理論スタイルを把握しようとしたのである。

　続く第Ⅲ章（「閾」）では、ランシエールの仕事を同時代の思想家と対決させている。彼の仕事に対して繰り返し現れる反論のいくつかと、新たに出現している批判的問いを検討している。彼の仕事と同時代の重要な仕事とのあいだには、連関や差異が少なからず存在しているはずである。今後おそらく、それらを体系的、綿密に論じる研究者が次々現れるだろう。しかしわれわれとしては、論者の名前を挙げることはあまりせず、むしろいくつかの異論、誤解、論争点を、誰が問題になっているかを明示せずに浮かび上がらせようとした。ここではいわばランシエール概念群の果てるところが問題になっている。

　最後の第Ⅳ章（「現在」）では、ランシエール思想のアクチュアリティと可能性を問おうとしている。取り上げられたテーマは多い。しかし彼の方法からして、ランシエールはそれらに専門家や科学の立場からかかわろうとはしないだろう。テーマへの関係はあくまで、解放の現代的実践に欠かせない問いを投げかけ、今という時代に向ける眼差しを特定するためにある。この眼差しがとくに目を向けるのは、今という瞬間には多くの現在が横切っているという事実である。一貫性、統一性をもつとはいえ、ランシエールの知的プロジェクトは、複数の時間がきたす不調和によってたえずはじまり直すよう強いられているのである。

われわれのインタビューを構成するこれら四つの契機は、本書の可能な読み方の一つを提示しているにすぎない。「階層的思考を拒否する」立場に一挙に身を置くことではじまった理論的歩みには、読者が本書を別の多方向に読み進めることがなによりふさわしいだろう。

聞き手＝ローラン・ジャンピエール[*5]
ドール・ザビュニヤン[*6]

＊5　訳注——パリ第八大学政治学科教授。「トランスナショナルな社会」を社会学的、政治社会学的に分析することを第一の研究課題とする。英米の政治学を知識社会学的に分析した論文もある。

＊6　訳注——リール第三大学准教授。専門は映画論で、映画を「不純な芸術」とみなす視点から、漫画やテレビ、流行音楽など他の大衆文化ジャンルと関連させながら論じる。

第I章

生成過程

幼年時代と青年時代

――学校時代の話からはじめましょう。『プロレタリアの夜――労働者の夢のアーカイヴ』[*1]（一九八一年）を刊行するまでのあいだに、あなたの思想形成の材料となったものについてもうかがいたい。高等師範学校〔以下、高師〕入学以前にこれといった思い出があれば、まずそれからお願いできますか。望むと望まざるとにかかわらず、フランスでは、高師準備学級から高師入学試験にかけての時期が、知的歩みのうえで重要な要素となることがよくあります。あなたにも当てはまるところがあるのでは？

私は高師にある意味で「機械的に」入学しました。もちろん試験を受けて合格しなければなりませんが。一二歳のとき、考古学者になりたいと思った。すると周りから言われたんです。考古学者になるなら高師の準備学級に通わなければならないよ、ラテン語とギリシャ語もやりなさい、と。それで〔高校で〕ラテン語・ギリシャ語コースに進むことにしたんです。考古学への興味は失いましたが、そのままの勢いで勉強しました。文系科目が得意だったので、王道とされる道を歩んだわけです。健康を大きく害したことを別にすれば、準備学級時代にとくにトラウマになるような思い出はありません。むしろちょっと奇妙な経験をしましたね。ひどい教師がほんとうに多かった。それではじめて、教員序列の頂点にいることと、教育者としての力量やレベルの高さとのあいだにはなんの関係もない、と気づきました。定期試験と選抜試験に奇妙なしきたりがあることも知った。「叙任」すると同時に屈辱を味わわせるのが習いだったんです。思い出しますね、さるソルボンヌの大物教員が、私が口を開いたとたんにさえぎって、こう言った。「君ね、それが悪い説明の見本なんだよ」。ところがその後、成績表を見ると「良」です。これは私の経験の一部になり、ずっと後になってからですが一定の役割を果たすことになります。というのも高師に入学してしまえば、なにはともあれ、超難関入試の合格者として知や科学の名で発言できる人物の仲間入りですから。選抜試験や定期試験を通して叙任と屈辱の仕掛けに悩まされた学生時代の経験と、後になって、アルチュセールが企てたイデオロギーに対する科学の闘争に、たいして迷いもせずに参加したこととのあいだには、矛盾があると言っていいかもしれません。

――高校時代はパリにいたのですか。

＊1　訳注――Jacques Rancière, *La Nuit des prolétaires: archives du rêve ouvrier*, Fayard, 1981

そうです。二歳のとき〔一九四二年〕にアルジェリアを離れました。マルセイユにいたのは一九四二年から四五年までです。その後の子ども時代はずっとパリ。正確には〔一七区の〕ポルト・ド・シャンペレです。そこは複数の世界が接するところだったこともあって、一定の影響を受けました。シャンペレ門は、その後取り壊されてしまう地区の端にあり、左手にはブルジョワ地区であるヌイイ〔＝シュール＝セーヌ〕、右手には、当時はまだ労働者地区だったルヴァロワ〔＝ペレ〕がありました。リセはヌイイにあり、生徒数はかなり多かった。パリ郊外北西部全域から生徒が集まってきたのでね。人口がかなり多い郊外地区の生徒も来ていました。きわめて第四共和制的な雰囲気のなかで、子ども時代を過ごしました。戦争直後の、配給が行われ、停電や故障、ストの多い雰囲気のなかで〔当時、軍用トラックがスクールバス代わりでした〕、またきわめて雑多な社会環境のなかで過ごしたわけです。ヌイイには共産党の市議もいました。そのパストゥール校は郊外屈指のブルジョワ地区にあり、各地から生徒が通ってきていた。サッカーの試合は〔ヌイイ近くの〕ピュトー島でやるのですが、そこはまた違ったタイプの地区で、試合になると一、二週間は〔一六区にある伝統校の〕ジャンソン・ド・サイイ校の生徒から職業訓練校のチームまでと相まみえるのです。対立と混交が同時に存在するこうした環境で、私は育ちました。当時の記憶は、栄光の三〇年[*2]とベビー・ブーム時代のありふれた光景に埋もれています。

　私の経験には、かすかに進歩派カトリック的な良心のフィルターがかかっています。キリスト教学生青年団[*3]（JEC）に入り、はじめて〔カール・〕マルクスを知ったのも、青年団でリセ生徒を受けもっていた司祭が、感心しながら読んでいた本を見せてくれたときのこと。〔ジャン＝

イヴ・〕カルヴェスのマルクス論[*4]です。つまり、私がマルクスに興味をもつきっかけは、アルチュセール主義が後に全面否定するテーマ、なかでも疎外論だったのです。マルクスとの出会いは、〔ジャン＝ポール・〕サルトル経由でもありました。はじめて哲学に触れたのはサルトル、とくに小説や問題劇のサルトルです。リセの最終学年〔一八歳〕になる前には、サルトルを哲学的作家として読んでいました。当時は、実存や不条理、アンガジュマンなどをめぐる大哲学論争がまだ行われていた、言わばサルトルと〔アルベール・〕カミュの全盛期です。最初に読んだ哲学書は、〔サルトルの〕『実存主義とはヒューマニズムである』〔一九四六年〕です。だから哲学の授業に出て、注意や知覚、記憶の講義を聞いたときにはがっかりしましたよ。それでも幸運なことに、一年後にアンリ四世校[*5]の受験準備学級で、エティエンヌ・ボルヌの哲学講義を聞くことができた。この講義には、目を開かされるものがありましたね。「大哲学者たち」との情熱的な出会いを果たしたわけです。たまたまデカルトにおける身体と魂の区別について発表があたったので、

---

*2 訳注──第二次世界大戦後から石油危機にいたるフランスの戦後復興と経済成長の時期を指す。

*3 訳注──一九二九年設立の進歩的なカトリックの学生組織。対独レジスタンスに積極的に参加。一九六〇年代まで学生インテリ層に一定の影響力を持つ。アルチュセールも会員だった。一九六〇年代以降は急進化するが、ランシエールが高校生だったのは一九五〇年代のこと。

*4 Jean-Yves Calvez, *La pensée de Karl Marx*, Paris: Éditions du Seuil 1956.〔未邦訳、ジャン＝イヴ・カルヴェス『カール・マルクスの思想』〕

*5 ルイ＝ル＝グラン校と並ぶ名門進学校。ともにカルチエ・ラタンにある。

必死で『省察』と〔『省察』中の〕「反論」、「答弁」を読みました。私の哲学的素養は、知識一般についてもそうですが、断片的、局所的、限定的、点的に形成され、網羅的なものではまったくない。教えるなかで学ぶこともあったし、カリキュラムによって求められる限定された作業から形成されることもありました。するとすぐに、私はそこから議論を別の方向に広げてしまうんです。

――その二つは両立できましたか。受験が待ちかまえているのに……。

そもそも、仕組みがわかっていませんでした。アンリ四世校では、うちが一番できるのだ、よその生徒はただの惨めなガリ勉だ、と思いこまされていた。でも、ふたを開けたら不合格者の山ですよ。ルイ＝ル＝グラン校に行ってみると、教授陣は全然ぱっとしないし、生徒もおおむね地味。でも、わかったんです。要は、ホメロスの引用が出てきたら、どんなものでもその場で適当に訳せるようになればいいだけ。ギリシャ語の口述試験では、テキストが予告されていて、矢継ぎ早に質問される。そしてホメロスから引用された一〇行ほどの文章を、その場で訳さないといけない。哲学や文学の名作はさておいて、入試対策は問答無用の厳密な訓練だ、ということがわかりました。だからとにかく訓練に励んだし、当時勉強したことはいまでも忘れていないと思いますよ。現在、共和主義教育や、大きなテーマ――人文主義的教養に浸ること、思考することを学ぶこと、批判的精神を習得すること――について、熱のこもった論文を書く人たちはみな、自分の過去のことを忘れているようですが。かれらも私のように、講義プリント〔当時、歴史の授業はプリント学習でした）や、ギリシャ語の小辞一切の意味を記したカードで「訓練」し、試験を突破していたはずなのに。当時「プチ・ラテン語」や「プチ・ギリシャ語」と呼ばれていた訓練ですね。どんなテキストであれ、その場で訳せるよう、日々訓練を積んでいました。

――高師という「城塞」の話をする前に、先ほど触れられた家庭環境についてお聞かせください。家族や親戚に学校や大学の教師がいましたか。

いいえ。家族に学者や大学教員はいませんでした。父はドイツ語を始めたものの、県庁に就職するとやめてしまい、一九四〇年六月にフランス本土で亡くなりました。母は役所勤めでした。父もおじも役人でした。母が役所に勤めだしたのは、仕事をしないといけなくなったから。私は学者や大学教員の家庭の出ではありません。

――お父様は戦争で亡くなったのですね。

そうです。一九四〇年六月、休戦協定の直前です。母はそれからずっと独身でした。女一人で三人の子どもを懸命に育ててくれました。私は、守ってくれる人のいる、一体感のある、温かい家庭で育った。たしかに父親はいなかったけれど、かわいそうな子どもだったことはありません。唯一大変だったのは、リセに入ったときです。それまでは家でも小学校でも、周りは女ばかりでしたから。男だらけの世界にいきなり入ったことが、青年時代ではいちばんつらい経験でした。

――アルジェリアの話が出ましたが、アルジェリア戦争は高師入学以前のことですよね。なにか影響されましたか。

言ってみれば、アルジェリアには二重の思いがあった。私の身の回りには、アルジェリアから送られてきた物や書類、本、絵はがきなどがたくさんありました――一面バラ色に染まったブージー〔＝現在のベジャイア〕の停泊地、真っ青なクレア、暗褐色のティムガッド遺跡など、植民地アルジェリアの風景を刷った絵はがきです。それらに囲まれて、アルジェリアをいわば夢の国として見ていたのです。しかし他方、私はアルジェリア戦争〔一九五四-六二年〕の時代を経験した。その前にインドシナ戦争〔一九四六-五四年〕がありましたが、私が政治活動に目覚めたのはアルジェリア戦争のときです。しかし私は、アルジェリア戦争をアルジェリア出身者として経験したのではない。『レクスプレス』誌を読み、〔ピエール・〕マンデス＝フランスを尊敬しつつギイ・モレを嫌う、当時の一青年として経験したのです[*6]。宗教界はかなり右に政治化していました。キリスト教西洋の文明を守ろうという、激烈な調子のビラが教室で配られたのを覚えています。正直に言えば、私は少し政治的に動揺していた。けれども、私が付き合いのあったカトリックの人たちは、どちらかといえば進歩的でした。

高師に入ったのはそれから少し後、秘密軍事組織[*7]（ＯＡＳ）の活動と、それに反対する大きなデモが起きていた頃です。一九六一－六二年というのはきわめて重要な時期です。警察によるリンチ事件〔六一年一〇月一七日のアルジェリア人虐殺〕を受けて行われた最初のデモの一つは、高師からスタートしました。一回目は数十人でしたが、翌日か翌々日には、数百人がモンパルナス大通りをデモ行進しています。それ以前には、私はいかなる政治組織にも属していません。カトリック青年運動にはいろいろ参加していましたが、この潮流は、どちらかと言えば左翼的な感覚があったにせよ、政治運動ではない。ところが高師に入ってみると、雰囲気がつねにざわついており、学生総会がたびたび開かれる。総会を主催していたのは共産党の人間で、かれらが方針を出し、われわれはそれを支持したりしなかったり。というわけで、私の経験はアルジェ生まれであることとは関係ないのです。アルジェリアが独立してからようやく、かの地に行ってみようかなと思ったのです。アルジェで教師をしたいと申し出ましたが、それは一九六九年になってからのことです。

*6 訳注――一九五〇年代後半のランシエールが政治的には中道左派であったことがわかる記述。五三年に創刊された週刊誌『レクスプレス』は植民地体制の終結を訴え、マンデス＝フランス支持を鮮明にする中道左派の雑誌だった。

*7 訳注――大統領に就任したド・ゴールは、アルジェリア独立容認路線をとった。これに反発した極右民族主義者らが、一九六一年一月に結成した組織。約二年のあいだに、アルジェリアでの軍事クーデター未遂事件、活動家や要人への爆弾テロ、ド・ゴール暗殺未遂事件など、数々のテロを起こした。

高師時代の教育

——高師入学時点で、考古学者になる気はすでになかったとのことですが、哲学をやることは決めていたのですか。

いいえ。高師の一年目は、文学か哲学かで専攻を決めかねていました。とりあえず文学部に登録しました。〔ルイ・〕アルチュセールに会いに行ったのですが、哲学を熱心に勧められたわけではない。かなり迷いましたね。二年目になって一念発起し、専門を決めなければいけないこともあって、哲学部を選びました。ソルボンヌには授業登録と試験のために行きましたが、それ以外では行ってません。いや、例外が一つ、文学部に登録していたころは、文献学の講義に出ないといけなかった。我流では無理な科目です。独学するには時間がかかりすぎる。とにかく一年目、文学部の学生だったときには文法と文献学の必修講義に出ていましたが、哲学の講義にはほぼ出ていません。高師でも、哲学の授業はありませんでした。当時は教員集団というものがなく、いたのは復習教師《カイマン》*8だけ。アルチュセールはいたりいなかったり。自分ではほとんど講義をせず、人を呼んできて講義やゼミを開いていました。ただし出席の義務はなし。ソルボンヌでは哲学教育をほとんど受けなかったし、高師でも似たようなものです。学校ではほとんど哲学をやってないんですよ。勉強したのは教授資格試験《アグレガシオン》の年だけです。

――当時は、〔ジョルジュ・〕バタイユや〔モーリス・〕ブランショなど、哲学との境界に身を置く作家がいた時代でしたね。文学論争はフォローしていましたか。

まったくしていません。ブランショやバタイユの存在を知ったのは、いつだったかはっきり覚えていませんが、おそらく教授資格試験《アグレガシオン》に合格した後でしょう。言いすぎかもしれませんが、私の関心領域からは完全に外れていた。繰り返しますが、私の目に入っていたのは一七歳のときはサルトルで、したがって彼が取り上げた人々、一九三〇年代の大作家たちです。〔ウィリアム・〕フォークナーや〔ジョン・〕ドス・パソス。もちろん、サルトルはブランショやバタイユにも言及していた。でも、その部分は飛ばして読んでいたんでしょう。あとは〔R・M・〕リルケが大のお気に入りでした。最初に聴いた哲学の講義がジャン・ヴァールのリルケ講義だったからです。ソルボンヌの公開講座を、リセから帰るとラジオで聴いていたんです。ヌーヴォー・ロマンなるものがあることは知っていましたが、少ししか読んでいませんね。『神話作用』の著者としての〔ロラン・〕バルトは知っていました。二〇歳の頃に親しんだのは、すでに構造主義を名乗ってもおかしくなかったモダニズムであり、もっと大まかに言えば「前衛的」と言っていいものです。

＊8　訳注――高等師範学校（ENS）で教授資格試験の試験対策を担当する教員。個人指導のほかに授業を行うこともあるが、学位にかかわる単位認定の権利はもたない。アルチュセールは一九四八年の着任から八〇年の退職までずっとこの役職のままだったことでも知られる。

ただし私にとっての「前衛」であり、歴史的な前衛と重なるわけではありません。私がその言葉で指していたのは、ヌーヴォー・ロマン、ヌーヴェル・ヴァーグ、ドメーヌ・ミュジカル[*9]の演奏会、抽象絵画でした。端的に言えば、一九五〇‐六〇年代の現代芸術ですね。ただシュールレアリスムのもろもろの遺産は別です。私にはまったく関心がありませんでした。

――哲学で言うと、〔ジャン・〕イポリット、〔ジョルジュ・〕カンギレム、〔フェルディナン・〕アルキエなどの教授陣のことは覚えていますか。当時はまだ存命でしたよね。

高師の校長としてのイポリットは知っていました。でも、哲学者や教師としてはすでに引退していた。アルチュセールはいましたが、教員ではなかった。アルチュセールについては講義よりも、会話や書いたものからインスピレーションを得ましたね。彼はよく人を呼んできました。〔ミシェル・〕セールが何度か講演して、それはなかなかのものだったという印象があります。〔ミシェル・〕フーコーが学校に来てゼミの告知をしたけれども、そのまま流れたということもあった。そういうわけで、当時、哲学の授業にはほとんど出ていないんです。しかし二年目になると、若きマルクスの研究をはじめました。たしか哲学をすると決めたとほぼ同時に、若きマルクスの批判概念について、高等教育修了証書[*10]（ＤＥＳ）論文を書くことにしたはずです。〔ポール・〕リクールに面会すると、疎外か物神崇拝の研究を勧められたのですが、断りました。若きマルクスの批判概念を研究したかったのです。

哲学的主題ではなく、思想実践について研究がしたかった。若きマルクスはよく読みました。哲学者としての私の出発点は、薪拾いを禁止する法律にかんするマルクスのテキストの注解です。*11 一九六一－六二年度の冬学期のこと。結構おかしな話なのですが、その少し前にアルチュセールに会いに行くと、こう言われたんです。「いいかね、君が哲学でうまくやれる保証はないけれど、やりたいのなら是非やってみなさい」。私の発表を皮切りに、アルチュセールはマルクスにかんするゼミをはじめました。たしか一九六一年の年末です。*12 木材窃盗法についての発表を終えると、アルチュセールがやってきて「教授資格試験《アグレガシオン》は問題ない。哲学にかんしては大丈夫だ」と言ってくれた。二年間は、もっぱら若きマルクスの研究でしたね。同時に心理学の学士号をとりました。社会心理学、児童心理学などもやって。実習もそこそこやりましたよ。イデオロギーと表象の問題を扱うのだから、心理学をやってみるのも面白かろうと思ったわけです。実際にはなんの役にも立ちませんでしたけど。

哲学史はほとんどやらなかった。ソルボンヌで哲学史の講義に合格してしまうと、勉強する理

*9 訳注――ピエール・ブーレーズが創設した室内アンサンブル。

*10 訳注――一九六六年まで存在した国家証書。教授資格試験《アグレガシオン》を受験するにあたり、学士号以外に必要な資格だった。

*11 訳注――マルクス「木材窃盗取締法にかんする討論」『マルクス・エンゲルス全集』第一巻所収。

*12 訳注――アルチュセールの一九六一－六二年度の演習テーマは「若きマルクス」だった。

由もなかったので。ただ講義やゼミがきっかけで、哲学者に興味をもつようなことはありました。受験準備学級以来、哲学史は教授資格試験《アグレガシオン》の年になってようやく手をつけた――というか、やり直したのです。その年度はじめのことはよく覚えています。カンギレムがその年の教授資格試験《アグレガシオン》審査員長だったのですが、そのせいで彼の科学史講義が、それまでせいぜい五、六人、〔エティエンヌ・〕バリバールと〔ピエール・〕マシュレほか数人しか出ていなかったのに、いきなり満員だったんです。全員出席。カンギレムは、幻想を抱くなという話をしました。哲学史をわかっているかどうかにすべてがかかっている、と。そこで私は自分に言い聞かせた。「よし、俺は哲学史のことはわかっていない。でも年度の終わりには、知るべきことは身につけてやる」。一年間、カントを読んですごし、年度の終わりには、カントにかんするそこそこ細かい質問にも、あらかた答えられるようになりました。

『資本論を読む』

――ＤＥＳ論文のテーマとして「若きマルクス」というふうにおっしゃいましたが、当時すでに「若きマルクス」という言い方はあったのでしょうか。それはむしろ、「若き」マルクスと「老いた」マルクスをアルチュセールが区別した後のことではないですか。

若きマルクスについてのアルチュセールのテキストは、一九六一年の発表です。このテーマで特集を組んだ正統派マルクス主義雑誌の求めに応じたもの。[*13] アルチュセールの狙いは、まず社会民主主義者に、次いで神学者に大きな刺激を与えた「若きマルクス」を、自分なりに読んでみることにありました。ですから、「若きマルクス」という表現だったかどうかは覚えていませんが、若きマルクスのさまざまなテキストがすでに活用されていました。とくに『一八四四年の草稿』です。私にマルクスのことを教えてくれた本の場合はとくにそう。イエズス会の神父であるカルヴェスとビゴの著作ですが、疎外を論じた若きマルクスのテキストをマルクス主義のいちばんの基礎としていました。だから若きマルクスは実在していたんです。けれどもアルチュセールは、こう言った。「いやそれは本当のマルクスではない」。高師では疎外論はバカにされ、〔アンリ・〕ルフェーヴルや〔エドガール・〕モランあたりが批判の対象でした。実は誰もかれらの本を読んでいなかったのですが。私は左翼の側のマルクス主義文献群には、まったく馴染みがありませんでした。自分たちとは別世界で流通していましたからね。

つまり二つの思想領域の境界線上でDES論文の準備をはじめたわけです。一方では、私は若きマルクスのテキストに対するある種の熱狂の渦中にあった。「ヘーゲル法哲学批判序説」と

*13 訳注――後に『マルクスのために』（河野健二・田村俶・西川長夫訳、平凡社ライブラリー、一九九四年。原著一九六五年）に収録されるテキスト「若きマルクスについて――理論上の諸問題」のこと。フランス共産党の理論誌『パンセ』第九六号（一九六一年三-四月）に掲載された。

いったテキストがもつ、叙情的な部分にも巻き込まれていた。そのとき私が考えていたことに相通じるところがあったのです。哲学が己自身から出て、生に、世界になるという考えです。そうなると、哲学史の勉強にたくさんの時間を費やす理由がいよいよなくなった。そんな勉強は、哲学の終焉を宣告する思想に立ち戻る気がしただけになおさらです。若きマルクスについての研究は、こうした勢いのもとで始まりました。ところがそうこうするうちに、その勢いはアルチュセールから修正を受ける。「若きマルクス」批判によってです。私のDES論文はそれ自体で「認識論的切断」の存在を証明しているようなもの。第三部で『ドイツ・イデオロギー』を論じているのですが、リクールから「実に嘆かわしい」と言われました。「第二部までは才気煥発という感じなのに、第三部ではマルクスとともに『事実から出発しよう。それが事実だ、云々』と繰り返しているだけではないか」とね。事実の世界へのこのような下降はリクールにとって、まったく味気ないものに映ったのです。

——一九六四-六五年度のアルチュセールのゼミは、『資本論』読解がテーマでしたね。あなたの発表は、マルクスにおける「批判」概念にかんするものでした。アルチュセールがこのゼミでの発表を刊行する[*14]ことにしたのはなぜでしょう。他のゼミはどれも単行本化されていないのに。

そうです。『資本論』についてゼミをやろう、という話になったのは一九六四年。そうなるにあたってアルチュセールが言っていたのは、マルクスの哲学は『資本論』では実践状態にある、けれどもその哲学を取りだして理論的な形式を与える作業がまだ行われていない、ということです。「ここがロドスだ、ここで飛べ」ですね。それで、マルクスの哲学を『資本論』から取り出す作業にかからねばならない、と決めたわけです。私はゼミの中身や役目を考えた中心メンバーとそれほど親しくはありませんでした。にもかかわらず、「認識論的切断」を証明する作業を振られたのです。若きマルクスを専門にしているのだから、若きマルクスと老いたマルクスの違いを示してくれ、と。戦略的な任務です。私が先陣を切らなければ、あとが続かなかったでしょうから。誰も、『資本論』から哲学を引き出せるのか、抽出しうるのかなんてわかっていなかった。私が抽出したものが抽出すべきものだったとはかぎらない。でも誰かが水に飛び込まないといけない。むちゃな話でしたよ。

『一八四四年の草稿』を要約して内容が科学的でない理由を示すことは、比較的簡単でした。けれども『資本論』ですべてがどのようにして変わったのかを示すことは、一筋縄ではいかなかった。読んだことのない『資本論』をまず読まないといけないんですから。みなと同じで第一巻第一章（＝「商品」）の内容は知っていたけれど、それだけですよ。とにかく第一巻に取りかかって、第一回の発表をしました。一週間後に続きをやることになっていたのですが、アルチュセールに会いに行き、第二巻と第三巻はこれから読まないといけないし、そんなに短時間で『資本論』から

＊14　訳注――ルイ・アルチュセールほか『資本論を読む』（今村仁司訳、ちくま学芸文庫、一九九六－一九九七年）のこと。

哲学的合理性を抽出することなど不可能だ、と言いました。しかし、発表を続ける余裕があったわけです。発見したことを順に話していくというのは、やり方としてはでたらめですが。その二年前、一九六二－六三年度の構造主義をテーマにしたゼミでは事情が違った。そのときはゼミ全体が、〔ジャック・〕ラカンについてのいくつかの発表をきっかけに吹っ飛んでしまった。私は構造主義という枠組みで『ドイツ・イデオロギー』について一回発表したきりで、ラカンについても、他の有力な構造主義者についても発表していません。ラカンの発表をしたのはまずミシェル・トール、それからジャック＝アラン・ミレールです。[*15] 私は自分がマルクスの著作に読み取ったことと、構造主義ゼミの後なんとなくわれわれの頭にあったものを大急ぎで総合しなければ、と焦っていました。四回も発表したのですが、それは話が終わらなかったからです。

　ゼミをやっているときには、出版など問題になっていませんでした。もともとゼミだと予告されていたし、公開発表会になってからは、ゼミ形式を守りたかったミレールたちは出ていってしまった。年度の終わりにロベール・リナールから、「君のテキストを複写して理論教育に使いたい」と言われました。ユルム・サークルが活発に活動し、共産主義学生同盟（UEC）の活動家の理論教育をやろうとしていた時期だったからです。[*16] それでも本にする話はなかった。後になってようやく単行本化の計画を知ったのですが、それはアルチュセールの理論－政治戦略の一環であって、私は無関係です。

――テキストには修正が入りましたか、それともそのまま出版されたのですか。

そのまま印刷されました。とにかく私の分はね。アルチュセールは私のテキストに手を入れずに印刷に回した。全員の原稿がそのまま出版されたのではないでしょうか。私の書いたものは話し口調だったので、理論教育の講義に使う分にはなんの問題もなく、活動家にガリ版刷りが配られることになっていました。単行本化はその後のことで、私をはじめ、執筆者は蚊帳の外でした。

――『資本論を読む』が一九六八年に再刊される際、あなたのテキストは収録されませんでした。なにがあったのですか？　なんらかの対応を取ったのですか、それとも、あなたも知るなかで起きたことなのでしょうか。

一九六七年初め、アルチュセールから手紙が来ました。第二版を出すが短縮版にしなければな

---

*15　訳注――エリザベート・ルディネスコ『ジャック・ラカン伝』（藤野邦夫訳、河出書房新社、二〇〇一年）第二四章、および、ルイ・アルチュセール『フロイトとラカン――精神分析論集』（石田靖夫・小倉孝誠・菅野賢治訳、人文書院、二〇〇一年）所収の編者による「序」を参照。ただし、この時のミレールの発表はデカルトにかんするもの。彼が最初にラカンについて発表するのは、精神分析とラカンがテーマになった一九六三－六四年度のゼミで、一九六四年一月二一日のこと。ラカンの高師でのゼミは直前の一五日から始まった。

*16　共産主義学生同盟はフランス共産党系の学生組織。ユルム・サークルは、高師の活動家のUEC内フラクション。通称「アルチュセール派」。リナールはサークルの中心人物だった。

らない、また、いい機会だから過去の理論的誤りを修正するためテキストに手を入れよう、などと書いてあった。だから私は手を入れて、『資本論』を発見したばかりの若い構造主義者が記したいささかナイーブな箇所を削除したのです。全体もかなり書き直して〔『資本論を読む』の出版社の〕マスペロ社に送りました。すると数日後に手紙が来た。要は、頁数の都合上、第二版は刊行済みの英語版と同様、アルチュセールとバリバールのテキストだけを収めることにしたと書いてあった。それだけ。テキストの中身には一切触れていない。二人のあいだで私のテキストについてあれこれ言ったに違いないのだけれども、私は完全に蚊帳の外ですよ。一部の文章は理論的にも政治的にもしかるべきものではない、と判断したのでしょう。私のテキストは、いささか好戦的な構造主義者ふうの装いもあり、アクチュアリティをすでに失っていると考えたんでしょう。当時は誰もなにも教えてくれなかった。アルチュセールからは「ごらんの通り、テキストは二つだけ載せることになったよ」と言われただけ。なにもコメントしませんでした。少しは腹も立ったけれど黙ってました。面白くはなかったですよ、脳しんとうの病み上がりの時期に二ヶ月も作業したんですから。ただある意味、この一件と手が切れてかなりほっとしました。本当の衝突が起きたのは、一九七三年、すべてのテキストの再刊が決まったときでした。

――『レ・タン・モデルヌ』に攻撃的な論文[*17]を載せた時期ですね。

あれは私が〔『資本論を読む』再刊用の〕自分のテキストに付した序文だった。かれらの検閲にあったんです。原稿は、再刊作業をはじめていたマスペロ社に送りました。自分の原稿をフォーマット上の指示つきで受け取っていたのでね。すると、ある日知らせが届いた。序文をつける合意をしていたけれども新たな問題が生じた、だから初版のテキストをそのまま出版する、というのです。どうしてあのテキストを『レ・タン・モデルヌ』に送ることになったかはよく覚えていない。〔当時の編集長の〕アンドレ・ゴルツが受け取り、掲載を取りはからってくれたのです。

——そうすると、『アルチュセールの教え』[*18]（一九七四年）の構想はこの時期に具体化したのでしょうか。

違います。それは『ジョン・ルイスへの回答』[*19]（一九七三年）が刊行されたときのことです。こんなくだらないテキストにこんなに反響があること自体、なにかの兆候のように思えたから。どうやら昔に舞い戻っている、とも。左翼主義ふうではあるけれども、根本的には過去の出来事、

---

*17 « Mode d'emploi pour une réédition de "*Lire le Capital*" », *Les Temps modernes*, n° 328, novembre 1973, pp. 788-807.〔未邦訳、「再版された『資本論を読む』の使用法」『レ・タン・モデルヌ』一九七三年一一月号〕(http://horlieu-editions.com/introuvables/politique/ranciere-mode-d'emploi-pour-une-reedition-de-lire-le-capital.pdf)

*18 訳注——Jacques Rancière, *La Leçon d'Althusser*, Gallimard, 1974, rééd. La Fabrique, 2011.〔『アルチュセールの教え』市田良彦・伊吹浩一・松本潤一郎・箱田徹・山家歩訳、航思社、二〇一三年〕

*19 訳注——ルイ・アルチュセール『歴史・階級・人間——ジョン・ルイスへの回答』西川長夫訳、福村出版、一九七四年。

つまりアルチュセール主義が発揮した政治的効果とまったく同じだったし、それどころか、そこから後退し、否定さえするものだった。これは無礼を働かねばなるまい、アルチュセール主義とはなんだったのか、どのような効果をもたらしたのかをきっちり言わねばなるまい、と思った。もちろん私の目から見てですが。そして、一九七三年のアルチュセールの政治への「転回」とはなんなのかも。

『資本論を読む』が及ぼした効果はきわめて両義的でした。一方では秩序化の効果を発揮した。多少とも反体制的なあらゆる潮流、あらゆる問いかけにいきなりブレーキがかかったわけです。アルチュセールが、そうしたことはすべてイデオロギー、駄法螺の類であって、われわれには科学が必要だと主張したからです。この「科学」は共産党の正統教義に役立つよう作用した。にもかかわらず、二つめの効果も同時に生じました。アルチュセールの唱えた理論の自律が、マルクス主義をあらゆる人に開放したのです。あらゆる人というのは大げさですが、ともかく党の人間以外に。その結果「マルクスの理論の党」のようなものができあがった——もちろん広い意味での「党」であって、組織ではありませんが。

実際のところ、アルチュセール主義はまったく教条主義的であるとともに、結局は労働運動、労働者の指導、労働者の科学といった実に古典的な発想に従属していました。そして同時に、マルクスの理論なる身元不明の対象を生みだした。マルクスの遺産管理を行う者たちからマルクスを引き剝がす、という身振りをともなってね。マルクスの理論を権威ある共産党の資産庫から解放し、誰でもそこから結論を引き出してよいようにする、という身振り。一九六八年にはこの

「理論」は二重の効果を発揮します。当初は学生運動に対しプチブル的だという批判を向けるのに使われた。けれどもそのうち、アルチュセール派の大半が六八年五月に魅了されます。人によって決定的なものだったり、一時的なものだったりしましたが。ともかく、アルチュセール主義は予期せざる効果を発揮したのです。マルクス主義が機能する土台となっていた、党や階級への帰属システムとの切断という効果です。マルクス主義を自由に扱うことができるようになったわけです。アルチュセールとアルチュセール派によって、ともかくも、こうした切断がもたらされた。かれら以外の人にもマルクス主義を自分のものにすることができるようにする切断、昔ながらのセクト主義とは異なるやり方でマルクス主義を研究することができるようにする切断です。アルチュセールはたちまち、党的システム——その付属物やトロツキズム諸派なども含む——から自由なマルクス主義の権威となった。

共産党路線との関係

——高師のアルチュセール派の話がありましたが、ユルム・サークルやUECには参加したのですか。

ユルム・サークルに入ったのは一九六三年、再建期のことです。アルジェリア戦争が終わり、党の立場に依然として忠実だった古参組が離れた時期でした。たとえばジャン＝ピエール・オジエ。後にユダヤ思想とヒンドゥー思想の専門家になりましたが、当時は自然弁証法の信奉者でした。ロジェ・エスタブレのような人もいて、学生総会で演説をやらせたらピカイチでした。かれらの次にユルム・サークルを引き継いだのがわれわれの世代です。でもなにをしたらいいのか、よくわからなかった。われわれの活動がはじまったのはそんな時期です。「われわれ」というのは、ミレール、〔ジャン＝クロード・〕ミルネール、リナール、それに私。ユルム・サークルでなにかをしようとはしていました。そしてその「なにか」は、もちろんアルチュセールのもくろみとかかわっていた。要するに、学生の自然発生的イデオロギーと闘うことです。具体的には「ニュー・ルック」な学生党員グループだった『クラルテ』〔UECの機関誌〕派と張り合うこと。[*20]少しは反骨的な雰囲気もあるこの雑誌では、たとえば〔セルジュ・〕ジュリーがゴルフ・ドゥルオについて記事を書き、青年の「ロマン主義」症候群を分析していましたね。

アルチュセールが学生問題を論じたテキストのおかげで、UECにも人がけっこう戻ってきました。[*21]このテキストは後に私が批判することになるものです。[*22]アルチュセールが提唱したのは、理論教育を行い、学生の思想と闘争に堕落をもたらすイデオロギーと闘うべし、という発想。私はUECでかなり活発に活動しました。『マルクス－レーニン主義手帖』の発刊〔一九六四年一二月〕は私のイニシアチブによるところが若干あります。雑誌のタイトルを含めてね。理論的側面を強調して『マルクス主義手帖』にすべしという意見がある一方、政治活動であることを強調するためには『レーニン主義手帖』がよい、という意見もあった。そこで私が『マルクス－レーニン主義手帖』はどうか、と言ったのです。単なる妥協の産物でしたが、後の毛沢東主義の時代には、ただの「レーニン主義」よりずっと強い闘争的響きをもつ名前になりました。創刊号に「疎外という似非マルクス主義概念について」という論文を書き、第三号には生産関係概念について書いています。寄稿はそれだけだと思います。状況の盛り上がりそのものに貢献した以外ではね。私にとってこの雑誌はただの研究誌のようなものであるはずだったのに、結局、機関誌のようになって人々を巻き込みはじめた。学生のあいだでの売れ行きもよかったですし。他方、共産党とＵＥＣの党員部分が、『手帖』はＵＥＣや『クラルテ』つまり「イタリア派[*23]」の方針を批判しているから使えそうだ、と考えた。党の雑誌が特集を組んで『マルクス－レーニン主義手帖』の創刊号テキストを再録したんです。マルクス主義思想の刷新の兆しをここに見る、とかなんとか言って。学生指導部の折衷主義に反対する思想を見る、という意味でしょう。とはいえユルム・サークルという党内グループは、個人的な結びつきが非常に強い、かぎられた界隈に属する人々のものでした。私も一時期はミレールやミルネールとかなり親しかったし、受験準備学級で出会

＊20　訳注――一九六一年に開業したパリ初のライブハウス。

＊21　Louis Althusser, « Problèmes étudiants », *La Nouvelle Critique*, 152, janvier 1964, pp. 80-111.〔未邦訳、「学生問題」『ヌーヴェル・クリティック』一九六四年一月号〕

＊22　訳注――前掲『アルチュセールの教え』のとくに第Ⅱ章と第Ⅲ章を参照。

＊23　訳注――イタリア共産党が掲げた、トリアッティの構造改革路線を支持したので、こう呼ばれた。『クラルテ』編集部を握っていたＵＥＣのイタリア派は、一九六五年のＵＥＣ第八回大会での路線闘争で敗北し、パージされる。共産党の指導の下に、雑誌名は『新クラルテ』に変更された。

い、その後も高師の寮で一緒だった人たちとの同志的なつながりもあった。バリバールがそうです。ともかく、高師で暮らしていたから、活動にしてもそれ以外にしても毎日顔を合わせていた。だからこのグループは、とても高師生《ノルマリアン》的なものでした。高師外にも支部を作りましたが、その点は変わらなかった。

――当時、党と命運をともにするような活動に忸怩たる思いはなかったのですか。つまり、仲間内で反スターリン主義は広まっていなかったのでしょうか。あるいは、高師内の別の者たちが反スターリン主義の立場から、あなたがたを党の若手知識人だと批判するようなことはなかったのですか。

はっきり言って、一九六〇年代にはスターリンなどどうでもよかった。ソ連のことなどまったく眼中にありませんでした。眼中にあったのはまず「第三世界」でのさまざまな運動。キューバ、太陽と微笑みの革命というコンセプトです。イタリア共産党の伸張も目に入っていた。そこへサルトルの序文のついた『地に呪われたる者』〔鈴木道彦・浦野衣子訳、みすず書房、一九六九年。原著一九六一年〕を携えフランツ・ファノンが現れ、さらにアルチュセールが登場する。当時の新しいもの――構造主義、フーコー、ラカン――一切と一体的に捉えられたマルクス主義です。新たな世界が到来しつつある、新たなマルクス主義を創り出してその新世界の思想としなければ、とわれわれは思っていました。ソ連は本当にどうしようもなかった。それから中国が登場し、われわれも毛沢東主義を支持するようになる。けれどもわれわれは根本的なところでは、すべてをやり直すという考えをもったマルクス主義者だった。われわれこそがマルクス主義を再創造するのだ、と思っていたのです。たしかに労働者の伝統、労働者の世界、労働者の運動はあった。けれどもわれわれにしてみれば、理論としてのマルクス主義はフランスにまだ存在していなかった。『社会主義か野蛮か』[*24]も『アルギュマン』[*25]も、われわれのあいだでは知らないも同然でした。トロツキストはソルボンヌにいても、高師にはいなかった。毛沢東主義が高師生のイデオロギーなら、トロツキズムはおおざっぱに言えばソルボンヌ生のイデオロギーでした。

　とにかく、学生共産党員であることは当時、ぎょっとさせるようなことではまったくなかった。反対に一種の貴族主義ですらあったのです。党そのものとはほとんど関係がない。一年間リセで教えていたとき、年度の終わりに党の書記から言われました。「あなたが党員であることがわかったので、党費を払ってほしい」。払いましたが、それが私の唯一の党活動。「来年度はティエール財団[*26]に行くのですが、どこの細胞に入ればいいですか」と尋ねると、「地区細胞はあるけど、向こうからあてにされることも、いろいろ言ってくることもないだろうね」という返事。と

＊24　訳注──クロード・ルフォール、コルネリユウス・カストリアディスらを中心とするトロツキスト系グループ（一九四八－六七年）。一九四九－六五年には同名の雑誌を発行した。早い段階からソ連社会主義を批判したことで知られる。リオタールも一時期属していた。七〇年代には「反全体主義」の立場に移行。

＊25　訳注──一九五六－六二年に出版された非正統派系マルクス主義の理論誌。編集委員はエドガール・モラン、コスタス・アクセロスら。

にかく、共産党の活動とは労働運動のこと、という認識が一般的でした。

――哲学の教授資格を取ってリセで教えることになった最初の年は、どんな様子でしたか。退屈な高校時代の思い出と重なるものがありましたか。

〔一七区の〕リセ・カルノーで一年間教員をしました。悲惨でしたね。哲学のことはたいして知らないし、自分とかけ離れた社会にいる若者のことなど、なにも知らなかった。生徒の関心は文化的なことや理論的なことも含めて、いろいろなところに向いている。けれども中身がまったく違うのです。高師のいささか閉鎖された社会とはまったく接点のない場でした。「科学」を携えているというアルチュセール派的自負を胸に赴任してみたものの、本当はたいしたことを知っていたわけではない。だから、高校生のときに聞かされたくだらない講義を、そのまま繰り返さざるをえませんでした。まともなものに変える余裕がなかったのです。同時に、自分が生きる世界の現実などまるで理解していないことも思い知った。この経験はもっと後、六八年五月のときに効いてきます。六八年に活動した人々は、私がリセの教師としてかかわった生徒に似ているところがありました。私はかれらのことを根本のところで理解していなかったし、向こうも私のことをあまりわかってくれなかった。たしかに、満足してくれた人たちもいましたよ。マルクス主義の理論的厳密さは一部ではやはりうけた。リセでの一年間は、エンブレムや立場としての科学が知の抱える現実とはまったく別物だ、と私に強く感じさせたんです。

六八年五月、ヴァンセンヌ、プロレタリア左派

――一九六八年にはなにをしていましたか。

たいしたことはしていません。前年に事故で重傷を負い、そのあと大病を患ったので、世間の片隅で暮らしていたようなもの。半分はティエール財団で〔給費生として〕過ごしました。一種のオアシスでしたね。後の半分は田舎暮らしです。活動家グループとはかかわりがなかった。だから六八年五月のはじまりを目にしたときには、なにが起きているのかよくわからなかったんです。スローガンが「イデオロギー的」であって、まったく「科学的」ではないということ以外はね。パリからそう遠くない農村にいたので、ある意味では意識が二重化していた。農村からパリに戻ってくるとき、サン＝クルーのトンネルを抜けるとセーヌ川の対岸にある大工場に赤旗が翻っていてね、すごくうれしかったです、その赤旗を見るのが。しかし当初は、だからといって自分が参加したとか活動家として加わったということはないです。バリケードを作ったわけでも

＊26　訳注――一八九三年に民間人によって設立された財団で、その後、国立のフランス学士院（Institut de France）の財政支援と監督のもとで運営されるようになった。人文社会系の若手研究者に奨学金や研究職ポストを期限付きで提供する。

大きなデモに参加したわけでもない。青天の霹靂のような経験でした。そこで、自分にとってほんとうに大切だと思えるものにかかわろうとしたのです。言うまでもなく、工場で起きていることに。ソルボンヌが再開されると、労働者活動家をはじめあらゆる人たちがソルボンヌにやってきた。これはよいことではないか、学生と労働者の出会いだ、と思いましたよ。一九六八年に私がやった数少ないことの一つが、工場ゲート前での討論や工場内ミーティングでした。その運動ではマルクス主義とは反対に、人は学びかつ教える。そうであったから、私は自分が重要だと思った労働者とのミーティングにとりわけ熱心に取り組んだのです。

――それからの何ヶ月いや数年間でしょうか、あなたは五月という出来事と、その「驚き」という要素に何度も立ち返っている。あなたの解釈ないし分析は、「驚き」に対し必ずしも否定的ではない。

いくつか段階がありました。最初は否定的な解釈を与えた。われわれからすれば、この出来事はプチブルの反乱だったからです。次に私は、壁が取り払われた世界を肯定的に捉えた。とりわけ学生と労働者のつながりがもたらされ、それまではなんといっても党の管轄であった労働者階級に自由に接近する可能性が生まれたことを、です。三段階目にあたるのが、ヴァンセンヌ〔パリ第八大学〕の開学です。建物の完成前に哲学科はできあがっていました。学科のカリキュラム検討会議が一九六八年にはじまった。問題は当時の言い方をするなら、ブルジョワジーによる回収を許すのかどうか。論敵を名指すには、当時はとにかく「ブルジョワジー」。哲学科の設置準備会議にフーコーがバリバールに頼んだカリキュラム案が出てきてね、ずいぶんエピステモロジー〔科学認識論〕に傾いている。私は、こんな案は話にならない、反動的だ、と言ったんですよ。バリバールは準備スタッフで唯一の党員でした。彼が提案してきた科目名に「労働の哲学」というものがあった。びっくりした数人から「その『労働の哲学』というのはなんなんだ」という質問が出たんですが、彼は「そうそう、労働の哲学なんだ。僕はこだわるね」という返事。しかし突如思った、そんなものはありえない。たしかに私は出来事に乗り遅れていました。けれども事態が進むにつれて、六八年に信を置くようになっていった。まさにそのときからじっくり考えはじめ、六九年のイデオロギー論にかんする例のテキスト[*27]や『アルチュセールの教え』に結実していくんです。私はかつてかかわってきたこと——イデオロギーに対する科学の闘争、切断の理論——を、正反対から眺めはじめた。まさにこの最初の対立のときから、私はアルチュセール主義を、学生問題にかんする有名なテキストを、さらにそれまでの歩みすべてを真剣に問い直した。いずれにせよ、私はアルチュセールのやっていることに密にかかわったことは一度もありません。高師のゼミには「切断」[*28]を研究しているから声がかかったものの、もっとクローズドな集まり——スピノザ・サークルとか、その類のもの——には、一度も顔を出していない。まったく

＊27　訳注—— « Pour mémoire : sur la théorie de l'idéologie », repris dans *La Leçon d'Althusser*, Paris, Gallimard, coll. « Idées », 1974, pp. 227-277, réédition La Fabrique, 2011, pp. 213-254.〔「補遺　イデオロギー論について——アルチュセールの政治（一九六九年）」、前掲『アルチュセールの教え』二四三−二九八頁〕

出ていません。最後にアルチュセールに会ったのは、一九六七年です。

　六九年には、毛沢東派の運動にすっかり入れ込んで、旧アルチュセール派とは関係が切れてしまった。毛沢東主義者になった人を除いてね。われわれの世代かその後だと、ミレールとミルネールです。アラン・バディウもそうですが、彼の場合は経緯が違う。家族が共産党ではなくPSU（統一社会党）だったので。シンパもいました。たとえばフランソワ・ルニョー。しかしパリ第八大学で毛沢東派活動家といえば、〔ラカンの実の娘の〕ジュディット・ミレールでしょう。ヴァンセンヌでの運動の盛り上がりには、共産党——党にとってヴァンセンヌはモデル校であり、自分たちの大学でした——と「大学解体」を唱える左翼主義者との根深い闘争が反映されていた。私は学生に影響されてプロレタリア左派[*29]に傾いていました。年度のはじめに担当した学生には、共産党系もいれば——マルクス主義理論がとにかく重視されていたので——、プロレタリア左派を名乗りはじめた者たちもいた。しかしプロレタリア左派が重視したのは大学とは別の場所、工場であり、大学は「後方基地」という位置づけでした。

　全体として見れば、ヴァンセンヌには革新的な教育手法という発想はほとんどなかった。重点はあくまで別のところ。「新たな教育」という発想があったとすれば、共産党側の話ですね。「新大学」と言っていいゆえんは、流行を勢揃いさせたところでしょう。言語学、構造主義文学論、アルチュセール哲学、ラカン派精神分析、ブルデュー社会学等々。大学に就職がなくて困っていたところヴァンセンヌにようやくポストを得た、という党の人間がごろごろいました。そういう意味で革新的な大学に、大学を通過点や後方基地とみなす者たちがいる。かれらが一番重視したのは分業を排することです。知的労働と肉体労働を分離する壁を破ること。けれども、パリ第八大学に労働者が大挙して学生として通ってくるという理念は、まったくの誤りであったことが明らかになります。最初のうちは夜間の講義に大きく期待していたけれども、ふたを開けたら労働者はほとんど来なかった。ほんものの新たな学生層などなかったんです。最初の数年はソルボンヌからちょっとラディカルな学生が移ってきて、われわれの講義に出てきた。でも哲学科が学位を出せなくなると、それはわずか一年後のことでしたが、勉強をしたい学生はパリ第八大学を去っていきました。残ったのは活動家ばかり。試験をやらなかったせいで共産党から非難を浴び

*28 訳注――アルチュセール派のコアメンバーによる理論グループ。イヴ・デュルー、バディウ、バリバールらが参加。サークルの存在は外には伏せられていた。ランシエールは別のインタビューでも、存在を知らされていなかったと述べている。

*29 訳注――一九六八年秋に結成された毛沢東主義系組織。毛沢東派の「青年共産主義者連合（マルクス-レーニン主義派）」（UJC（M-L））とアナキスト系の「三月二二日運動」の活動家などを母体として結成。代表的な人物にロベール・リナール、ベニー・レヴィ（=ピエール・ヴィクトール）、セルジュ・ジュリー、アラン・ジェスマールがいる。輩出したその後の著名人の数ではフランスにおける最大の新左翼党派だろう。構成員は六九年末時点で五〇〇人程度とされる。武装部門にあたる「新人民レジスタンス隊」は火炎瓶などによる「都市ゲリラ戦」や誘拐事件を起こしている。一九七〇年三月に解散命令が下され、機関紙『人民の大義』の押収など激しい弾圧の対象となる。支援組織である『人民の大義』友の会の会長にはサルトルがついた。組織自体は非公然化して、一九七三年一一月に自主解散するまで活動を展開した。

せられ、学位を出す権利を取り消されてしまったのです。[30]

学生のなかには母国を追われた人が大勢いました。たとえばチリ人やブラジル人、ラテンアメリカ出身者です。かれらはパリ第八大学を通過していった。九〇年代末のパリ第八大学とは違って、運動の交流がありましたね。九〇年代末には哲学科が再び学位を出せるようになり、フーコーや〔ジル・〕ドゥルーズ、〔ジャン゠フランソワ・〕リオタールを研究する学科で学位を取るため世界中から学生が集まってきた。ここでの学位を活かして、自国の大学に職を得ることができるような状況は、七〇年代には想像もつきませんでした。

――ヴァンセンヌで教えはじめたころは、どのように教えていましたか。どのような内容だったのでしょう。エピステモロジーでないことは先ほどの通りでしょうが、記録ではマルクス主義を講義していたとあります。

一年目は『ドイツ・イデオロギー』についての講義でしたが、中身は次第にアルチュセールのイデオロギー論の批判へと移っていきました。これは最終的に、一九六九年のイデオロギー論にかんする論文になりました。[31] その後は共産主義運動史、ソ連論などの講義。そのときはじめて、私はわれわれが無視してきた批判的潮流に属するテキスト、たとえば〔コルネリュウス・〕カストリアディスのテキストに出会いました。ソ連史を再検討した目的はレーニン主義の批判です。「マルクス゠レーニン主義理論」という題目にしておき、実際には「ソ連における生産関係と権力関係」をめぐるさまざまな問題を、「社会主義か野蛮か」グループと毛沢東主義を言わばミックスした視点から再検討する、という批判的作業を行いました。

――大学を辞めることは考えませんでしたか。最終的には定年までパリ第八大学で過ごすことになったわけですが、大学にいるのは当たり前だと思っていましたか。

当たり前というわけではなかった。でもすごく刺激的な時期があって、それからは辞めようと思わなくなりました。八〇年代から九〇年代にかけて、国立科学研究センター（CNRS）と社会科学高等研究院（EHESS）に顔を出していましたが、ものすごく敷居が高いところでした。大学評議会[*32]（CNU）も似たようなもの。大学での私のポストは美学・芸術学で、哲学ではなかったしね。ともかく私のような人間にとっては、たとえ望んだとしても、別の大学でポストが得られるようなことは望むべくもなかった。最初は、大学を移るなんて思ってもみませんでした。政治集団だという感覚がありましたからね。学科には教育内容を決定する機関がなく、学生と教員による総会が最高意思決定機関でした。あとは教員が各自好きにやっていただけ。後々まで変

＊30　訳注――実際の経緯は本書巻末の人名索引のジュディット・ミレールの項を参照。
＊31　訳注――前出注27を参照。
＊32　訳注――フランスのすべての大学の教員と研究員の資格審査を行う、国民教育大臣の諮問機関。

わりませんでしたね。一九七四年頃、われわれ助教授陣と教授陣（シャトレ、ドゥルーズ、リオタール）のあいだで衝突が起きます。非常勤講師についての痛ましい話[*33]だったのですが、それをきっかけにわれわれは学科運営に興味を失います。フランソワ・シャトレが長いあいだ学科長でした。彼がドゥルーズとリオタールに電話で意見を求め、それからわれわれにも電話してきて、こうすることにしたけどいいよね、と聞くのです。はいはい、という感じ。とにかくどうでもいい。しかし運動の時代が終わり、大学がサン＝ドゥニに移転すると、一九八〇年代は沈鬱な雰囲気になりました。ドゥルーズとリオタールの講義を目当てに外部からやってくる聴講生以外には、哲学科に学生なんてほとんどいなかった。

――当時はどのような活動にかかわっていましたか。ミシェル・フーコーらが作った監獄情報グループ[*34]（ＧＩＰ）に、周辺からとはいえ加わっていましたよね。

一九六九年から一九七二年まではプロレタリア左派に属し、基本的に下部活動家の仕事をしていました。工場のゲート前や労働者の宿舎でビラをまいたり、夜明けにステッカーを貼ったり、物資をいろいろ運んだり、集団行動に参加したり。下部の活動には違いないけれども、きわめて小さな組織だったから、現場と指導部には交流がありました。その後、囚人と連絡を取りながら政治犯裁判の準備をするグループに加わり、活動に熱が入っていく。ちょうどその頃ですね、ＧＩＰを生んだダイナミズムがはじまったのは。

問題は、グループを作ったキーパーソンたちが刑務所ゲート前での調査やビラまきになかなか体があかない、ということでした。活動家でコアを作らなければならなかった。私はダニエル・ドゥフェールに、出産後に活動から離れていた妻のダニエルが参加できると伝えました。それでドゥフェールとダニエルとあと数人で、GIP関係の作業を大量にこなすようになったのです。フーコーに協力して。ただ私個人はGIPには参加していない。たしかに手伝うことはあった。囚人関係の運動には、すでにある程度の期間かかわっていましたから。そのほか、プロレタリア左派の人間として――といっても現場活動とはかけ離れていますが――一九七二年の『レ・タ

＊33　訳注――パリ第八大学（ヴァンセンヌ）の哲学科教員が友人を続々と非常勤講師にしたためその数が膨れあがり、しかも多くは講義をしなかったため、学科長のフランソワ・シャトレが非常勤の契約更新を拒否する決定を行ったことを指す。バディウ、ランシエール、ジャン・ボレイユはシャトレを支持したが、ドゥルーズとリオタールが反発。騒動は長引き、収束後も尾を引いた。フランソワ・ドス『ドゥルーズとガタリ　交差的評伝』（杉村昌昭訳、河出書房新社、二〇〇九年。原著二〇〇七年）第一九章を参照。

＊34　訳注――一九七一年二月八日に発足し、七二年一二月に自主解散した。結成時の宣言に署名したのは、『エスプリ』誌（カトリック系左派）の編集長ジャン＝マリ・ドムナック、フーコー、行動する知識人として名高い歴史家ピエール＝ヴィダル・ナケの三人。グループの前身は、一九六九年以後の左翼主義者への大量弾圧と獄中ハンストの広がりをきっかけとする政治犯救援運動であったが、次第に刑務所の処遇全般の劣悪さや差別性を告発する運動へと進化を遂げ、同グループの結成につながった。

ン・モデルヌ』の特別号『ネオファシズムと民主主義』[*35]の編集をしました。これはプロレタリア左派の理論的-政治的マニフェストのようなもので、フーコーとベニー・レヴィの対談を目玉にしていた。これが私のプロレタリア左派としての活動でした。GIPは私の活動ではなかった。

——活動には時間を費やしましたか。

ええ、かなりね。六九-七二年にかけては哲学の勉強はまったくしていません。もっとも、哲学に取り組んだのは生涯のうちでもごくかぎられた時期だけですが。六九-七二年の自分の生活は、息子の子育て以外、すべて活動に費やしていた。アーカイヴでの仕事も運動の続きのようなところがあります。ただ、ある時点で、気がつくと運動からは身を引いていた。このまま続けても納得いくものは見つかるまい、とはっきり悟っていました。

分岐

——活動と平行して執筆もしていたのですか。毎年あるいは毎学期の講義の組み立てはどうしていたのでしょう。本にまとめることを意識して、講義を研究とつなげたのでしょうか。それとも講義のほうは、執筆のおまけのようなものだったのでしょうか。

実際のところ、いちばん大切だったのは講義でも執筆でもなく、研究でした。パリ第八大学での教育熱は急速に冷めてしまった。一九七二－七三年度に興味をもっていたのは、労働者の残したアーカイヴに没入すること。だから教育は二の次です。当時、大学の年度は一一月末から翌年五月初めまででした。いまとはまったく違います。時間の使い方も自由だった。一九七二－七三年度以来、急速に自分のなかでの優先順位が変わっていきます。博士論文の執筆ではなく――なにをすればいいのか皆目見当がつきませんでした――労働者アーカイヴでの調査が重要になったのです。背景にあったのは、六八年がわれわれに提示してくれた発想です。われわれが学び、教えてきたマルクス主義は労働者世界の現実から遠いということ。その現実を間近で見る必要があったのです。

そういうわけで一九七二－七三年度、毎日図書館に通うことをはじめた。まずは社会博物館の図書室です。ディレクターはコレット・シャンベランという素晴らしい人で、父親は革命的サンディカリズムの活動家でした。彼女は――そういう人はあまりいなかった――私をただちに温かく迎え入れて応援もしてくれた。さらに私の仕事を気に入ってくれたのです。でも社会博物館のコレクションは、非常にかぎられていた。パンフレットや新聞を閲覧するために、国立図書館本館でかなりの作業をし、それからいくつもの文書館でも。フランス国立中央文書館、国立図書館ア

＊35　訳注――本文の記載は誤りで、実際は下記。《Nouveau fascisme, nouvelle démocratie》, *Les temps modernes*, 310bis, 1972.（未邦訳、「新ファシズムと新民主主義」）

ルスナル館のサン＝シモン・コレクション、サン＝ドゥニ市立図書館のゴニ・コレクションなどです。プロレタリア左派時代には活動がなにより優先でしたが、その時代が終わると、私は行き先も定かではない仕事に没頭したのです。ナイーブな考えを抱いてね。「真の」労働者階級、「真の」労働者の発言、「真の」労働運動、「真の」労働者社会主義を発見してやるぞ。「真の」とはどういうことなのか、はっきりさせることもなく。とにかく、この仕事が私の時間の使い方を決めることになりました。

――その直前に行われたあなたのアルチュセール主義批判は、さまざまな方向を向いていた。そこには知を笠に着た権威的な人物像が複数登場します。権威ある社会批評家や党知識人、学者、発言を横取りする代弁者、といった人物像ですね。こうした人物像が、当時のあなたの仕事のなかでは、一つに溶け合う傾向にありませんか。

代弁者批判は状況とかかわった論点であり、本質的ではないですね。フーコーとドゥルーズの有名な対談[*36]を読めばよくわかるように、重要なのは、たんに囚人自らが発言し、囚人になり代わって発言する代弁者がいなくなることではない。発言していなかった人が発言することであり、そうした人が刑務所についての理論をもっている、ということにある。つまり重要なのは、イデオロギーにとらわれた社会的実践と言説の総体を、科学から切り離さないことです。私にとってフーコーがあそこで言ったのは、刑務所の理論は囚人から出てこようが法学者由来であろうが刑務所の理論なのだ、ということ。言説間に序列など存在しないのであって、だからこそ、発言してこなかった人が発言することが重要なのです。

ほどなくして、代弁者を批判して発言に真正性を求めること——真正な発言者だけが発言すべしという要求——に限界があることが明らかになった。当時すでに二面性が感じられたのです。一方には、科学の名において発言する者、言説世界の二分割の名において発言する者への疑問視があった。しかし他方には真正性の専制があり、それがきわめて力をもっていたのです。とにかく、ポリティカル・コレクトネス（ＰＣ）が二つの面で働いていた。科学をめぐるＰＣと「ほんものの」労働者をめぐるＰＣです。一九六八年には、人を黙らせるにはこう言えばよかった。「お前、それ、工場で言ってみろよ」。つまり代弁者批判は、事態を後退させる側面も抱えていたんです。「どこから」ものを言っているのかと問うことは、当時、一刀両断型の詰問でした。もちろんこの問いかけに妥当性がないわけではない。けれどもいずれにせよ、「お前はどの立場からものを言っているのか」と問うときに重要なのは、両親の職業を知ることではない。どの発話世界から、どのような発話の分割から、発言がなされているのかを知ることです。私にとって重要だったのは、科学の主体と、科学の対象になる主体とのあいだにある世界の分割を問題視する

＊36 Michel Foucault, « Les intellectuels et le pouvoir », entretien de M. Foucault avec G. Deleuze, *L'Arc*, 49, 1972, pp. 3-10.〔「知識人と権力」蓮實重彦訳、『ミシェル・フーコー思考集成Ⅳ』筑摩書房、一九九九年、二五七-二六九頁〕

ことでした。

――アルチュセール主義でも左翼主義でもなく、というのがあなたの立場のようですね。たしかに、真正性崇拝――あるいは簒奪された発話 vs 真の発話という図式――は左翼主義の潜在的欠陥でもあった。

今お話しした左翼の二面性ですが、ポスト六八年の時期にはさまざまなかたちをとりました。トロツキストは自分たちを科学であり、前衛だとみなしていたし、毛沢東主義者は「これは労働者の声だ」と述べて真正性を主張した。私の場合にも二面性があって、その後の研究に影を落としています。私はまず、労働者の闘いやかれらのテキスト、宣言文のなかで交わされ、発せられた言葉を、ほんものの言葉として見つけようとした。けれどもまもなく、今度はそうした労働者の発話を、ほんものの労働者をめぐるさまざまなアイデンティティから引き剝がさなくてはいけなくなった。発話することが正当であって、己の階級や存在やエートスを表明している労働者、という存在からです。

――一九七〇年代はじめには労働者文化の自律性が問われ、それとともに、「ほんものの」発話の真正性が求められた。この地平は実際、あなたの研究を動機づけていたのではないでしょうか。しかし一九七五年以降になると、あなたがもっとも関心を示すのは、交流や境界間移動の問題であるように見える。先に、四〇－五〇年代の幼年時代から思春期にかけての話をされたときに、シャンペレ門についておっしゃったようなことがらです。自己からの脱却、ある種の脱アイデンティティ化を促しうるごたまぜの状況こそ、あなたには次第にもっとも重要な分析対象だと思えるようになっていった。つまりあなたの研究は、労働者アイデンティティとはなにかを問うことから、決められたアイデンティティから抜け出すさまざまなやり方へと、決定的に舵を切ったように見えるのですが。

そうですね。契機は三つありました。まずはイデオロギー論の批判です。言い換えると、科学が占める地位なり立場なりへの批判です。労働者の発話の研究とはたんに、マルクス主義の伝統が受け継いできたような真正性の探索ではありません。なにが実際に話されたのか、発話を通してなにが実際にやりとりされたのか、言説、観念、希望、プランはいかに作られたのかを知ろうとすることです。したがって、ほんものの労働者を見いだす作業にはとどまらない。自分たちの〈共〉的世界を労働者が作りだした真のダイナミズムを見いだす作業でもあるのです。これを最大の目標としたのには、一つの狙いがありました。すなわち、外部注入される科学というテーゼと手を切ること。そのテーゼには、社会実践からは必然的に幻想が生まれ、科学はそれを正すためにある、という考え方がともなっています。しかもこのとき、科学がどこから来たのか、どのように生産されるのか、科学がいかに社会的必然としての幻想を逃れるのかはけっしてわからない。このテーゼと手を切ることが、一つめの重大な契機でした。

二つめの契機は、一八三〇－四〇年代の労働者テキストの研究に着手しはじめたときにおとずれた。その「演劇的《パフォーマティヴ》」な側面に衝撃を受けたのです。そこにはアイデンティティの自己主張ではなく、アイデンティティをめぐるレトリック、ゲームがあった。他人の目に映ったアイデンティティをめぐるレトリックでありゲームです。驚きの出会いでした。というのも当時は、野生の反乱や一挙に噴出する労働者の声が探し求められる時代だったのです。労働運動の公式見解とは異なるもの、あるいは対立するものが探し求められた。工場、街角、労働者の現実世界から立ち上がるほんものの声というやつですね。そうした声の代わりに私が出会ったのは、きわめて行儀のよい、形式張ったところもある、理を駆使する人々でした。私にとって重要だったのは、向き合うテキストがこう述べていたことです。「われわれは粗暴な労働者としてではなく、理性的な人間として発言するのだ」。これが二つめの大きな契機です。こうしたテキストはいずれも「われわれは反抗的人間ではない」と主張している。だから労働者の発話について、もっとこまやかで、アイデンティティに押し込めない読みを行う必要が出てきたのです。

　重要な契機の三つめは、その話とは対照的なのですが、一九七四－七五年頃から民衆文化や職人仕事、民衆の祭りへの熱狂的な関心が現れたことです。ピエール＝ジャケ・エリアスの『誇り高き馬』[37]、エマニュエル・ル・ロワ・ラデュリの『モンタイユー　ピレネーの村』[38]が出版された時期であり、映画ではベルトラン・タヴェルニエの『判事と殺人者』（一九七六年）やルネ・フェレの『盛式初聖体』（一九七七年）といった作品が現れた時期です。戦闘的で厳格な左翼主義の終わりといった趣きがあった。祝祭への熱狂、ある種の民衆文化観に依拠しようとする傾向が現れたのです。そこでは、左翼主義の失敗は権威主義的な性格のせいである、と考えられた。その権威主義が民衆のあり方、民衆の文化、民衆の祭り、民衆の発話における真の伝統を否定したから左翼主義は失敗した、と。こうした傾向は「新しい歴史」の出現と重なります。すなわち、民衆は住んでいる土地、生活スタイル、職業に特有の振る舞いに深く根を下ろして出現する、という民衆観です。私はまさにそうした時期に、サン＝シモン・コレクションとゴニー・コレクションにかんする研究に取りかかったわけです。するとすぐに、労働者であることにうんざりした労働者のテキストが目に飛び込んできた。かれらは伝統的な労働者文化、民衆の祝祭をどうこうしようとはまったくしていない。他人の発話、他人の特権を、自分のものにしようとしていたのです。

　そのとき以来、あらゆるアイデンティティ中心主義に批判を加えることが、私にとって重要になりました。ブルジョワ・イデオロギーに対して労働者イデオロギーがあり、学者文化に対して民衆文化があると考えるのではなく、イデオロギー的な社会対立に火をつける重大な現象とは、総じて境界で起きる出来事であり、バリアー現象である、と考えるようになった。それを日にした人々が越えていくものとしてのバリアーです。

＊37　訳注――ブルターニュ出身の作家・民族学者（一九一四―九五）による自伝的作品（未邦訳）。二〇世紀前半のブルターニュの生活や文化を伝えて、内外で成功を収める。クロード・シャブロルが一九八〇年に映画化（日本では劇場未公開）。

＊38　訳注――一四世紀の異端審問記録をもとに、当時のピレネーの民衆生活を描いたことで知られる、アナール派第三世代の代表的著作。邦訳は、刀水書房刊（井上幸治ほか訳、一九九〇―九一年）。

『プロレタリアの夜』のなかで

——大量の史料を前にどのようにして見通しをつけたのでしょう。歴史家としての教育を受けたわけではありませんよね。あなたのテキストは、はじめのうちは一八四八年前後が中心で、それから年代を少し遡っている。どのようにして時期を選び、史料に目星をつけ、あなたなりの歴史研究のやり方を身につけていったのでしょうか。

当初の計画は途方もないもので、フランスにおける労働運動のはじまりからフランス共産党の結成までを扱おうとした。マルクスと労働者の政治思想との出会い——と不和 mésentente[*39] ——の時期から出発しよう、と考えたのです。この着想は『一八四四年の草稿』を軸にかたまった。おおざっぱに言えば、マルクスがテキストを書きはじめたとき、労働者の側では一八四四年になにが起きていたのか。マルクスはそれに気づいていたのか、気づいていなかったのか。これが当初のアイデアです。すなわち、起源中の起源にではなく、抗争と不和 dissensus の起源に遡行する。

——マルクスの言説の可能性の諸条件にも、ですね。

もちろんです。労働者の実践のなかにあってマルクスの言説を正当化するもの、また、労働者の言説や実践のなかにあってマルクスを拒むもの、さらに、マルクス主義が多少なりとも抑圧しなければならなかったものに注目する。その問題意識のもとで、革命的サンディカリズムの歴史全体をアナキズムから初期共産主義までたどる、ということですね。しかし探索がたどった方向は実に多岐にわたりました。たとえば一八四八年六月の蜂起にかんする史料を調べましたが、成果はさっぱり。共産党の元活動家にインタビューもしました。結党時の党員です[*40]。そして最終的

＊39　訳注――本書では mésentente と dissensus の二つの原語に「不和」という同一の訳語を与え、それぞれ原語を付すことにする。mésentente はランシエールの仏語原書（後出第I章注44参照）タイトルに用いられた同書の主要概念であり、dissensus は彼の英語版論文集（*Dissensus : On Politics and Aesthetics*, Bloomsbury Academic, 2010）のタイトルに用いられている。dissensus という語はランシエール自身によって mésentente の「英訳語」としてラテン語から造語されたものである。その点については本書一六五頁を参照。なお英語版『不和』のタイトルに用いられているのは disagreement という別の語である（*Disagreement : Politics and Philosophy*, University of Minnesota Press, 2004）。著者が訳者に語ったところでも、この disagreement という英単語が mésentente のニュアンスを伝えきれないために、dissensus という語が作られた。とはいえ dissensus はあくまで「コンセンサス consensus」の反対語として、「合意がない」という点を第一義とし、そこに「争い」のニュアンスを加味しようとする。それに対し mésentente は、「理解がすれ違う」というニュアンスをもつ。表面上同じことを語り、それゆえ合意があるように見えても、意味をめぐる争いが成立しうるのである。本書でも用いられている類義語として malentendu（「誤解」と訳している）という語があるが、これはあくまでも「正しい理解」を前提にした語である。

に、一八三〇 - 五〇年代に的を絞ったのです。

けれども歴史家の意見はまったく求めなかった。歴史家との関係はそれほど良好でもなかったし。それでも一人だけとても親切な人がいた。ミシェル・ペローです。私の研究をしっかり受け止め、擁護して宣伝もしてくれた。でも、手がかりをもらったわけではありません。ペローが扱う時期は私とは違いましたから。ともかく歴史家というのは、ある時代の専門家であることにものすごくこだわります。研究をはじめたばかりのとき、最初にあたるべきテキストを教えてくれ、アドバイスをくれたのはアラン・フォールです。『労働者の発話』[*41]を一緒に書くことになるわけですが、彼自身も歴史を研究していた。最初の文献リストは彼が作ってくれたようなところがあります。一九七二年のある日、講義をしようと教室に入るところで彼に会いました。でもその日はストで、講義は中止。一緒に食事に行って、友人になりました。

それからは、言ってみれば、史料自身が与えてくれるつながりに自動的に導かれるままでしたね。一つの史料が別の史料に導いてくれるし、ジャン・メトロンの事典[*42]を引けば、ある史料が使えるかどうかを確かめるのに参照すべき史料がわかる、といった具合です。私は歴史家とは反対のやり方ではじめたわけです。歴史研究ではまず一般的文献のリストを作り、全体的な見通しを得てから、パンフレットに、つまり具体的な史料に向かう。私はまったく違いました。まず史料に飛び込んだのです。あちこちから出てくる、けっしてまとまっていない手がかりの山から出発した。

文書館ではかなりの時間を費やしました。しかし私の方法に決定的であったのは、旧国立図書館（現、リシュリュー館）で作業したことです。あそこはなんでも揃っているところでしたから、グリニョンが書いた仕立て職人ストライキのパンフレットが書庫から出てくるのを待つあいだに、ビュデ古典叢書の棚から後期ラテン語の本を手に取ったり、教父研究の事典やら法学書を開いたりしていました。『プロレタリアの夜』を書き上げることができたのは、私が専門というものをまったくもたず、なおかつ、労働運動のパンフレットと文学や法学、宗教関係の素材を横断的に結びつけることが、あの図書館でならいつでもできたからです。あの本が構想できたのは、一種の象徴的プロットを作り上げる可能性があそこにあったからです。時系列を離れ、歴史家におきまりのやり方で原因から結果に移っていくこともしないプロット。私が独学を評価するとき、単に上から目線で言っているのではありません。それが自分の研究方法だったからです。もちろん、リセでは大量の暗記もしました。ギリシャ語の語形変化や小辞の意味なら一から十まで覚えました。しかし研究の屋台骨となるところは、自力でやった研究に結びついている。私は、未知の史料に没頭してさまざまなことを学びました。史料から史料へと導かれ、暗中模索するなかで少しずつ輪郭があらわになってくるようなやり方をして。それはすでに、彼の名前はまだ知りません

＊40 訳注——フランス共産党の結党は一九二〇年一二月。

＊41 訳注——*La Parole ouvrière - 1830/1851*, avec A. Faure, édition 10/18, 1975 ; rééd. La Fabrique, 2007

＊42 訳注——メトロンは高名な労働運動史家（一九一〇 - 八七）。この事典とは『フランス労働運動文献事典（DBMOF）』のこと。

でしたが、ジャコトの方法だった。なにかを学んだら、他のあらゆることをそれに結びつけていくやり方です。

——この研究は大学制度のなかで受け入れられましたか。博士論文の口頭試問はどんな様子でした？

「制度」という言葉にはいくつもの意味があります。この研究を博士論文のテーマにすること自体にはなんの問題もなかった。ジャン＝トゥーサン・ドゥサンティとの関係も良好でした。ドゥサンティは指導教員ということになっていましたが、好きにやってくれという態度で、途中でくちばしを挟もうとはしなかった。それで審査当日ですが、なんというか、目をかっと見開いた人たちが並んでいた。歴史家ではモーリス・アギュロンがいて、シリアスな真の歴史家の役を果たさねば、という義務感をもっていた。どこぞのふざけた輩が労働史に首を突っ込んで、フランス社会の偉大な共和主義的伝統にケチをつけることなど許さんぞ、というわけです。次に「業界」との関係で苦労した。出版にあたっては[*43]、出版業界に力をもつ歴史家との関係が問題になるのです。ガリマール社からは、史料集という形式にしなければ出版しないと言われた。スイユ社はいろいろと条件をつけてきて、嫌がっている感じがしたので、依頼を取り下げました。かなり後になって、大学評議会（CNU）に属する哲学者と会談したとき、最初に聞かれたのは「ランシエールさん、哲学の業績は？」でした。この本は、哲学者にとっては哲学の本ではなく、歴史家にとっては歴史の本ではなかったんです。どこの業界にも最終的には受け入れてもらえなかった。いわばUFOだったわけです。個人的に読んで褒めてくれた人は何人かいましたが、それも少し時間が経ってからのこと。外国における評価も含め、評価は遅れましたね。今ではたとえば『不和』*44のような、ずっと後に刊行されてもっと古典的な哲学書に見える私の著作を読んだ人が、この本に興味をもってくれます。それで、テーゼを主張する著作の土台をなしているのはこの研究だと、にわかに理解される。

――〔『プロレタリアの夜』を書き上げた〕一九八〇年の期待の地平は、労働運動史や解放思想の問題から眺めると、視界良好ならずといったところでしょうか。ことは学問的な行き詰まりにとどまらない……。

視界は二重の意味で不明瞭でしたね。一方では革命と労働者の伝統総体に対し、フランソワ・フュレが主導する一大攻撃がはじまっていた。他方、純粋で厳格なネオ・マルクス主義の言説が、社会党研究調査教育センター（CERES）のメンバーのあいだに存在した。〔ジャン＝ピエー

＊43　訳注――フランスでは当時、博士論文は出版が義務づけられていた。

＊44　訳注――Jacques Rancière, *La Mésentente*, Galilée, 1995.（『不和あるいは了解なき了解』松葉祥一・人森秀臣・藤江成夫訳、インスクリプト、二〇〇五年）

ル・」シュヴェヌマンを中心とする社会党のイデオローグたちですね。いまおっしゃったような歴史を語ることがもはや望まれなくなる一方で、「理論」が望まれる。「理論」と呼んでいただけでしょうが……。

方法の誕生：読み書きの仕方

――あなたの作業と研究の仕方は、とくに『プロレタリアの夜』の構想期にあたる一九七二年から一九八一年までのあいだは、行き当たりばったりだったということですね。しかし他方、この時期のテキスト――それらは歴史家に対してだけではなく、アルチュセール主義のなかに保存されている科学観に対しても向けられていた――では、人文科学における因果性の探求は一種の演劇であって、同じような演劇性は政治にもあるはずだ、という見方が強調されています。表象〔＝代表〕の舞台が、演じる者〔＝代表する者〕と演じられる者〔＝代表される者〕を分割するのです。あなたは自分のプロットを作るときに、原因の探求を優先させるような認識論によっては統制されない言説を構築しよう、と強く望んでおられる。くだんの認識論は、あなたの言い方を使えば、結果に原因を表象‐代表させている。まさにそのためにあなたにとっては、美的調性が、人文科学の言説におけるオルタナティヴ――可能かつおそらく望ましいオルタナティヴ――として登場する。この段階ですでにはっきりと、そう考えていたのでしょうか。

因果関係についてはいろいろな考え方があるでしょう。しかし、歴史家の仕事と革命を含めた政治の伝統全般に共通する合理性タイプを考えてみると、古典的因果律モデルには、結果の原因を探るという以上の意味があるとわかります。このモデルは原因－結果関係をレベル間の関係と捉える。つまり原理が階層的なんですね。原因の世界があり、結果の世界がある。そして原因と結果が演じるドラマツルギーのなかでは、表層に上っていけばいくほど、つまり人々の行いや語りに近づけば近づくほど、根本的な原因から遠ざかり、意味が小さくなっていく。私が使った史料について言えば、普通の歴史家は言説を支える深層の原因を探っていました。歴史家がモデルとしたのは〔エルネスト・〕ラブルースでした。まず経済的なもの、次いで社会的なもの、さらに次に政治的なもの、最後にイデオロギー的なものがある。いまだに強力なモデルです。〔ジェラール・〕ノワリエルが作った労働運動関連書籍の文献表[*45]で『プロレタリアの夜』を探すと、「労働者の文化的・宗教的問題」という項目に分類されているくらいですからね。

当時はそんなモデルに従って歴史は学ばれていた。「革命の発生原因」といったお題目をつけられてね。いわく、どの革命にも構造的な原因が存在する――経済危機だ。しかし、今では明らかなように、経済危機が原因となった革命などありません。革命とは発話のプロセス、デモのプロセスです。そのことは現在でも明らかでしょう。チュニジアで革命は起きていない、なぜなら

＊45　Gérard Noiriel, *Les Ouvriers dans la société française, XIXe-XXe*, Paris: Seuil, 1986.〔未邦訳、『フランス社会の労働者　一九－二〇世紀』〕

革命のプロジェクトがないからだ、と語るお調子者はごろごろいます。かつては革命のプロジェクトが革命を起こした、と言わんばかりにね。革命の付随事項のようなものはつねに見いだせるでしょう。でも一八四八年の出来事は、四七年の経済危機よりもはるかに三〇年の出来事との結びつきのほうが強いんです。逆方向に進む革命すらある。たとえば三〇年革命の後で、労働者はなんと言っていたか。以前は万事快調だった。そして革命が起きた。素晴らしい。民衆は街頭に出て権力を掌握した。そして労働者は仕事を失った！　三〇年革命の労働者は二重の存在です。職や客を失った勤労者であると同時に、勝利した人民である。その勝利はやがてかすめ取られはするものの。社会的アクターにはつねに多面性があることを押さえておかねばなりません。もちろん、諸原因を探ってそれらの相互関係が明らかになることもある。けれども結局のところ、中心的な問いとして今でも問われるべきは、人々になにをする能力があると信じられているか、なのです。こうした観点に立ったからこそ、私は少しずつ、階層的ではない原理に従うようになった。この原理こそ後に「感覚的なものの分割《パルタージュ》」という発想に結実するのです。物質的領域と知性の領域は、場合によってはひっくり返ることもあるような階層関係のうちにあるのではない。現実的な関係は、感覚の領域とそこに与えることのできる意味とのあいだにある。つまり、プロットをどう組み立てるかが問題になるのです。

　それゆえに、書くという行為が重要になる。それは、意味と意味のあいだに一定の関係を定める行為です。そこで私は、ほとんど直観的にでしたが、ある選択をしました。すなわち、発話の舞台を現実的と言われるもう一つの舞台に結びつけることはしない。発話の基礎であるような舞台、発話がそれを反映したり、表現したりするような舞台には結びつけないという選択です。そうではなく、発話の舞台を発話が自らに与える分岐のすべてと結びつけようとした。それらの分岐を、もはやレベル間の因果関係というプロットでも、たんに歴史的前後関係というプロットでもないプロットに従って、発話の舞台と結びつけよう、と。それについては私は以前、「プロレタリウス」というテーマに関連させて述べたことがあります。アウルス・ゲッリウスのテキスト[＊46]に行きついた日に、プロレタリア問題がどういう問題かわかった気がしたんです。「プロレタリウス」とは法律ラテン語の古語で、いまではまったく使われていないのですが、そのテキストによれば、語の意味は「子どもを作る者」です。私がこれに気づいたのは、『プロレタリアの夜』よりもずっと後のことでした。しかし結局のところ、私の仕事はいつでもこんなふうに進んできた。因果的階層を二度にわたって破壊し、不安定な感覚の世界を出現させるのです。つまり一方では、労働者のテキストを他のテキストと変わるところがないと捉えたうえで、テキスト以外のことがらを表現するものとしてではなく、テキストの構成やパフォーマンスに注目して研究する。それは欠落のある発話世界なのですが、欠落はそのままにしておかなければならなかった。発話は欠落を抱えることで生のスタイルを表現するからです。しかし、発話はこの生のスタイルのたんなる表現であるのではなく、作品なのです。他方では、こうした労働者の経験において固有に

＊46 訳注――紀元二世紀のローマの著述家。ランシエールが言及しているのは、著書の『アッティカの夜』。

象徴的なものを理解するために、テキストをどんどん分岐させていく必要があった。ここで「象徴」とは「なにかの象徴」（＝象徴するもの）という意味ではなく、（象徴するものと象徴されるもののあいだで）感覚的なものが分割‐共有されることそのものです。感覚の次元はさまざまな場と可能性が分割される次元でもあるので、「象徴」は人がこの分割において占める場でもあります。したがって労働者の発話を、通常はそれとは区別される領域、労働者文化とは関係がないとされる領域に属するシナリオなりテキスト・パフォーマンスなりと関係させることが必要でした。『プロレタリアの夜』のプロットには、オペラをたくさん使っています。ほとんど見えないようになっていますが、ハイライトを設定するための役に立っています。たとえば、（エティエンヌ・）カベーの「イカリア」コミューンの崩壊過程は、ヴェルディが同時代に書いた二つのオペラ作品――『シチリアの晩鐘』[*47]（一八五五年）と『シモン・ボッカネグラ』[*48]（一八五七年）――を参照して描きました。一八五六年、イカリアの労働者は「父」であるカベーから代表権を取り上げます。「父」問題は当時かなりの重大事でした。サン＝シモン主義にとっては中心的でさえあった。「息子たち」の反乱によりカベーが代表を追われる一年前、パリで『シチリアの晩鐘』が初演されます。『晩鐘』の台本を書いた（シャルル・）デュヴェイリエは昔、サン＝シモン主義者たちのなかで「父」位にいたのです。そして『晩鐘』には、シチリア総督のモンフォルテが、反乱を起こした息子に対し、自分を「父」と呼ぶなら陰謀に加担した者を赦してもいいと提案する場面がある。その二年後に『シモン・ボッカネグラ』の初演があります。この作品には、階級闘争を背景とした別の「父問題」がありますね。フィナーレで、恋人の父（＝シモン）が衰弱していくなか、青年ガブリエーレ・アドルノは「なんとすばやく過ぎてしまうのだ／幸せな愛の時間は！」と歌う。これは私に、ある歴史的契機を浮き彫りにしてくれました。労働者とブルジョワ・ユートピア主義者との恋物語の終わりです。あなたの質問にちゃんと答えているか怪しいですが、私にとって因果性問題とは階層性問題にほかなりません。支配的な因果性論理には地下の次元があって、そ

*47 訳注――一二八二年のシチリアで復活祭月曜日、晩鐘の合図とともに起きた島民反乱を題材にする。一六年間支配の座にあったフランスのアンジュー家の支配を終わらせた反乱の背景には、住民の不満とともに支配層間の政治的策略などがあった。ランシエールが言及しているのは第四幕のシーン。アンジュー家の名代である総督モンフォルテと反乱軍の兵士アルリーゴは敵味方ながら親子であることを知り、アルリーゴは父を舞踏会での暗殺の窮地から救う。モンフォルテは陰謀に加担した息子の恋人エレナと反乱軍指導者プロチゴらの助命の条件として、アルリーゴに自分を父と呼ぶよう求める。アルリーゴがこれを受け入れたことでモンフォルテは反乱軍を許し、息子とエレナの挙式を晩鐘にあわせて執り行うよう計らった。しかしそれは同時に、プロチゴらシチリア側による宮殿襲撃の合図の鐘でもあった。

*48 訳注――シモン・ボッカネグラは一三三九年にジェノヴァ共和国の初代総督となった実在の人物。ヴェルディはシモンの晩年に時期を設定し、貴族と平民の対立を背景に、生き別れになった親子の再会、義理の親子の和解、若者のロマンスなどを描いた。ここで言及されているのは、毒を盛られて衰弱するシモンが息絶える場面。シモンはこのときまでに娘アメーリアと、己を父の仇として憎んでいた貴族ガブリエーレの婚礼を見届ける一方、かつての政敵であり、若いときに引き離された恋人マリアの父にしてアメーリアの祖父である貴族のフィエスコとも和解を果たしていた。

れが、やがてなにを感じ、考えることができるのかをすでに決定しているのです。プロットを美的なものにすると、なにを感じ、考えることができるのかという問題がつねに表層の管轄に置かれ、表層をどのように分割するかという問題になる。

――そうしたプロット形式を用いると、関連「場面 scènes」全体を階層化せずフラットに並べたり、一つの発話の周りに編むことができるのでしょうか。関連「場面」というか、一つの観察場面に関連づけられた「さまざまな場面」というか。書くという行為はどうしたって、望んでもいないところに原因を導入せざるをえないのではないでしょうか。統辞構造や文法のせいかもしれませんが。「というのは」「なぜなら」「したがって」といった表現を使わざるをえない。

『プロレタリアの夜』では、「したがって」の使用は最小限にとどめました――この言い回しが文中に登場するときは、通常とは逆の使い方をしている場合が多い。原因‐結果関係を断つのに用いられるのです（一例を挙げれば「したがって関係がないのだ」）。私は階層をこしらえることを周到に避けたので、この本は基本的に並列と移動からなっています。テキストの引用があり、それをパラフレーズする注釈がつく。注釈は元のテキストを移動させ、別の場面に向かう動きを始動させる。注釈では名詞構文を多く用いて自由間接話法のようにする――やりすぎないようにしましたが――ことで、フローベールふうに段落を「解体」して次々に滑らせていくようにしました。もちろんポイントは、滑らかさという形式原理にではなく、エクリチュールの平等という原理にある。展開する言説と、展開される言説との序列をなくすこと。経験と省察に共通するテクスチャーを感じさせること。経験と省察が、学問の境界と言説の階層を横断する経験かつ省察であるようにすること。これはほとんど統辞論的な問題です。

次に、プロットの組み立て問題があります。実際、『プロレタリアの夜』では二種類のプロットが分節されています。一つは若干ヘーゲル的なタイプのプロット。複数の円が一つの円を作るときの三分割プロットで、そこでは、もっとも抽象的なもの――自分のアイデンティティが怪しくなった労働者の典型的経験――から、もっとも具体的なもの――集団が集団として形成され、集団としてなにかを経験する事態――に進み、そのあいだに他者との出会い――この場合にはサン＝シモン主義者との出会い――がある。もう一つは、一種の伝記的図式です。一世代の歴史を語るにふさわしいいくぶん人為的なプロットを選びました。すなわち、一八三〇年に太陽を目撃し、その太陽に忠実であらんとした人々になにが起きたのか。もちろん、一人の実在人物――ゴニですね――を取り上げてはいるものの、このプロットは理念的なものです。ゴニはこのプロット全体を生きた人として登場する。彼については、一八三〇年代から八〇年代までのアーカイヴを利用できました。いずれにせよ、ゴニは一種の構造です。彼を通じて事態を眺める。事態がどう人々を主体なりアクターとして規定していくのかを見る。一見してばらばらな一連の現象、状況、出来事が、いかにして一個のカーブをなすものと把握されていくのかを見る。この伝記プロットを別の伝記プロットに引き延ばしていくこともできたでしょう。たとえば、博士論文が終わってようやく行くことができたアメリカのイカリア関連アーカイヴでは、大部の本の素材にしようと大量の史料を集めました。もうその本を書くつもりはありませんが。一人のフランス人共産主義派労働者が、いかにしてアメリカ人民主主義派農民となったのか？『プロレタリアの夜』の「続編」となったでしょうが、もう書かないでしょうね。

——アーカイヴとの関係に話を戻します。『言葉の肉』[*49]（一九九八年）など他の著作でも、アーカイヴは問題になっている。ランボーの章では、彼なりの時代の描き方が論じられていますが、あなたは歴史の体系化には向かわないと言いつつ、ランボーがもっていたと思われる文献をそれなりに列挙しています。これらをもとに彼は自分の時代を書くことができたのだ、と。これは、どんな領域で仕事をするときでもあなたのやり方に見てとることができるアプローチで、ヴァルター・ベンヤミンが「蔵書の荷解きをする」[*50]で描いたことを思わせる。

私にとって重要だったのは、時期であれ時代であれ状況であれ、それを内在的に定義することです。私が問うていることはいつも同じ。「なにを知覚できるのか、しかじかのものを見えるようにするのはなにか、どのようにして、しかじかの語、しかじかのフレーズが意味を持ち、役目の割り振りやそこからの解放といった象徴的価値をもつのか」。この問いは、私がほとんどいつも周辺的な事象について仕事をしてきたことに関連しています。そういう事象の場合、断片的なもの、抜け落ちたものを集めなくてはいけないことが多く、こんなふうに考えていました。思考をめぐらせて書く際の諸条件は、支配的言説が描く時間や状況によって決まるものではない。経験の感覚的テクスチャーとでも言うべきものが諸条件として存在していて、それを見いださないといけないのだけれども、そのためには、知、政治的なもの、社会的なもの、知性的なもの、民衆的なもののあいだにあるさまざまな階層をすべて除去しないといけない。あてもなくぶらつき、書類の山をかき分け、暦書を参照し、風変わりな夢想家が書いた誰も知らないパンフレットやぱっとしないヴォードヴィルの台本を読んだりすれば、感じてもらえるようなことですよ。

　結局、私は二つのものを組み合わせようとしてきた。一つは横断性。思想にとって重要なことがらは交点で生起する、と私は信じています。交点ではテリトリーなるものが消えてしまう。具体的には、たとえば詩人であるリルケが若い労働者マルト・アンヌベールと出会ったとき、二人のそれぞれのテリトリーはもはや見分けがつかない。想像上の交点としては、私が〔『ボヴァリー夫人』のヒロインである〕エマ・ボヴァリーの経験を労働運動家の経験と共鳴させようとしたり、サン＝シモン主義者の儀式の経験をマラルメの散文詩と共鳴させようとしたりしたときにも[*51]、同じようなことが起きる。もう一つは厳密性です。家でガーデニングを続けているおかげで、これを失わずにいることができています。植物を相手にいい加減なことはできないですから。同じこ

＊49　訳注――Jacques Rancière, *La chair des mots: politique de l'écriture*, Galilée, 1998.（『言葉の肉――エクリチュールの政治』芳川泰久監訳、堀千晶・西脇雅彦・福山智訳、せりか書房、二〇一三年）

＊50　訳注――ヴァルター・ベンヤミン「蔵書の荷解きをする」『ベンヤミン・コレクション2』浅井健二郎編訳、三宅晶子・久保哲司・内村博信・西村龍一訳、ちくま学芸文庫、一九九六年。

とをテキスト相手にやってきたのです。私は他の人よりも、ある時代の感覚的テクスチャーがどんなものかを学んできた。だからその時代に、どんな行動や発言がコンセンサスを形成したり、分裂を生んだりするかがわかる。そのおかげでたとえば、他の人々がラディカルな理論的新しさを認めるマラルメの文言が、実際には〔テオドール・ド・〕バンヴィルや、〔テオフィル・〕ゴーティエからそのまま借用されていることがわかる。[*52] マラルメのなかに意図された断絶プロセスを見るのではなく、確認可能な変化プロセスを見るべきである、と。

——あなたの当時の仕事においては、哲学と芸術のあいだの境界が、なかったというより流動的だったという印象を受けます。調査と言説のあいだに階層がないことも見てとれるように思います。

おそらく実際はそうでしょうね。ただし自分でそれを抑制したこともあった。『資本論を読む』に収録されたテキストや、カンファレンスでポリスと「政治」やら芸術の美学体制やらを説明するテキストをもち出されると、ちょっと気詰まりを覚えますね。こちらもそれっぽい話をしないといけないので。ときには周りから求められて、理論っぽい「理論」を提出しなければならないこともある。『不和』がやったように、概念から出発し、概念を展開させるのです。それでもあの本でも、斜に進むようなやり方を試みてはいます。場面 scènes がけっこう入ってるでしょう。アウェンティヌスの丘の平民、ストをするパリの仕立て職人などです。とにかく私にとって大切なのは、語りのプロットを展開することが自分にできて、感覚的経験のテクスチャーを感じさせることのできるテキストです。今あなたが話題にされていることがはじまったのは『プロレタリアの夜』です。その後は、文学や映画についてのあらゆる著作で追求しています。

――一九七〇年代のあなたの研究にはもう一本の線が透けて見えます。『プロレタリアの夜』に先立つ、あるいは同時期のテキストを通してです。その線とは読み方をめぐる問いです。アルチュセール主義批判にも、この問いはあった。テキストをどう読むのかという問いを立てているのです。アルチュセール主義批判は実際、マルクスのテキストのような哲学的テキストをテキスト内的に読むことへの批判を経由していました。さらには『言葉と物』〔渡辺一民・佐々木明訳、新潮社、一九七四年。原著一九六六年〕のフーコーへの批判も経由していた。先ほど、文書館で発見した労働者のテキストの「演劇的《パフォーマティヴ》」な側面について話されましたが、テキストの内容よりも効果にこだわる、ということでしたよね。また、『プロレタリアの夜』に結実するプロジェクトのはじまりに言及して、目指したのはマルクスの情報ソースがどんなものであったかを見ることだった、と述べておられた。言説のパフォーマンスというかプラグマティックな性格に対するこうした明瞭な関心は、一種の深

＊51 訳注――前者は、“La mise à mort d'Emma Bovary,” *Politique de la littérature*（未邦訳、「エマ・ボヴァリーを殺すこと」『文学の政治』所収）、後者は、*Mallarmé: La politique de la sirène*, Hachette, 1996, pp. 53-67（『マラルメ　セイレーンの政治』坂巻康司・森本淳生訳、水声社、二〇一四年、七五－一〇六頁）を参照。

＊52 訳注――バンヴィルとゴーティエとマラルメの関係をめぐるランシエールの議論については、Jacques Rancière, *Aisthesis: scènes du régime esthétique de l'art*, Galilée, 2011（未邦訳、『アイステーシス――芸術の美学体制の諸シーン』）の第五章を参照。

部のようなものをなすのでしょうか。あるいは、なんらかの方法の端緒を。

はっきり言えるのは、読みのプロトコルという意味でなら、私に方法はない、ということです。私にとって、これだと言える唯一の方法は、ある発話が突如として重いものとなるかどうか、他の発話と響き合うかどうか、その発話が別の発話とネットワークを作るかどうかを調べることです。「パフォーマティヴィティ」の語については、さっぱり知りませんでした。今はこの言葉を使いますが、言語論との関係で用いているわけではない。発話が場面を構成するやり方を強調するために使う。ともかく、一九七〇年代の私は、哲学や言語学や方法論にかんする著作などまったく読んでいません。史料にどっぷり浸かっていて、哲学や人文学での理論的な議論にはまったく関心がなかった。『プロレタリアの夜』を書き終えてはじめて、さまざまな理由から、自分のやったことをいくつかの指標との関係で位置づける必要が出てきたのです。けれども、当時の私にとって唯一の方法とは、面白い発見だと自分に思えるもの、発見どうしの面白いつながりだと私に思えるものを眺め、凝視することでした。

テキスト内的な読解の問題に話を戻すと、私の方法はつねに、内在的読解と〔テキストどうしを〕粗く関連づける読解とを結びつけることだったと思います。内在的読解では、テキストのテクスチャーを作る意味と意味の関係の型が探られますが、粗く関連づける読解は、あるテキストを別のテキストのなかに響かせ、その響きがどこまで届くかを把握しようとします。一方を書いた人がもう一方を読んだかどうかはまったく関係ない。マルクスを例に取ると、私の問題とはマルクスがなにを読んだかではない。マルクスは当時の労働者パンフレットをほぼ読んでいないと思います。私が読んだもののどれかを、マルクスが読んでいたとは思えない。マルクスは共産主義関連の本を多少は読んだし、工場査察官の報告書も読んでいたけれども、労働者自身が書いたものは読んでいないのです。マルクスが読んだものはほんのわずかだと思いますよ。私の問題は、マルクスがなにを読んだか、マルクスがそうしたテキストをどう作り変えたかを知ることではない。マルクスの言ったことをどう際立たせるか、そこに別の発話を共鳴させながら、彼の言ったことをどう際立たせるかです。それら別の発話は、中身としては、マルクスが語っているのと同じことを語っているのですが。

　ここには方法をめぐる本質的な問題がある。思想の共通点をどう見定めるのか。アルチュセール主義、またマルクス主義のかなりの部分を特徴づけるプロトコルとして、「科学とイデオロギー」という対比がありますが、これは学者と無知な者は同じことを語らないと証明するためのものです。明らかに同じことを述べた労働者のテキストがあっても、同じことを述べてはいないと言われる。労働者が語っているのはイデオロギー的なもの、表現された体験、経験の集合であって、マルクスの言葉は概念である、という次第。ここにあるのはいつでも同じ考えです。すなわち、概念とは絶対的に自律的な世界であり、概念が不幸にして経験的現実やイデオロギー的言説と同じ名詞を使っていても、それはまったく別物だ、と考える。そしてここから出てくるのが、アルチュセールの「理論における階級闘争」という考え方です。マルクスはある時点で——『資本論』の物神崇拝を論じた箇所ですが——社会関係の透明性という「ヒューマニズム的」命題を用いている。しかしそこに見てとるべきは、言葉の陰に隠れた、排除すべき一種の階級敵のしぶとさなのだ、とアルチュセールは論じる。私はこれをもっと単純に捉えています。すなわち、語が意味をもつのは発話と実践が一つの世界を分けあっているからである。その世界では、社会関係の透明性、生産者間での交換、独立生産者の世界といったテーマは、労働者アソシエーションにかんする多くのテキストやプロジェクトのなかに存在しています。こうした世界から出発すれば、マルクスが言ったことは不思議でもなんでもない。別の言い方をしてみましょう。科学が特別な言説だという発想に凝り固まってしまうと、どうしても、科学が汚染された理由は科学の発展そのもののうちにあると考えるか、汚染の理由はイデオロギーから科学を分離する営みに終わりがないからだ、と考えるほかない。

私は、共鳴があると考えた。共鳴から出発して理解し、感じることができるものがある、と考えた。労働者がジャコトを読んだかどうか、マルクスがしかじかのサン＝シモン主義のパンフレットを読んだかどうか、等々を知るには及ばないと思ったんです。循環するシニフィアンがあり、それらが歴史的経験や情勢、運動、プロジェクトなど、もろもろすべてを結晶させる。ここでもまた、われわれは厳格な因果性体制のそとに出ているのであり、言葉、イメージ、シニフィアン、フレーズ、意味は循環しています。私にとっての問題は「マルクスがこれを書いたのは、その前年に労働者が出していたしかじかの雑誌に、しかじかのテキストが載ったからだ」と主張することではない。たとえそう言えたとしてもね。スーザン・バック＝モースは、ヘーゲルの主人と奴隷の弁証法を論じた著作まるごと一冊で、そんな作業を行っています。ドイツ語の新聞で繰り広げられたハイチ革命にかんする議論を逐一厳密に追いかけているんです。[*53] 私はそんなことをやったことがない。極論すれば、やりたいと思ったことはあったかもしれないけれども、そんな余裕はなかった。読解の仕方にかかわって自分の興味を引くことがらについては、自分がやったことをやるだけで十分だったのです。フーコーの言ったことに近いかもしれませんね。彼にとっては「闘争のとどろきを聞く」[*54] ことが問題だった。これはつまり、理論は別の理論や、自分が批判対象とするイデオロギーとではなく、言説世界そのものと結びついたなにものかである、と考えるに等しい。これは、いくぶんフーコーに倣いながら、私が考えたことでもある。実際の思想とはそういうものであろう、と。制度や規則、社会的戦略、論争的な言説が一系列をなすなかで思想は現実のものとなる。だから「理論」とは、この集合の諸要素が独特なかたちで組み合わさったものと捉えるべきなのです。

——執筆にはどのような状況が望ましいですか。こもって書くのでしょうか。田舎で書くのか好み

＊53 訳注——スーザン・バック＝モース「ヘーゲルとハイチ」高橋明史訳、『現代思想』第三五巻九号、二〇〇七年、一四四‐一八三頁。および、同論文が序文つきで収録された Susan Buck-Morss, *Hegel, Haiti, and Universal History*, University of Pittsburgh Press, 2009（未邦訳、『ヘーゲル、ハイチ、普遍的歴史』）を参照。

＊54 訳注——フーコー『監獄の誕生』（田村俶訳、新潮社、一九七七年。原著一九七五年）の終わりに登場する表現。

だとか、こういう季節や気候がよい、というのはありますか。そうした条件は大切なことでしょうか。

ものを書くのは午前中から午後の半ばまでが多いです。昼間の光が好きでね。窓に面したテーブルに座って、ときおり空や木々を眺めたりしながら書く。ほとんど戸外で書いた本もあります。パソコンを使う前の話ですが。とはいえ、執筆はつねに調査と結びついています。私は人生のある時期、予定のない日はすべて図書館や文書館に通って過ごしました。毎日行くのです。別にこれといった目的がない日でも。映画作家のペドロ・コスタが言ったことに近いですね。「私は毎日、デジタル・ビデオカメラを手に、フォンタイーニャスに通った。仕事に出かけるように」[*55]。最盛期にはほんとうに毎日出かけた。かなり長いあいだ、図書館や文書館に毎日通ったし、いまも毎日仕事をしています。私にとって大切なのはなにかを発見し、読んだことのないものを読み、読み直し、発見する可能性がいつでもあること。浮かび上がってきたものが突然別のものとつながり、おのずと道筋がついてハーモニーを奏でることなのです。重要なのは、新しいものを発見する可能性を毎日自分に与えることです。思想とは発話されたもの、書かれたものであり、そこにたしかに存在するのであって、頭のなかにあるのではけっしてない。それはページのあいだをつねに行き来しながら、いまとは違う場所に運ばれて別のかたちを与えられるよう待ち構えているものだ、と考えています。仕事について譲れない点なのですが、私にはつねに資料のそばにいること、資料がテキストであっても映画であっても、芸術作品であっても、つねにそばにいることが欠かせない。歴史や社会科学のように、データを集めて処理するという方法は、ありえなかった。私にはできないことです。私の仕事の仕方は、収集したデータを後から料理することではなく、一定の強度に到達しようとすることです。なにかが突き出してくる強度。ほかの人なら「考えるよう強いるもの」と言うでしょうか。予想外の資料というのは、いつでもある。資料に驚かされるよう、よそからの挑発にはっとさせられるよう身をさらしておけば、思想のダイナミズムは存在する。仕事をするときは、毎日訪れるだろう驚きに身を委ねる一方、すでによそから来ている求めに応じようともする、という込み入った関係のなかにいます。さまざまな求めに応じてきました。その時点でまったく知らないことについて話してくれ、なんていうのもありましたね。それに応えるためには、これから三週間なり一ヶ月なり二ヶ月なり没頭しなければならないだろう、と思ったものです。

　こうも言えるでしょう。強度のある点、突き出してくる契機となる点に立ち戻るよう、私はたえず強いられている。映画について書くときには、対象となる映画とそのショットを必ず見直して、組み込めていなかった点をあらためて組み込もうとする。カンバスを破っては描き直すことの繰り返しです。それが、私なりの仕事の仕方ですかね。ものを堆積させておくのですが、それはある瞬間にそれらが煌めきを生むよう、そこから姿を現すものがあるようにするため。風景の輪郭がやにわに浮かび上がり、なぞることができるようになる。これが、私の仕事について言え

＊55　訳注――リスボンのフォンタイーニャス地区は、コスタの『骨』（一九九七年）と『ヴァンダの部屋』（二〇〇〇年）の舞台。

ることでしょう。ちょっと理念的に述べていますが。考えるよう強いる力とは違う制約に迫られることも多いですからね。

ミシェル・フーコー

――一九七〇年代にフーコーとの関係は近づきましたか。コレージュ・ド・フランスの講義には出ていたのでしょうか。

出た講義もありますが、あまり多くはないです。時間がなかったので。とはいえ、フーコーの政治的・理論的取り組みと交差する機会は多くありました。この時期のコレージュ・ド・フランスでのセミナーにも多少かかわっています。一時期は、後に『論理的反乱《レヴォルト・ロジック》』誌（一九七五－八一年まで発行）を出版するわれわれのグループが、フーコーのセミナーと連動して動く集団の一つとさえ思われていた。実際には、まったく別個の存在でしたけれどね。

たしかにフーコーは私にとって重要な存在になりました。なぜならフーコーによって、哲学が突如として、哲学書から、制度としての哲学から、そとに出たからです。『狂気の歴史』（田村俶訳、新潮社、一九七五年。原著一九六一年）のときには、そのことはわからなかった。彼がなにをしたいのかよく理解できなかった。フーコーが監禁の問題を、刑務所をめぐって再び取り上げだしたとき、まさに『監獄の誕生』を書いていたころですが、私には彼のやりたいことがはっきり見えた。そして私にとって、ある意味でモデルになった。思想が実際に働いている場で思想を扱うのです。フーコーは、権力技術のなかで思想が働く様子を見ていた。私は、権力に抵抗する人々の実践において、論争の実践において、闘争において、思想が働いている様子を見ようとしたのです。この話は「よその思想」という短いテキストにまとめました。[*56] よその思想――思想の制度のよそ、ということです――とは、支配装置に実現される思想であると同時に、闘争の形態、闘争の発話に実現される思想です。私にとって基本的なモデルとなりました。すぐには気づかなかったですけどね。層になった諸言説を一枚一枚剝がしていく、という考え方を、『言葉と物』のときには気づかなかったのですが、『監獄の誕生』や一九七二年の『ラルク』誌でのドゥルーズとの対談――先ほど出てきましたね――で、はっきりわかりました。とくに囚人の発話についての議論を通して。囚人は発言している、刑務所とはなにかを実によくわかっている、刑務所についての理論の持ち主だ、という議論です。科学は外部からもたらされたのではない、理論的生産はどこにでもある、という考え方ですね。対談での搾取にかんする議論はありきたりでしたが、同時に、搾取のさまざまな平面という考え方も提出されている。それをきっかけに、フーコーを

*56 « La Pensée d'ailleurs », *Critique*, « La philosophie malgré tout », n° 369, février 1978, pp. 242-245 (http://multitudes.samizdat.net/La-pensee-d-ailleurs)〔未邦訳、「よその思考」『クリティック』第三六九号、一九七八年二月〕

身近に感じるようになったんです。運動と理論作業が相互に近いところにあると同時に、理論を実践に適用するという考え方からはきっぱり離れていた。

その後、フーコーがあらゆる人々に好き勝手に使われる時期が訪れます。左翼主義が退潮するなかで、フーコーは権力技術の思想家として登場する。労働者はいつでも権力技術の犠牲者であるとか、あらゆる人間はつねに投獄され、細かく区分されている、といった議論を根拠づける思想家になったわけです。こうした議論は、ガタリ周辺のCERFI（制度論的学習・研究・教育センター。一九六七－八七年まで活動）からはじまったところがあります。たとえば『疲れを知らない小労働者』[57]（一九七六年）で、規律訓練というお馴染みの考え方が取り上げられた。こうした読み方は、自由絶対主義《リベルテール》を標榜する言説と結びついてはいるものの、精神的な重苦しさを与える言説です。この手の人々は、一望監視《パノプティック》というコンセプトを文字通りに理解して、一九世紀に全能の監視網が張り巡らされたと考えた。そしてそれをいっそう膨らませ、抵抗は装置への抵抗以外にはありえないと言い、おまけに、抵抗は装置に前もって取り込まれている、とまで言ったのです。〔『監獄の誕生』が刊行された〕一九七五年頃のフーコー受容には、支配的な二つの側面があった。一方は、規律訓練、権力技術についての議論を精緻化し、個人がいかに決定されつくし、細かく区分されているかを論じる。もう一つの側面は、フーコーを支配についての包括的な言説として使う。〔アンドレ・〕グリュックスマンたち、「新哲学《ヌーヴェル・フィロゾフィー》」を自称した人々のやり方ですね。

当時、フーコーにインタビューして『論理的反乱』に掲載しました。[58] グリュックスマンの『思想の首領たち』〔西永良成訳、中央公論社、一九八〇年。原著一九七七年〕をべた褒めする記事[59]を彼が書いたところだったので、私としては、その説明も彼に求めたかった。八つの質問を書面で行い、フーコーからも書面で回答が来ました。うち四つについては答えがあったものの、あとの四つについては無回答。おそらく、嫌な感じの質問だったのでしょう。それでほかの四つだけに答えた。回答がなかった質問はどれも「新哲学」にかかわるものでした。フーコーに対して、連中があなたを担ぎ出すことをよしとするのかと問うものでした。答えがないことも一つの答えであり、フーコーがすでによそに行ってしまったことを示すものでした。以後、彼はグリュックスマン流の政治的フィクションに深く巻き込まれていく。

最後にフーコーに会ってきちんと話をしたのは、回答をもらいにいったときのことです。その

---

*57 訳注 — Lion Murard et Patrick Zylberman, « Le Petit Travailleur infatigable », *Recherches*, n° 25, 1976のこと。CERFIは雑誌『ルシェルシュ』を発行していたが、一号全体を特集として刊行し、後に単行本化することがあった。この号も一九八〇年に単行本として発売された。

*58 « Pouvoirs et stratégies », entretien de J. Rancière avec M. Foucault, *Révoltes logiques*, n° 4, hiver 1977, pp. 89-97, repris dans M. Foucault, *Dits et écrits III*, Paris, Gallimard, coll. « Bibliothèques des sciences humaines », 1994, pp. 418-428.〔「権力と戦略」久保田淳訳、『ミシェル・フーコー思考集成VI』筑摩書房、二〇〇〇年、五八三－五九七頁〕

*59 訳注 — Michel Foucault, «La grande colère des faits», *Le Nouvel Observateur*, n° 652, 9-15 mai 1977, pp. 84-86.（Sur A. Glucksmann, *Les Maîtres penseurs*, Paris, Grasset, 1977.）, repris dans M. Foucault, *Dits et écrits III*, Paris, Gallimard, coll. « Bibliothèques des sciences humaines », 1994, pp. 277-301.〔「事実の大いなる怒り」西永良成訳、『ミシェル・フーコー思考集成VI』二七七－二八四頁〕

朝の彼の話題はもっぱら「赤の脅威」。エチオピアで共産党系の政権が権力を握った直後でした。当時の彼にはアフリカでの共産主義の伸長が重大事だったんですね。ちょっとがっかりでした。その後、妻のダニエルと一緒に知識人論のテキストを書いて、問題をできるだけ多角的に深めようとはした[*60]んですが、ともかくこれを境にフーコーとのかかわりは一切なくなりました。

――このフーコーへのインタビューであなたは、「権力のミクロ物理学」というモチーフについて、哲学による日常的な実践と言説の奪還ではないかと危惧を述べています。彼の哲学は左手で捨てたものを右手で拾っている、と非難していますね。

その表現は「よその思考」に出てくるもので、主張をまとめるのに使いました。一九七二年のドゥルーズとの対談を読んだ段階ですでに、二重の言説に大きな衝撃を受けていたんです。フーコーは一方で、権力はそこかしこにあるのだ、闘いの諸目標を定めるべきであって、その原因を問うことはやめるべきだ、権力関係はつねに局所的なものであって、肝心なことは権力関係を特定し、それを権力関係と呼ぶことだ、と力説する。しかし同時に、議論は大きな横滑りを起こしています。今日における大きな謎は権力だ、誰が権力をもっているのかわからない、などとね。これは私からすれば、まったく驚くべき二股のかけ方でした。一方では、権力の作用を正確に見定めることができれば、たとえば当時まだ多くの人が強い関心を寄せていた隷従への欲望等々をめぐる哲学談義や、自由や隷従を大仰に論じる諸々の言説から、完璧に脱することができると言う。しかし他方で、権力は大きな謎であり、それがどこにあるのか、なにから構成されるのかわからないという謎めいた主張が行われる。こうなると再び、思想に特権が与えられることになる。人々の目に謎と映ることを扱えるのは思想だけだ、というわけ。一方でフーコーは、囚人は権力の所在をよく知っていると言う。でも他方で、誰もそれを知らないと言うのです。結果としては、これが権力にかんするどこまでも抽象的な言説を生み、グリュックスマン的な思想をこしらえた。権力とは、人間の収容をあらかじめ定めている理論の権力だ、というわけです。

『論理的反乱』と「五月」の退潮

――『論理的反乱』は、フーコーから遠ざかるなかで創刊されたのでしょうか。雑誌の成り立ちを教えてください。

＊60　« La légende des philosophes (les intellectuels et la traversée du gauchisme) », avec D. Rancière, *Révoltes logiques*, numéro spécial, « Les lauriers de mai ou les chemins du pouvoir (1968-1978) », février 1978, pp. 7-25, repris dans Jacques Rancière, *Les Scènes du peuple*, Horlieu, 2003, pp. 285-310. (http://horlieu-editions.com/introuvables/les-revoltes-logiques/les-lauriers-de-mai-1978.pdf)〔未邦訳、「哲学者列伝（知識人と左翼主義の不遇）」ダニエル・ランシエールとの共著。『論理的反乱』特集号「五月の桂冠詩人たち、あるいは権力の道（一九六八－七八年）」一九七八年二月、所収。現在は『民衆のシーン』（未邦訳）に再録〕

私のヴァンセンヌでの講義が出発点です。講義ではかなりの時間を割いてレーニン主義がだめな理由を解き明かし、二次文献を使ってですが、ソ連について論じました。歴史研究をはじめたころ、労働者の発話と実践を扱う講義をパリ第八大学ではじめました。講義題目はなんでしたっけ。受講生は多くなかった。流行の問題ではありませんでしたから。けれども、隣で授業をしていたジャン・ボレイユが興味をもって私の講義に出てきた。ジュヌヴィエーヴ・フレスも。彼女が興味をもったのは、フェミニズムの歴史を研究していたからです。それまで彼女とアカデミックな接点はなかった。それから二、三人が参加しました。うち一人がアラン・フォールです。その後ですが、ジャン・ボレイユが、レンヌの受験準備学級で教えていた学生たちの何人かを連れてきた。こうして最初の核ができあがりました。名づけて「反乱イデオロギー研究センター」。私としては『マルクス－レーニン主義手帖』のときと同様に、研究論文を掲載するちょっとした会報のようなものを考えていました。しかしここでも、ものごとは違った方向に進んでいった。実際にできあがったのは別ものでした。ある限定された時期にはかなりの影響力をもった雑誌です。創刊号の刊行は一九七五年。まさに左翼主義の潮流が軒並み退潮にさしかかった時期であり、規律訓練、権力技術、民衆文化、民衆の祭りといった概念が力を得つつある、要するに理論的清算期でした。そうした動きとの関連で、『論理的反乱』のように七〇年代の戦闘的運動に結びつく歴史研究を載せる雑誌は、左翼主義による奮起の試み、あるいは左翼主義の結末であるかのように受け取られた。トロツキズムや毛沢東主義、ローザ主義、その他想像しうるあらゆるものから距離を取っていたんですがね。雑誌は当初それなりの成功を収めました。

創刊号は二五〇〇部発行し、飛ぶように売れました。それからは落ち込む一方でしたが、発刊態勢がいい加減だったことも理由の一つ。雑誌は一種のブリコラージュで、ちょっと奇妙な類のものでした。ほんとうの意味での雑誌ではないし、ほんものの活動家集団でも研究の場でもなく、出会った者どうしの友情による集いだったのです。私か誰かの家に集まって、メンバーの誰かが自分の研究について発表し、それが最終的に『論理的反乱』の掲載論文になる。このやり方は雑誌の論理が幅を利かせるにつれ、つまり号ごとにテーマを決めて原稿を依頼するようになっていくと、そうした論理と齟齬をきたすようになりました。

雑誌は最初からちょっとした矛盾を抱えていたわけです。押し出したり擁護したりすべき政治路線をもった活動家集団ではないし、研究者集団でもなかった。われわれは研究者としてはアマチュアで、昔ながらの編集方法をとった雑誌ではなかったんです。発行がきわめて不定期で、載せる論文があるかどうか、作業する人がいるかどうか次第でした。ともかくかなりの部分は私の都合次第で、私が博士論文を書いていた年は一号しか出ていません。

――掲載論文に特徴的フォーマットはありました？　ときにはあなたの研究発表も載ったということですが。掲載されたテキストには、時代の雰囲気つまりイデオロギー面での転換と関係するものもあれば、歴史学に近く、労働運動史とかかわるものもある。内容の構成や関心の所在、調査方法はどう決めたのでしょうか。

各人の研究にかかわる号については、用意のできている原稿を使って内容を構成しました。六八年五月を扱ったような特集号では、やり方はまったく別です。あの号は、六八年が一〇年後にどうなったかという調査をもとに構成しました。そのほうが珍しかったですね。その他の号は実質的にすべて、誰かがもってきた原稿をもとに作っていました。私は労働者の歴史を研究していた。ジャン・ボレイユは当初、オック地方〔フランス南部〕の運動を扱おうとしたけれども、最終的には違うことを書いています。ジュヌヴィエーヴ・フレスはフェミニズム。アルレット・ファルジュには独特の課題があって、フェミニズム的研究と民衆の感性をめぐる研究との境界を扱っていた。パトリス・ヴェルムランとステファン・ドゥアイエのグループは、まず哲学教育機関の歴史を扱っていましたが、そこから次第に、児童の労働をめぐる問題についてのかなり大がかりな研究へと移行しました。二人は高師の教員でしたが、高師教員としては自分たちの専門を相当広げたと言っていいでしょうね。もち込みの原稿については載せたり載せなかったり。それがきっかけで初期のコアメンバーとなった人もいます。

——「左翼主義の消滅」「左翼主義の方向転換」「左翼主義の崩壊」といった表現で、一九七五年頃の社会批評の状況に何度か言及されていますが、正確にはなにを指していたのでしょうか。

いくつかのことを指していました。第一に、毛沢東主義運動が発展し、消滅したこと。第二に、一九六八年が作り出した自律的な運動のもつダイナミズムが、そっくり消滅したこと。一九六八

－七〇年の時点では、左翼主義運動とは組織以上のなにかでした。「はじまりに過ぎない、闘いを続けよう」というスローガンが規定する包括的なダイナミズムがあって、その勢いは一九七二－七三年頃まで続いた。一九七四－七五年頃になると、退潮を感じました。プロレタリア左派のように解散する組織もあれば、継続することをあらためて確認した組織もあった。トロツキスト系組織には、定義からして絶対に解散はないでしょうが。当時とくに感じたのは、既成政党の復権――アルチュセール主義の復活もその一部であるような復権です。「左翼連合」[*61]が、運動を回収する力をもってダイナミズムを発揮していました。

　当時はまた、『アンチ・オイディプス』〔宇野邦一訳、河出文庫、二〇〇六年。原著一九七二年〕が出てドゥルーズ－ガタリが流行った時期でもあった。『アンチ・オイディプス』の影響はとても大きかったですね。左翼主義の活動家モデルが父モデルと同一視されて、断たれたんです。その勢いの強烈さは、左翼主義の左翼主義的清算のような感じでしたね。活動家だったガタリ派の人たちの頭のなかでは、事態はそんなふうではなかったのかもしれませんが。ドゥルーズには政治活動家としての姿はまったくありませんでした。活動を行っていたのはガタリの周囲にいたグループで、とくに精神医療制度にかかわる問題に力を入れていた。けれども、大方は『アンチ・オイディプス』を、運動のもつ家父長的アルカイズムの終わり、欲望と祝祭の解放として受け止めた。その勢いは今の時点からは理解できないほどの強さでした。ともかく一九七二－七四年頃

＊61　訳注――「左翼政府共同綱領」にもとづく、左翼政党の選挙協力態勢（一九七二－七七年）を指す。

には、左翼主義学生の界隈で非常に大きな役割を果たしました。清算という側面のほうが、ラディカル化という側面よりも強かった。少なくとも人々の受け止め方としてはね。なんでもかんでも欲望として花開かせることができる、といった具合。フリー・ラヴを目指す若者の反乱として六八年を振り返る見方ができあがったのは、この頃ではないでしょうか。多くの人が、「欲望機械」とはフリー・セックス、祝祭、農村のことだと受け取った。ジェリー・ルービンのような感じですけれども、おおむねそのように受け止められていた。欲望機械という概念の意味とは正反対でしたが、実際の効果はそんなところです。当時はまた、南仏のアルデッシュまで出かけていく人々、はめを外して宴会をする人々の時代でもあった。それを、小規模ですが、ヴァンセンヌでも経験しました。予算の使い道にかんする議論で、コピー機を買うという提案があった。いかにも活動家的な道具です。しかしそこで誰かが、そんなのはもう古い、バーでも作ったほうがいいのではないかと言った。リオタールは言いましたよ。「ああ、それいいね！　いい考えだよ」。

その後、権力機械の概念がやたらもてはやされた。一方には権力機械、もう一方には欲望機械。もちろん、そんなものとは関係なく、運動を再び盛り上げた二つの出来事がありました。リップ闘争[*62]と、ポルトガルのカーネーション革命[*63]です。運動が再高揚期を迎えたことは、『論理的反乱』に一定の影響を与えています。『論理的反乱』はリップ闘争と完全に同一歩調を取っていたんです。もう現在の闘争を未来社会の組織化問題から分離しないし、プロパガンダや闘争を生産手段の領有問題から分離しない。そういう前提で、ある種の発話、行動、労働者組織をわれわれも考えていた。リップ闘争の時期は、プロレタリア左派の解散期にあたると同時に、そんなふうに考える『論理的反乱』のような取り組みの可能性を支えた時期でもあったんです。われわれはついに、一九世紀の労働者アソシエーションと革命的サンディカリズムを経て歩んできた、自律的労働者の伝統を掌中にした、という気になったんですね。左翼主義の第二の息吹といった趣もあった。『論理的反乱』にとってこの新しい息吹は、フェミニズム運動のある一面と結びついていました。フェミニズム運動は当時きわめて両義的な効果を生んでいました。運動の勢いが増すことで、部分的には、闘争を清算する空気を支えたのです。闘争とは男性的で父権的なものだ、というわけ。しかし他方、フェミニズム運動は別の目的、別のスローガンのもとに運動を再編する作業にも加わっていました。異なる抑圧や支配のあり方に対する、異なるかたちの闘いです。

＊62 訳注――リップは、一八〇七年創業の名門時計会社で、ブザンソンなどに工場をもっていたが、一九六〇年代以降に経営環境が悪化。七三年六月、経営陣の合理化案に抗議する労働者が、工場占拠後に自主管理闘争に入る。大規模な連帯デモも起こるなど、全国的な注目を集め、六八年五月最大の闘争に発展。一連の闘争は七六年まで続いた。

＊63 訳注――一九七四年四月二五日、サラザールが一九三二年に開始した独裁体制を崩壊させた無血軍事クーデター。別名「リスボンの春」とも言われる。青年将校たちの「国軍運動ＭＦＡ」による。彼らは臨時政府を成立させ、スピノラ将軍を臨時大統領に就任させたが、両者はすぐに対立し、将軍はスペインに亡命。共産党と手を結んだＭＦＡ左派による革命評議会体制が確立された。共産党書記長クニャルの主導のもとで、大資本の国有化と農地改革を行った。しかし七五年の選挙で社会党が第一党となり、ＭＦＡ左派と共産党は追放された。

『論理的反乱』はこの一面に見合った道具の一つになりました。

その後、左翼主義運動は最終的な崩壊を迎えます。一方では「新哲学」の大波が、ドゥルーズの波の後に押し寄せた。他方では社会党が勢力を伸ばしてくる。一方ではマルクス主義の清算が行われ、他方では空想的ネオ・マルクス主義が有力な存在として登場する。当時のシュヴェヌマン派のテキストを読むと、かれらのほうがわれわれよりもある意味ではるかに左です。あのグループは骨の髄までマルクス主義者だった。われわれよりもはるかにプロレタリア路線に忠実だったのです。

映画、左翼フィクション、民衆の記憶

――同じ時期のことですが、一九七六年に、あなたのインタビュー「博愛的イメージ」が『カイエ・デュ・シネマ』に掲載されました[*64]。雑誌から依頼があったのは、『論理的反乱』のテキストがきっかけでしょうか、それとも『アルチュセールの教え』を読んでのことでしょうか。『カイエ』はその二年前にフーコーにインタビューしています[*65]。編集部の数人が『ピエール・リヴィエール』〔慎改康之・柵瀬宏平・千條真知子・八幡恵一訳、河出文庫、二〇一〇年。原著一九七三年〕を読んだことがきっかけだったようですが、同書はこの雑誌が毛沢東主義から足を洗うきっかけにもなってしまった。あなたが映画批評業界と出会ったのも、当時の漠然とした見方では、あなたもフーコーの

その本のような新しいタイプの知性を追求している人と見えたから？

かれらが私に会おうと思ったのは、『アルチュセールの教え』で受けた印象からでした。つきあいがはじまったときには、まだ『論理的反乱』は出ていません。しかし向こうは、私が労働者の歴史を研究していると知っていた。その年度の私の講義に出ていた〔後に映画研究者になる〕ドミニク・ヴィランを介して連絡がありました。かれらはとくに二つのことに興味をもっていた。一つは『アルチュセールの教え』で、かれら自身が過ごした教条的マルクス主義の時代を捉え直すためにあの本がどう使えるか、ということ。もう一つが民衆の記憶というテーマです。フーコーへのインタビューの趣旨は流行りの懐古趣味への批判でしたが、批判からは積極的なものも生まれ、それが民衆の記憶というテーマでした。それについてしゃべってくれと頼まれたのです。

*64 « L'image fraternelle » (1976), entretien réalisé par S. Daney et S. Toubiana, *Cahiers du cinéma*, n° 268-269, juillet-août, 1976, pp. 7-19, repris dans *Et tant pis pour les gens fatigués*, Paris, Amsterdam, 2009, pp. 15-32. 〔未邦訳、「博愛的イメージ」『カイエ・デュ・シネマ』一九七六年七―八月号、『疲れた人々にはお気の毒さま』に所収〕

*65 訳注―― Michel Foucault, « Anti-Rétro » (entretiens avec P. Bonitzer et S. Toubiana), *Cahiers du cinéma*, n° 251-252, juillet-août, 1974, pp. 6-15, repris dans M. Foucault, *Dits et écrits II*, Paris, Gallimard, coll. « Bibliothèques des sciences humaines », 1994, pp. 646-660. (「反懐古趣味」高桑和巳訳、『ミシェル・フーコー思考集成V』筑摩書房、二〇〇〇年、二一七―二三七頁)

かれらは私と映画の個人的なかかわりなどまったく知りませんから、おきまりの提案として、いくつか映画を観てくださいと言ってきた。運動映画というか左翼映画を観せられました。〔ジャン＝マリ・〕ストローブ＝〔ダニエル・〕ユイレ『フォルティーニ／シナイの犬たち』〔一九七六年〕と『歴史の授業』〔一九七二年〕、〔ロバート・〕クレイマー『マイルストーンズ』〔一九七五年〕、〔ジャン＝リュック・〕ゴダール『ヒア＆ゼア　こことよそ』〔一九七六年〕、ダルボーイ印刷所のストライキの映画[*66]。これらを材料にして語ろうというわけです。ところが、私のほうで、かれらが紹介してくれた作品の範囲を超えて語ってしまった。それらの作品は早い話がブレヒトの伝統に属しているんですね。私は話のテーマを「左翼フィクション」に変えてしまい、それがよく描かれているのは、当時だと〔ベルトラン・〕タヴェルニエ『判事と殺人者』のような作品や、『ボフ　ある配達人の解剖学』〔監督：クロード・ファラルド、一九七一年〕など、型破りな労働者を扱った作品だ、と述べた。ストローブの作品――かれらにとっては偉大な肯定的参照項でしたが――については結局あまり語らなかった。ゴダールには多少触れましたが。ストローブやゴダールの代わりに、『マイルストーンズ』から話をはじめたんです。アメリカの左翼主義グループを扱ったこの物語には、アメリカ映画の伝統を思い起こさせるところがあった。独特の歴史性と典型的フィクション・タイプをもっている。ウェスタンにわかりやすく表れているようなね。個人が最終的になんらかの集団的象徴体系に帰属するという物語です。このような言わば系譜学的フィクションを、いつもそこにいる顔なじみの人々を扱ったフランス型フィクションと対比させたら面白かろう、という気がした。それで、左翼フィクションとは家族主義的フィクションだと批判し、アイデンティティの伝説を語るフィクションと、アイデンティティを「社会学的に」語るフィクションとを対立させることになりました。後者は、社会的人格類型が相互承認しあうためのフィクションです。

——ブレヒト的な同一化批判ですか。

ちょっと違いますね。ブレヒト的とは言えるかもしれませんが。ちょうどその頃、ブレヒトについてテキストを書いていました。ずっと後に『文学の政治[*67]』に再録しましたが、執筆はこの時期です[*68]。そこで展開したアイデンティティ批判は、『論理的反乱』が民衆の記憶を扱う雑誌と見なされるという、ちょっと不愉快な事情とかかわっていた。民衆の記憶という概念は当時非常に流行っていて、『論理的反乱』の創刊宣言にも出てきますが、私はこれを書いていませんし、この概念に対してはまったく納得がいかなかったんです。『カイエ・デュ・シネマ』でのインタ

＊66　訳注——おそらく、コレクティフ・シネリュット『単純な例 *Un simple exemple*』（一九七五年）のこと。

＊67　訳注——Jacques Rancière, *Politique de la littérature*, Édition Galilée, 2007.（未邦訳、『文学の政治』）

＊68　« Le gai savoir », *Bertolt Brecht, Cahiers de l'Herne*, 35/1, 1979, p. 219-236.〔未邦訳、「悦ばしき知」『カイエ・ドゥ・レルヌ』第三五巻一号、一九七九年〕

ビューを読んでもらえれば、私が民衆の記憶という考え方に、またこの発想が左翼フィクションの検閲を受けていることに、距離を感じていることがわかってもらえるでしょう。インタビューでは私は意図的に、議論の軸を雑誌側の期待からずらして、フィクションのタイプを論点に据えました。アメリカ・モデルとフランス・モデルで異なる国民表象を問題にした。一八四八年革命についての図像学を引き合いに出して、左翼フィクションがいかに敗北者の記憶の忘却のうえに成り立っているか、もっと広く言えば、歴史に名を残す左翼がいかに自分たちが銃殺した人々を自分たちのために利用してきたかを指摘しました。このインタビューは私にとって重要なものになりました。いくつものテーマを結晶させる結果になったからです。このインタビューはおそらく、歴史や記憶にまつわるさまざまな問題設定を、左翼フィクション、左翼教条主義、新たな左翼イデオロギーといったかたちで登場してきたものと突き合わせる最初期の発言だったと思います。これらはすべて、やがてミッテラン政権を支え、労働者と民衆の記憶を利用しつくそうとします。

　こうした話をするために、二〇年前の自分に遡って映画の記憶を引っ張り出してきました。私にとって、映画は特別な対象ではありません。人生のまったくばらばらの時期に、いろいろなことに興味をもったというだけ。映画を知ったのは高師の受験準備学級のときです。寮の隣室にいた大の映画好きから、こう言われた。「真の映画とは、〔ミケランジェロ・〕アントニオーニや、〔イングマール・〕ベルイマンのような文化的に「正しい」作品のことなんかじゃない、『エステルと王』〔監督：ラオール・ウォルシュ、一九六〇年〕や『マラソンの戦い』〔監督：ジャック・ターナー、一九六〇年〕を観るべきだ、それこそ真の映画だよ」。この手の作品がかかっていたのは、劇場だとマク・マオン、シネ・クラブだとシネ・カ・ノンやニッケルオデオンなど。これが映画に親しむきっかけでした。当時はヌーヴェル・ヴァーグ全盛期で、ヌーヴェル・ヴァーグとハリウッドの実に偉大な伝統との関係はかなりあいまいでした。私は映画を美術や美術史への手引きだとはまったく思っておらず、それ自体が論争的ジャンルだと思っていた。真の映画とは〔ヴィンセント・〕ミネリ、ウォルシュ、アンソニー・マンであって、教養あるブルジョワ層に流行する作品のことではない、とか。

それからは、もちろんシネマテークによく足を運びました。とくにシャイヨー館ですね。ユルム通りにあった館は改修のため閉館になった。でも改修が終わっても再開されず、シャイコーに移ってしまったんです。密度の濃いシネフィル時代でしたね。一九六〇－六八年にかけては映画館に足繁く通った。ウェスタンやミュージカル、フィルム・ノワールの代表作は片っ端から観ています。ほかには『ヨーロッパ一九五一年』〔一九五二年〕に衝撃を受けて、ロベルト・ロッセリーニなどのヨーロッパ映画や、ヌーヴェル・ヴァーグの作家たち、溝口〔健二〕も観ました。六八年の後には、映画館にほとんど行かなかった時期もあります。しかし『カイエ・デュ・シネマ』からの依頼がきっかけで、それまでとは違った興味がわいた。それからは、『カイエ』からは五年か一〇年ごとに、与えられたテーマ――民衆、学校、歴史など――について書くように頼まれました。その後、アントワーヌ・ド・ベックにコラムの連載を依頼されることになります。連載は二ヶ月に一度でしたね。映画もよく観て、新作のチェックも怠りませんでした。いまはもう、そんなことはありませんが。

いつも似たようなものです。興味をもつのが哲学であれ、映画であれ、なんらかのアートであれ、いっとき集中的に取り組むけれども、継続的に積み重ねていくようなことはやらない。けれどもそれらのおかげで、私の言説は豊かになった。哲学の場合も同じです。しかし、ある日突然、映画と哲学は同じタイプの二つの思考である、と宣言するようなことはしてませんよ。私にとってはこんなふうにして、領域、道、探究が形成されていったというだけ。

第II章

いくつもの線

相続と特異性

——あなたの「哲学」の中身に入っていく前に、あなたが現在それを思想史におけるなんらかの伝統に位置づけているのかどうかをうかがいたいと思います。あなたに先達はいますか？　ドゥルーズは自分の系譜としてスピノザ‐ニーチェの線を語っているし、フーコーはニーチェとハイデガーへの負債を認めていました。あなたの場合には、自分を位置づける系譜についてはっきり述べられたことはないように思います。もしかするとシラーだとかフローベールが問題になるのでしょうか。それならなおのこと、線は切れているということになりそうですが……。

自分の仕事を特定の思想的伝統にほんとうに位置づけることはできない、と思いますね。いずれにせよ私のたどってきた道は、他の人たちとはいささか違っていました。哲学と何年も絶縁していたことがあり、そのおかげで、なんらかの哲学的伝統のうちに自分がいるかどうかを気にせずにすんだのです。まったく違う仕事をしていると感じていた。しかし、何人かの人があるとき私に影響を与えたというのも事実です。そうした人々の系譜に自分も連なると認めてよいでしょう。実際いくつも層があって、私が出会い、あるとき影響を受けたと言える哲学者たちがいます。一七歳の頃にはサルトル、二五歳の頃にはアルチュセール、三〇歳の頃にはフーコーです。かれらに負っているものについて目録を作ることもできるでしょう。サルトルから学んだのは、心理学的説明や社会学的説明から距離を取るということ。アルチュセールの場合には、歴史の観念を再検討し、時間の多数性について考えることでしたが、この多数性についてはある意味、私のほうが彼より忠実に守っている気がします。フーコーからは一貫した姿勢ですね。なにを考えるべきか、思考がなにを対象とするかはもう問わない。その代わりに、あることが思考可能であったり、ある言表をそう述べることができたりするのはどうしてか、と問う姿勢です。実践や制度のなかで働いている思考こそ興味深い、起きていることの風景の一部となっている思考こそ面白い、という発想ですね。さらに言えば、いわゆる理論と実践のあいだに横たわる溝も彼から学びました。つまり理論と実践の分節は、理論を実践に適用するという仕方で決まるのではない、ということ。社会についての知が社会に働きかける行為に変わっていく、とは考えないわけです。そうではなく、理論と実践はそれぞれ別の場所で成立した言説の形式と実践の形式が出会うことで分節される、と考える。こうした哲学的影響なら、あげてもいいでしょう。

　私の方法にはさらに、文学に由来するものがあります。「ミクロ出来事」と呼べるようなものに注意を向けることです。出来事の問い、なにが起きているのかという問いを、感覚的なものの風景における変容と結びつける。これはドゥルーズのような哲学者よりも、むしろフローベールやコンラッド、ヴァージニア・ウルフのような人々に私が負っているものです。いかにして出来事はまず、知覚されるものや思考可能なものの変容であるのか、という点に興味を向けるきっかけはすべて文学から来ています。しかしそれはまた、文学的な語りの形式と、労働者アーカイヴで仕事をしているときに発見したことのあいだに私がつけることのできた連結関係にも由来している。私の仕事には特有の連結がいくつかあります。たとえば、フローベールやヴァージニア・ウルフのフレーズを頭のなかで響かせながら、またリルケに由来するような言い回しを思い浮かべながら、他方ではプラトンにありそうな哲学的文言も思い浮かべ、労働者たちの手紙を調べるわけです。一つの核がやや込み入った関係のうちでできあがったのです。哲学的言表、文学的言表、そして労働者アーカイヴから私の手元にやってきた言表のあいだの、他人とは共有していない特異な関係です。これが第二の層です。

第三の層は、ある時期に私が参照した哲学や理論です。あなたは先ほどシラーの名前をあげましたね。彼の場合は、『人間の美的教育について』を読んでいると突然、私が労働者アーカイヴで学んだことと一致したのです。そのころ私は、感覚的経験の形式の変容について考えながら、それをどうやって、イデオロギーや誤認、再現、区分を云々する言説から切り離そうかと考えていました。そうした言説はつまるところ、知性的世界の住人を感覚的なものの「洞窟」の不幸な囚人に仕立て上げるだけ。またある時期には、私は自分がやっていることは結局カント的意味における批判と無関係ではない、と認めることもできました。「いかにして可能か」を問うているのだから。ただし、認識一般の観点からいかに可能かということではありません。いかにして思考可能となったか、いかにしてその思考は変移することができたか、いかにしてその知覚様式は歴史的に変移できたか、ということです。またある時期には、自分がヘーゲルに連なっている、ともわかった。私にとってヘーゲルは、思考プロセスにかんする問いを、対象およびその帰結をめぐる問いと切り離さなかった哲学者の手本です。思弁的世界からいくら遠く離れても、この点は私にとって根本的なものであり続けています。思考はそれが働きかけるものから切り離されることはないし、所与のなかに現前し、かつ自らにとって所与であるものの変容のなかに現前する。私にとって思考は、世界や歴史についての一般的テーゼを表明することではないんです。思考はあくまでその対象とともに連続的に変化する。また、つねに分割という観点から思考するという点では、マルクスへの負債を認めることもできます。所与あるいは所与だと想定されているものは、現実にはいつも、むしろ所与を分割することに依存するなにかだ、と考える点で。

　しかしそれらのどれも、ひとつの伝統をなすことはない。こうした切れ切れの近接線はむしろ、ある学派に属するとか師からなにかを伝達されるという考えからの距離を示しています。私が師なしで自己形成を遂げた、という意味ではないですよ。反対に、私には二〇、三〇、あるいは一〇〇人もの師がいるのであって、一人きりの師がいるのではないと思っています。思考の伝達はえてして、人は一人の師をもったあと自ら師になる、といった具合にイメージされるでしょうが。私にとって師の機能とは、ある瞬間に、特異な対象やちょっと謎めいた風景を差し出し、問いを提示することです。その問いはわれわれの手に落ちてきて、われわれはそれに反応を強いられる。われわれを挑発し、場合によってはその挑発に対する応答をわれわれに吹き込むものはすべて師です。挑発し、応答を吹き込むという二重の機能は、子供の祈りからカント、ヘーゲルにいたるまで、実に多種多様なテキストを通して現れる。人間とでもテキストとでも、どんな出会いを通してもそれはありうる。とにかく私の場合には、ゴニとジャコトを読んだことが、ハイデガーやラカンを読むよりも重要だったとは言えるでしょう。

――うかがいたかったのは、実際の負債がどうだったかということだけではなく、哲学上のオリジナリティについてもです。哲学という活動領域では、新しさの条件とはどのようなものでしょうか。この問題は後で別の実践圏をめぐってでも取り上げたいと思います。自分が飛躍し、大仕事をやりとげるために、自分の手で伝統を作り出す必要のある哲学者たちがいるはずです。プラトンを師と仰いだり、彼を自らの思考の鍵とする哲学者は、数千年の歴史を背後にもってしまう。哲学者たるもの、受けた影響や背負った負債がどれほどであろうと、自ら伝統を作り出すのではないでしょうか。

私の場合、過去の伝統を発明する必要はありません。しかし歴史‐政治的な伝統であれば、そのかぎりでないかもしれない。解放の伝統です。私が負債について語るとすれば、次のことを意味しているだけです。特異な歴史――それが新しいか新しくないかを決めるのは私ではない――が作られるのは多数の出会い、多数の挑発のおかげであり、それらによって、ある瞬間、よそには存在していなかったなにかが出現するようになる。これは以前、国際哲学コレージュで行った『不和』についての討論のさいに述べたことでもあります。討論の相手は、アラン・バディウでした。彼は、私が彼の概念を剽窃したと非難した。彼が所属する「政治組織」の組織概念からです。それはともかく、私がそのとき強調したのは、同書の中心問題はゴニとジャコトをいかに調停するかということであり、そんな問いを立てた人間は世界で私しかいない、ということでした。問いの発案者が私であることは誰にも否定できない。実際、私が立てた問いは、私が長く労働者アーカイヴにどっぷり浸かっていたという特異性に結びついています。この特異性にはおまけに、アーカイヴに接近するため、ときにいくらかの哲学的レフェランスや文学的リフレインを駆使したという面も付随している。リフレインと私が言う際には単に比喩であるのではなく、一つの思考のイメージ全体を指しています。思考のなかにもリフレインがあるのです。あなたを作り出すフレーズがあり、別のところからやってきたフレーズがそれらに共鳴して、なにかがまた作り上げられていく。こうした頭がくらくらするリフレインから、少しずつ、政治や文学や映画などの領域についての知的理解の形式が構築されていくのです。

反体系的体系性

——さらに続けて、あなたの仕事にある「仕切りを外す」という考え方についてうかがいたいと思います。あなたの仕事も美学と政治に分けられるわけですが、あなたはこうした切断を拒否なさっている。『プロレタリアの夜』の基本理念について、あなたはたとえば、それは政治的である以上に美学的だとおっしゃっています。[*1] 実際この本では、一八三〇年から四八年にかけての労働運動の検討が、感覚能力の行使にまつわるいくつかの二項カテゴリーに即して行われています。諸個人の可視性／不可視性、発言する能力／発言できない（と想定される）という無能力、行動の非決定性／行動結果の予見性、等々。あなたの仕事から取り出せるこうしたユニットは、これで尽くされてもおらず安定してもいないでしょう。あなたの著作では、場所にかかわる術語系――「場」や「シーン」など――で示される地勢的《トポグラフィック》次元がつねに参照されており、これも同じユニットに数え入れることができるかもしれない。そこに話を進める前にうかがっておきたいのは、あなたの仕事を特徴づけるために、こうした反直観的体系イメージを用いることの是非です。用いてよいとすると、この体系性は哲学のかなり古典的な段階構造――そこには存在論、道徳、政治、美学などが「階」としてあるわけですが――のように考えてもいいのでしょうか。これは明らかに挑発的な質問です。先ほどあなたは、自分が学校ふうの区分に応じて哲学を作ってこなかったと説明してくださったばかりですからね。しかし、あなたが哲学教育を受けたときには、やはりそうした区分は存在していた。

体系性を語ることができるとすれば、私の作業にはコンスタントな関心事がある、ということでしょうか。論じる対象が政治でも文学でも映画でも、私の仕事はつねに実践を重視しています。逆に、デカルトの樹形図のように、第一哲学がまずあって、そこから幹が伸びて枝分かれしていくような段階構造を構築するという意味でなら、体系性があるとは言えない。そうしたものを構築しようとは一切してきませんでした。政治理論を作るという考えすらもったことはありません。政治を論じるよう何度も求められてきましたが、政治理論を作ろうと意図したことはないし、芸術理論を作ろうとしたこともなかった。私がかなり系統的に行おうとしてきたのは、政治や政治理論、芸術や芸術理論と呼ばれることがらが配分されるときの出発点、出発の場所をはっきりさせるということです。私には基礎から出発するということができなかった。さまざまな帰結を基礎から演繹して、さまざまな分野――哲学がそこへ配分されるとみなされる諸分野です――に展開する、ということもできなかった。哲学それ自体が私にとってはひとつの問いとしてある、という理由だけからしても無理でしたね。どうしてある言説が哲学的と考えられたり、そう考えられなかったりするのかという問いです。だから体系性があるとしても、それは反体系的な体系性です。無秩序を体系的に探求するというのではなく、なにかが体系として思考可能になるための配分形式を探究する。すなわち、体系への意志すべてに必然的に先立ち、それを条件づけるものにかんする探究です。

　問題は体系という理念そのものではなく、ものごとや知識の第一要素がそこで決定されてしまうと考える哲学的な体系観なのです。哲学的体系観に魅了される背後には、数の法則で組織された世界というピタゴラス的な古めかしい夢想があります。しかし、私にとって「数の法則」とはまず、数える仕方と頭数に入れるやり方を区別する「立法行為」です。プラトンに倣っていえば、民主的な算術と神聖な幾何学の区別。哲学、政治、芸術、科学、文学などと呼ばれる技能領域を

＊1　"From Politics to Aesthetics?", *Aesthetics, politics, philosophy*, M. Robson(dir.), Edimbourg, Edinburgh University Press, 2005, pp. 13-25.〔未邦訳「政治から美学へ」、M・ロブソン編『美学、政治、哲学』〕

定義するときには、そのような区別が行われている。私はまず、諸領域が同定され区分されうるための条件を考えようとします。これは、第一の合理性を定式化することから出発し、その変容や種別化として他の定式を導き出すということではありません。いくつかのシーンから出発し、行為や配置や選択がそこで行われている様子を眺め、それらを定義し、確かめるのです。そうした行為や配置や選択の結果として、思考、言葉のパフォーマンス、手のパフォーマンスが配分され、哲学、文学、芸術と名づけられるようになる。さらに哲学か詭弁か、大衆芸術か大芸術か、表現か思考かというような区別も行われる。

　こうした領域区分は事物の本性や〈存在〉の歴史から引き出されるのではありません。事物の本性には、芸術と呼ばれる〈存在〉領域の実在を基礎づけるものはなにもない。存在するのは、特定のことがらの実現に役立つ技術的巧みさを、自己目的的活動のために駆使することを禁じたり許したりするさまざまな合理性体系です。また、政治の実在を基礎づけるような〈共〉の本質もない。存在するのは、二つの矛盾する論理への〈共〉の分割です。私が面白いと思っているのは、合理性を構造化する分割とモンタージュの仕方をなるべく詳しく吟味すること。ところが体系の探求では逆に、そうしたモンタージュはいくつかの単純な要素に還元されると想定しています。だから、たとえば体系全体が十の字型をしていると、それはいつも継ぎ手の意だったりする。すべてが一個の原理的組織性から派生すると考えようとすると、異なる諸領域をほとんど中身がなくなるまで一般化することにこだわるか、穴を埋めるために次々と論理を並べたり、交差させたりすることになる。バディウについて指摘しようとしたことがそれです。つまり、バディウの体系から芸術の思考を演繹するためには、モダニズムの公準を受け入れねばなりませんが、それは二〇世紀芸術に特有のイデオロギーにすぎないのです。「存在」、「出来事」、「減算」といった概念を抱える一般理論と、二〇世紀芸術やモダニズムにかんする了解事項との関係を次々に調整していくしかない。私はつねに反対のやり方をしてきました。シーンから出発する。すべてが確認可能であるシーン、少なくとも組織化の過程を跡づけることができるシーンから。たとえば政治的異議申し立ての組織化、一冊の本を書くことの組織化、アート・シーンの組織化。シーンでは、私が『プロレタリアの夜』で行ったように、プロレタリア集団という理念が構築される軌跡を追いかけることも可能になる。私はそこから出発します。シーンの集合から出発するのです。シーンには境界や配分点の問題が執拗に回帰してくるのですが、私はそれらを、思想や文学や政治や美学といったことがなにを意味するのか、と問うことを可能にしてくれるものとして組み立てるのです。

――『言葉の肉』でドゥルーズについて述べている箇所で、あなたは、ひとつの思考が興味深いものとなるのはそれが機能不全を起こすときであると述べています[*2]。一九六〇年代には、バタイユやブランショに影響された哲学潮流が存在しましたが、そこでは知と非‐知のあいだの関係が非常に重要とみなされ、知の限界に到達することができてこそ、思考は前に進む必然性を見いだし、もっと探求したくなるのだと考えられました。あなた自身の研究も、思考が立ち往生するような瞬間にかかわることで展開されているのでしょうか。というのも逆に、あなたが一九六〇‐七〇年代のい

> くつかの批判哲学を批判するときには、油が効きすぎて滑りのよい体系を批判しているのだという感じがするからです。

滑りがいい、という事態はあるでしょう。私は言ってみれば、さまざまな理由から、体系的であろうとする思想のうちにそれが立ち往生する点を見ることができるようになった。回っていないのに回っているかのように、使用している材料が適切でないのに適切であるかのように思考が振る舞わざるをえない点です。問題は、現実が概念に抗うことにあるのではない。あれやこれやの実践形式のうちで働く種々の異質な合理性形式は単一の合理性には統合されない、ということが問題なんです。そういうときには先ほど私が述べたような、側面からの介入システムを利用する必要があります。

私にとって、思考に訪れる最大の不幸とは、なにも抵抗してくるものがないことです。例を挙げましょう。論争するつもりはありませんが、ジャン・ボードリヤールは、なにも抵抗してくるものがない思考の典型例だと思います。その弁証法はなんでも吸収していつも自分の足元に戻ってくる。反対に、どこで立ち往生しているか指摘できる体系的思考が存在することも明らかです。たとえば『美学講義』のなかのヘーゲルには、どんな物理法則や芸術作品にもピタッと当てはまるようなことを書こうと四苦八苦している箇所があります。また音楽について、一般原理からそれを実現する具体的形式に移行するためには、自分にはない技術的知識が必要であると言っておきながら、その移行を語ろうとする箇所があります。[*3] ドゥルーズにもある。たとえば『批判と臨床』のなかで、彼は文学の絶対的に物質的な性格を証明するために、テキストで語られている「低い声」を、テキストのなかで響く通奏低音に読み替えてしまっています。[*4] なにかと関係をもとうとするなら、思考は立ち往生する点をもたねばならない。思考はそこで、自分が吸収できないものによって自分の身の丈を測るのです。私がたえず参照するテキストの一つが『判断力批判』だということも、そこに関係しています。「崇高の分析論」は、固有の対象を完全にはみ出すという、ありえないような構造をもっている。分析とはなんの関係もない議論を展開していくとみなせるのです。というのも、カントはそこで、美の分析論と崇高の分析論そのものが前もって潰した芸術作品の問題を再開するのですから。[*5]

ある意味、私はいつも、うまくいかないから仕事をしてきたと言えるでしょう。それをもっともよく示すのは、文学にかんする仕事です。長年にわたって、文学とエクリチュール〔＝書くこと〕の関係のなかには、政治、転覆、解放について考えるうえでなにか根本的なものが作用して

＊2　「あらゆる力強い思考の威力とは、自らのアポリアを、つまり自分がもはや通り抜けられない地点を自分自身で設置する能力でもある」（*La Chair des mots*, Paris, Galilée, 1998, p. 203〔前掲『言葉の肉』八七頁〕）。

＊3　Hegel, *Cours d'Esthétique*, trad. J-P. Lefebvre et V. von Schenck, Aubier, 1997, t. 3, p. 125.〔『美学講義』下巻、長谷川宏訳、作品社、一九九六年、一〇七－一〇八頁〕

＊4　Deleuze, *Critique et clinique*, Édition de Minuit, 1993, p. 94.〔『批評と臨床』守中高明・谷昌親訳、河出文庫、二〇一〇年、一五四頁〕

いると考えてきました。しかし、そこになにかが作用していると考えつつも、同時に私はそのなにかを文学的行為や文学的事象の定義のうちにせっせと探していた。ちょっとブランショみたいにね。彼に親近感をもったことはありませんけれども。私は自分で磨き上げた「文学性」の一般概念を出発点に、事物の秩序に対しそれ自体で転覆的である行為として文学全般を捉えようとしていたんです。数年間うまくいかず、いろんな道を試した揚げ句、文学の出現をエクリチュール芸術の歴史的体制として考える歴史概念を作ることができました。しかしこれで最初の問題が解決したわけではなかった。エクリチュールや文学性といった概念のうちに含まれているものと、「感覚的なものの分割」の転覆としての政治とを結びつけることのできる文学的行為の本質などないからです。すべてをうまくかみ合わせようなどとしているうちはダメだった。エクリチュールと政治を結びつけるようなエクリチュール概念を教会教父たちに必死に探したりもしましたが、それもダメ。すべてがうまくつながるわけではないと認め、言葉を自分のものにする「誰でもよい誰か n'importe qui」の能力を指す概念としての文学性と、書く技術の歴史的体制としての文学とのあいだには裂開がある、と認めたときにはじめて、歴史的体制としての文学がなにを意味しうるのかを理解する可能性が開けた。そして文学と民主主義の関係を考えることもできた。政治的な「語る存在」概念としての文学概念と、歴史的体制としての文学の実在とのあいだに裂開を置いたまま、です。この裂開のなかで、言葉と物を一致させたりずらしたりする戦略が組み立てられていく。このように私はいつも、私に抵抗してくるものとともに前へ進んできたのです。

同じことなのですが、私は一種の労働者思想史／実践史をやるつもりで研究をはじめたのに、探していたものとはまったく異質なものがこの歴史を横切っている、という事実に突き当たってしまった。その事実は、はっきりさせておく必要があった。つまり、たんに事実を考慮に入れて妥協する——それは私にとっては、体系をこしらえる人々がやることであり、しっくりこなくともかれらはつながりを見つけてしまう——だけでなく、まとまりをなしているはずだという直観と、それぞれ異なるものとして組み立て可能なさまざまな理解可能性の形式とを同時に守ろうと試みる必要があったのです。一つの等質な体系を構成することなしに、です。同一の地平にかかわるもの——たとえば政治的平等と美学的平等——がぴったりかみ合うことはない、ということを受け入れねばなりません。私がかたや美学の政治、こなた政治の美学という二極性を構築することになった理由の一端はここにある。二極を作ることでなにを言いたかったかというと、政治を構成する感覚的形式と芸術を構成する感覚的なものの変容形式の二つは、両者の関係の体系的全体性を定義できなくても出会うのだ、両者が出会う領域は一つの場として定義できるのだ、ということです。しかし、諸々の理性体系をそれぞれの異種性に委ねようとするこうしたやり方は、絶対的限界、不可能なもの、等々が織りなすドラマツルギーとはなんの関係もない、と付言して

＊5　訳注——『判断力批判』第一部第一章「美の分析論」および第二章「崇高の分析論」では芸術に特別な場所は与えられていない。「美の分析論」では主に自然を対象として「美しい」という判断一般が分析され、「崇高の分析論」における「崇高なもの」の例は数学と自然から取られている。芸術が主題的に論じられるのは、その後の「純粋美的判断の演繹論」四三節以降である。

おくべきでしょうね。

——あなたの仕事の体系性を強調するには、なんといっても、あなたがいくつかのテキストで「美学革命」と呼んでいるものに立ち戻る必要があるでしょう。これはあなたの研究のさまざまな側面を結び合わせてくれる表現です。[*6] それはまず、歴史的に位置づけられたカテゴリーです。必ずしも「近代」というカテゴリーと関係しているわけではありませんが、いずれにせよこの二世紀をカバーしており、あなたが後に「ポリス」と呼ぶもの——社会的なものと言ってしまいましょう——に働きかける力として機能している。しかし、それはまたほとんど存在論的な働きをする概念でもあります。「美学革命」は存在と行動の配分や再配置を生成する力能として定義されうるからです。

だとしても一般性の二つの水準を区別すべきです。第一に、文学性という観念を経由する線。言葉が身体をもつようになるやり方です。いくらか歴史横断的な線であり、それについて私は『歴史の言葉』[*7]や『言葉の肉』のなかで、砂漠の教父、ドン・キホーテ、フランス革命、さらに独学者や長編小説のうちにもそうした線が通っていることを示しました。第二に、感覚経験のなかに働く変容力という観念。この力は能力と無能力の関係を再配分します。解読される記号、印刷される風景、孤独や集いへ向かうはじまりの合図となる語、骨身にしみる真理、新時代に昇る太陽……。こうしたものが私の仕事のなかでは一種の一般的基底をなしています。

それから、まさしく「美学革命」と呼んだものがあります。あくまで歴史的な日付をもった、提示と解釈の全般的体制の成立です。芸術と呼ばれるものの理解可能性の形式がそこで根本的に変わることになるのですが、変わったのはそれだけではない。新たな体制の成立は能力の配分についても一群の帰結をもたらし、共同性はいったいなにに存するのかを考える仕方まで変えた。美学革命は「作品」の見え方、流通の仕方、名づけ方、理解の仕方における深い変容の総体であると同時に、経験の新たな形式を構成したり指定したりする動作の総体でもあるのです。変容の効果は生活世界にまで及びます。つまり、人々にできることとできないことの配分が変わり、それが誰にできて誰にできないかの配分も変わる。さらに、共同性をめぐる思考やユートピアも定式化され直す。こうした変化があるから、革命というものを考えることもできるようになるわけです。この革命は感覚的なものの配分そのものが変化することにほかならない。また、こうした変化があるから、美学革命の概念が近代性の理解にとってポレミックなものになるのです。

空間の優先、時間の再考

――あなたにとって空間的次元は、見たところ時間的次元よりも優位にあります。それがよく示し

＊6　"From Politics to Aesthetics?", *art. cité.*

＊7　訳注――この書名はランシエール自身が選んだものであったが、実際の出版に際しては『歴史の名』に変更された。Jacques Rancière, *Les noms de l'histoire*, Seuil, 1992.（未邦訳、『歴史の名』）

ているのが、あなたの著作に頻出する空間にかかわる語彙です。侵入箇所、分け前なき者たちの場、民衆のシーンといったような。空間と結びついた操作をそこに数え入れてもよいでしょう。立場の「配分」、線の「移動」、境界の「通過」や「撹乱」、寓話的映画における登場人物の「デフレーミング」などです。空間的配置とそこを占拠している諸力を研究することは、現実の歴史についてであれ、芸術作品の検討においてであれ、あなたのテキストにほぼ決まって現れます。

空間の観念や空間的比喩が私の仕事において果たしうる役割から簡単に話していきましょう。空間的比喩については哲学にかぎらず、もっと包括的レベルでの思考や認識の捉え方、認識と錯覚の関係などにおいてすでに確立した使い方がありますよね。そのような使い方に対して、私が用いる比喩は根本的にポレミックであろうとしている。とにかく、空間問題をめぐって私がやろうとしてきたのはイデオロギー概念の批判です。より正確に言えば、イデオロギーという概念から一歩引いてみる、ということになるでしょう。というのもすでに説明したとおり、マルクス主義の文献群や、個別的にはアルチュセールが厳格化した考え方において、イデオロギーという概念はすぐれて地勢的《トポグラフィック》な概念です。理解の無能力を非常にプラトン的に定義する。ある空間のなかにいるから見ることができない、と考えるわけです。そこには私がしばしば語ってきた種類の循環があります。つまり、人々は支配の法則を理解しないゆえに支配されるのだけれど、かれらがそれを理解しないのは、かれらにそれを知覚できないようにしている場所〔＝被支配者という場所〕にかれらがいるからだ、という循環です。私は一歩引いてみるやり方をしました。見方の正確さや不正確さについて語る代わりに、位置の話をしよう、と述べた。人々は自分たちがそこにいる理由がわからないからそこにいるのだ、と言うことはやめて、単にそこにいるからいるのだ、と言おう。そこにいるという事実が、そこにいるとはどういうことかをいくらか知らしめてくれる。しかし、位置を割り当てることは錯覚の構造とはなんの関係もありません。空間的比喩によって考えるけれども、それに結びついた視覚的比喩は捨てたわけです。

　カントとある意味で似ているのですが、問題は経験のアプリオリな形式です。しかしもちろん、私の場合には、問われる空間は最初から比喩です。身体を社会に配分したり、身体に能力を割り当てたりする際のアプリオリな形式にかんして空間は問題にされる。結果として、空間について語ることは、完全に物質的な場について語ることであると同時に、諸関係の配置、配分、集合体を象徴するような場について語ることでもあります。これが空間の観念における最初の重要な要素であり、時間の問題に対して二重に距離を取っています。時間の問題は重要ですので、あとでまた触れます。私もなんの気なしに『プロレタリアの夜』などという本の題を選んだわけではありません。

　空間の優先と呼べる特徴が私の仕事にあるのは、明らかに、二つの要因に由来します。第一に、起源の問題を抑圧したい、ということ。思考や認識や政治の起源を考えたくはないんです。そんなものを考える代わりに、ものごとが配分される出発点となるようなシーンを定義したい。シーンという観念は私にとって中心的なもので、空間と時間の関係にも依存しています。そして起源なるものを、つねに一種のシーンであると考えたい。それも原光景[*8]を探すのではなく、配分を司っている本質的要素がどのようなものかをさまざまなシーンに見いだすのです。これが空間―時間の問題にかんする第一のポイントです。

第二に、時間の古典的役割が禁止の操作であるという点。私は長いあいだフォイエルバッハに取り組んできたのですが、ヘーゲルを時間の哲学者として批判する彼は、こんなことを言っています。空間は共存を打ち立てるが、時間はそれを排除する。私はフォイエルバッハ主義者にはならなかったし、共生の哲学を讃えたりはしませんが、時間がつねに禁止のアリバイとして機能するという彼の指摘は、私には興味深かった。あらゆる形式の禁止、追放、命令がつねに、「まだそのときではない」とか「もうそのときは過ぎた」とか「そのときは来なかった」といった考えを経由している。もう無理だ、あるときには可能だったけれども今はもう無理だ、あのときにしか起こりえなかった、などと言われる。私はそれを空間によって置き換えようとしたのです。配分の媒質であり、同時に共存の媒質でもあるような空間によって。

ある意味で、これは時間について別の考え方を導きます。時間を共存として再考するためには、可能なものの地勢学《トポグラフィ》、配置、配分といった考えを経由する必要がある。時間は古典的には共存を否定します。もちろん、空間が共存の形式とされているのですから、時間を共存として考えようとすれば、時間をなんらかの仕方で喩《たと》えねばならない。多くの場合、空間的な仕方で、ということになるでしょう。

――しかし時間がつねに禁止のオペレーターと考えられてきたわけではないでしょう。時間は約束で満ちていることもあるだろうし、約束を持続させる動因として機能してきた側面のほうが大きくないでしょうか。

もちろん、話はもう少し複雑です。禁止を特徴づける二つの姿から私は出発しました。まず労働者についてのプラトン的公式です。それによれば、労働者は仕事が待ってくれないから、自分の場にいなければならない。別の言い方をすると、時間が場所を規定しており、分割原理になっているのです。時間のある人々と時間のない人々が分けられる。[*9] それから、終わりというテーマと結びついた禁止のさまざまな姿があり、私はそれらと戦った。ユートピアの終わり、歴史の終わり、政治の終わり、イメージの終わりなどです。終わりをめぐる言説のなかに導入される時間は、もう無理だ、不可能だと言っている。できると信じたのは結局錯覚だったと語るわけ。私はこうした終わりの言説について考え、それらがなにを理解させてくれるのかと考えてきました。

＊8　訳注――精神分析の概念。神経症症状の形成の決定因として幼年期にまで遡り想定される外傷的な光景、場面。

＊9　訳注――『プラトン全集11　国家』（藤沢令夫訳、岩波書店、一九七六年）一三六頁（370c）を参照。そこでの政治は、労働しない人間としての哲学者＝暇人の営みである。ランシエールはプラトン的国家では労働者が政治にかかわる余地がないという点について、『哲学者とその貧者たち』の第一部において詳述している。*Le philosophe et ses pauvres*, Fayard, 1983, pp. 19-21（『哲学者とその貧者たち』航思社、近刊予定）。

理解させてくれたのは、約束の言説はいつも約束の遅れについての言説でもあった、ということですね。

——さらに、ノスタルジーや喪失、あるいはメランコリーの言説でもあった。

言ってしまえばルサンチマンの言説。口先だけの約束に対するルサンチマンは、約束自体に内在する弁証法がとる最終形態です。約束の時間は一般に約束の遅れの時間でもありますからね。あるいは、ものごとがそんなふうにいくと思ってはならない、今は無理だとあきらめてはじめてそんなふうになると告げる時間。時間の終わりに対する教会の関係を思い出すまでもなく、革命の約束を考えてみればよいでしょう。この約束が体系化され、理論的形態をとったとき、それはこんなかたちをとった。約束とは焦っていない人々への約束、未来がすでにあるとは思わない人々への約束である。進歩の観念は、進歩は順序を踏まねばならないという観念でもあります。進歩はまず遅れを取り戻す方法であり、遅れを取り戻すためには、先に進んでいる者たちが遅れている者たちを前に進めてやらねばならない——ただし急ぎすぎないように。私がジャコトから取り出したのはそのことの証明ですが、それはマルクス主義が総じて経験したことでもある。生産力の発展によって条件が整うのを辛抱強く待つ必要性として、あるいはこの発展そのものから、進歩にブレーキをかける新たな遅れた人々が次々に生まれる、という考えとして。これが約束の弁証法です。最終的に優勢となるのは、約束そのものが嘘であったという考えです。

しかしまた、進歩と遅れの弁証法の背後には、認識と行為の時間を生きる人々と、生存と反復の時間を耐え忍ぶ人々のあいだの対立があります。私は時間のもつ禁止の機能を誇張したかもしれませんが、それは、可能なものと不可能なものを分かつ線を画定する思考と、可能なものの地勢学《トポグラフィ》である思考との対立を示すためです。ここで定義しようとしているのは、明らかに、時間と空間の一般的特徴ではなく感覚的なものの分割形式です。「感覚的なものの分割」という考えは、たとえば労働日という生きられる時空間のリアリティと、生活条件を象徴することを結びつけようとします。この観点からすると、時間を考えることは私の仕事でまさに中心的位置を占めています。ただし、まずは対立しあう複数の時間性の分割として時間を考えるわけで、約束の時間や約束の延期の時間として時間を考えるのはその後の話です。

——あなたは「場の配分」という社会学的ないしすぐれてマルクス主義的な発想には満足せずに、それをかわしてこられたわけですが、その方向に足を踏み出すと、遍在的なものの境位と呼べるようなものが姿を現します。あなたが研究してこられた民衆のシーンやプロレタリアの歩みを追っていくと、人はほとんどいつも障壁を突っ切り、境界を越えていく途上にある。「そこ」にいると同時に「別の場」にもいる。精神的脱走というテーマも『プロレタリアの夜』には何度も出てきます。そこにはおそらく、社会のなかで他者からあてがわれた場の裏をかく可能性について、あなたが初期に行った概念化作業がある。同書には一望監視《パノプティコン》的な権力概念についての批判もあります。この権力概念は、一望監視装置のもつあてがいの身振りをやけに強調し、その可視化にこだわっているというわけです。実際にはいつもなにか見えないものがあるとあなたは言います。それもまた重要であると。脱走の可能性、複数の場で存在することの可能性です。この遍在する能力が、おのおのが社会において占める場という問いを再提起、再始動させていませんか。

実のところ「遍在的」性格は、私が批判するシナリオのほうにこそ固有のものです。私の仕事、とりわけ『プロレタリアの夜』ができあがったのは、なんといっても、フーコーの思想を規律の思想として解釈することが、支配的とまでは言わないもののもてはやされた時代です。身体を決まった場に据えつけるテクノロジーが問題とされていました。そこではまた、権力はあらゆる人間を視界に収めており、全員を同時に見ることができるのみならず、かれらに服従を内面化させることができる、と考えられていた。一九七五年頃に語られていた一望監視装置とはそのようなものです。中心にある一つの目が、どこにいてもあなたを見ている。たんにあなたを決まった場にしばりつけておくだけではない。あなたがなにを見ることができるのか、それをどのように見ることができるのかまであらかじめ定めるのです。あらためて言うと、このモデルはアルチュセールのうちにあったものです。錯視のみならず権力理性の体内化まで隷従者のうちに生みだす光学装置です。私はこうした見方に論争を挑もうとしました。フーコーとの直接論争にまではいたりませんでしたが。

その一方、私は権力をめぐる別種の資料を検討しました。とくに劇場やコンサートカフェの監視にかんする資料です。権力は自分が取り締まっていると思っているものをあまりうまく取り締まれていない、と示すためにね。しかし、解放思想を分析するなかで私が示したのは、解放とは、無数の手をもつある種の怪物につかまれないよう逃げることではなく、今送っている人生とは別の人生を送る可能性を己のうちに孕むことだ、ということでもある。この見方をすると、「光学」にも別種の役目を与えられるようになります。場とまなざしの関係において別種の役目を果たす別の「光学」を考えられるように。とくに『プロレタリアの夜』ではその役割を、身体とまなざしを移動させる可能性として強調しました。窓から外を見る、見晴らしを手に入れる、監獄をぐるりと見渡す、監獄のなかで労働者が自分なりに独房を点検する、等々。これらは、時間の使い方やそれらが内面化される様式を変化させる実践につながります。遍在性を主張するというより、それぞれの場が場全体の地勢を左右しうる、と主張しているんです。

　私がたえず言おうとしてきたのは、ある場に固定されていると想定される存在も実際はつねに複数の世界に参加しているということです。それは、規律をめぐる息苦しい理論に逆らおうとする立場でした。しかし同時に、あらゆる形のアイデンティティ論に逆らうもっと包括的な理論的立場でもあった。こう言いたかったわけです。個人やグループになにが可能かを定義するのは、固有の文化、固有のアイデンティティ、権力によるアイデンティティ割り振り形式、という三つのものの関係ではない。それを定義するのは私にとって、一つのアイデンティティが多数のアイデンティティから組み立てられており、それらはまた個々人が占めうる多数の場、個々人の帰属関係の多数性、可能な経験形式の多数性と結びついている、という事実です。

過剰あるいは出来事

――あなたのお書きになったものは、体系を拒絶するのに加えて、存在論の流儀に抵抗しています。実際、諸々の存在はアイデンティティを脱している。「混合」、実体が強調される。そして実体はいつどこででも発揮されうる未知の能力と分かちがたい。さらに、立場の不安定さが凝視される。社会における場の堅牢さがどれほどのものであっても、立場は不安定です。あなたの哲学には決定をすり抜ける特異性が描かれています。それらの特異性は別の形状をとる能力をもち、感覚的明証性をずらすシーンを組み立てることができる。あなたの宇宙は、この点ではっきりとドゥルーズ的存在論から区別されます。あなたによれば、ドゥルーズの存在論は差異を絶対化するあまり、ついには、考慮されているはずの無数の裂け目や隔たりを取り逃してしまっている。あなたに存在論というものを認めることができるとすれば、それはむしろ過剰なものの存在論、あるいは自己に対する過剰さの存在論でしょう。こうした言葉はそもそもあなたの初期の著作に登場しますし、類義語もある。たとえばあなたはこう書いています。「民衆とは、支配を正当化する論理を宙吊りにしながら、人々を人々自身から分離する補遺 supplément なのである」[*10]。

存在論の意味するところをどう解するかによりますね。「存在としての存在」の理論やら「存在者の存在」についての理論を意味するのであれば、私がそんなものに一切かかわってこなかったことははっきりしています。その辺のことはなにも知りませんし、「存在としての存在」がなんなのかを知る手段も一切もち合わせませんから。一般的に言って私は、自分が知るすべをもっていることにしか興味はありません。自分で仮説を立て自分で検証することができるものにしか。過剰なものに話を戻せば、私は過剰なものの理論を作ろうとしたことはありません。そうした理論は、補遺、過剰、「プラス1」を含む存在を考える理論だったり、無限の理論だったりするのでしょうが。私があれこれ考えてきたのはいくつかのプロセスであり、そうしたプロセスを考える仕方です。私がずっと組み立てようとしてきたのは、なにかを過剰として前景に押し出すことの集合体に適用される合理性形式です。そこでの過剰とは、存在に内在したり存在を超え出たりするような過剰ではないのです。私が考える過剰は、つねに二つのものごとのかかわりです。たとえば歴史の名前をめぐる議論では、私は語の過剰について語りましたが、それは、指し示す身体に比して語が示す過剰です。この過剰を通じて身体は語を手に入れ、ものごとを過剰にする。期待されることに比して過剰にする。また「政治についての〔一〇の〕テーゼ」においては、プラトンの言う第七の「統治資格」について考えたのですが、この資格は権力の正当性の正常な指標に付け加わる、理解しがたい資格です[*11]。

ある意味で過剰はつねに二重性に結びついています。差異に結びついているのです。過剰とは

*10 *Aux bords du politique*, Paris, Gallimard, coll. « Folio », 2004, p. 234.〔未邦訳、『政治的なものの縁で』航思社、近刊。同書所収の言及論文（「政治についての一〇のテーゼ」）については、以下に邦訳がある。『VOL』一号、二七頁〕

つねに不一致なのであって、過剰で破壊的な存在論的力能ではありません。多数性がある、互いに照応しない集合体がある、と言うことができるかぎりにおいて、過剰は存在する。名前の多数性と物体の多数性のあいだに一致はなく、この不一致のために政治が可能となるのです。文学もまたこの不一致を扱うひとつのやり方ですね。これは『文学の政治』で不和 mésentente[*12]と誤解をめぐって考察したことでもあります。不和と誤解は、身体に対する語の過剰を扱う二つの異なるやり方ですが、この過剰を通して、身体は語を自分のものにして語の意味を変えてしまう。そしてわが身を運命から引き剝がすことができるようになる。これを存在論と呼ばねばならないかどうか、私にはわかりません。

概して私はむしろ一般詩学のようなものを考えてきました。多数性のあいだの隔たりや不一致を機能させることができる多数の仕方についての一般的思考です。同じく私がいつも強調してきたのは、存在論はある種の詩なのだということ。それは差異や過剰や過剰なものについて真理を告げる言説などではなく、なにかを隠喩として構築する方法であり、そうした配分のアレゴリーなのです。その点から出発して、私は芸術の存在論や文学の存在論がありうると語ろうとしてきたわけですが、それらは言わば実践的に構築された存在論です。文学はそれ自身の存在論を構築する。ゆえに、その気があれば文学的存在についての存在論を作ることだって完全に可能です。ただしそのとき、存在論とは状況の言説なのだという点を忘れてはならない。それは、さまざまな体制を編み合わせたり体制間を架橋する一個の方法なのです。

結局、問題の一切は、すべての合理性を全体として関連づけるような理性体系を構築しなければならない、と考えるかどうかです。私にはそれが必要だとは思えない。一つの存在論を構築する必要のある人々はいるでしょう。合理性のさまざまな体制の関係を構築してそれらを均質化してくれる詩を作るわけです。私は均質化する必要を感じませんし、ある合理性体系について理解を進めるには、それをなにがなんでも他の合理性と結び合わせるようなまねはしないほうがいいと考えていますから、存在論としての存在論など作る必要がありません。他の人に対して私の存在論を構築しないでくれと言っているわけではありませんがね。だいぶ前にそれについてきっちり組み立てて発表してくれた人がいましたが、書いたものとしては出さなかった。

*11 訳注――プラトンは『法律』（『プラトン全集13』森進一・池田美恵・加来彰俊訳、岩波書店、一九七六年、二〇六―二〇八頁：690a―c）で、以下の七つの統治資格を挙げている。親による子どもの統治、高貴な者による卑賤な者の統治、年長者による年少者の統治、主人による奴隷の統治、強者による弱者の統治、思慮ある者による知識なきものの統治。そして最後に、神に愛された人、幸運の人による統治である。この第七の統治資格はプラトンによって「くじ引き」による選択を例に語られる。ランシエールはここに、民主制を特徴づける「統治資格の不在」という逆説的資格のあり方を見る。« Dix thèse sur la politique », *Aux bords du politique*, pp. 230-231（「政治についての一〇のテーゼ」杉本隆久・松本潤一郎訳、『VOL』一号、二六―二七頁）、また、ランシエール『民主主義への憎悪』（松葉祥一訳、インスクリプト、二〇〇八年）五五―五七頁も参照。

*12 訳注――本書第I章注39参照。

――特異性に話を戻しましょう。シーン――あなたの研究対象です――に対応する契機の話でもあります。あなたはいくつかの箇所で、自分の注意は「ミクロ出来事の多数性」に向けられてきたと強調されています。私たちの身体が動き、私たちの生活が繰り広げられる感覚的かつ象徴的な座標系を知覚する仕方は、これら「ミクロ出来事」によって変化するとされる。とはいえ、この「出来事」という語をあなたはあまり使わないという印象も受けます。こう言ってよいものかをうかがいたいのですが、あなたは、あなたの世代の哲学で非常に重んじられる出来事概念よりも、局所的記述の可塑性を重視しておられるのでしょうか。

出来事の概念が理解可能性の包括的形式として興味深いものであるかどうか、私にははっきりわかりません。この概念は因果連鎖に裂け目を入れようとするけれども、階層的論理のうちにとどまっています。出来事は科学論においては表面効果でした。出来事の哲学においては反対に、高みからやってくる一撃になった。出来事のモデルとなるのは回心です。馬から放り出される聖パウロ。出来事の観念はある種のアイデンティティ構成の図式をもたらす。専門家のようなもの、つまりなにが出来事でなにが出来事でないかを同定できる人々を作り出します。私にとっては、一つの動作、道の散歩、窓からの一瞥、映画の上映、街頭に繰り出す人々、ショー、等々が出来事である可能性は、出来事をめぐる公理系から出発して公理化できるものではありません。私はあくまで、連続する状況のなかでどのように変化が生産されるのかを見定めようとする。〈他者〉、他性、出来事、そして超越について考える人たちとは反対に、私はつねに偶然的力能の変化について考えようとしてきました。なんらかの物語のワンシーン——たとえば私が『プロレタリアの夜』で使ったような物語ですが——に、なにかが起きていると言えるようなほんのちょっとしたものを見つけることができたとします。ところが、この「なにかが起きる」とは力能についてはなにも語らないし、そのなにかの広がりについてもなにも語らない。だから出来事という言葉を使って大なり小なりの状況を分析することができるわけですが、私の場合、分析とはどこを経由して変化が起きるかを見定めるという意味です。ゴニの労働日誌にちょっとしたシーンがあり、そこで彼は窓から外を眺めるのですが、このシーンはそれだけでひとつの出来事を規定しうる。しかし、ゴニが述べていることをなんとか特徴づけようとしているのは、私のテキストにおける出来事です。そうでしかありえない。しかし、人々が集団で街頭に出るような出来事においては、出来事は複数の事象から成り立っています。かれらの可視性の変容、かれらが逆らう権力の変容などから。出来事は「怖くない」と宣言することにあるかもしれず、実際、怖くないと宣言した瞬間から怖くなくなる。諸関係の一連の変化が、状態を規定する。状態は同定システムの全体によって規定される。「そこにいる」ということは、「これが見える」「これが聞こえる」「これをすることができる」ということです。こうした要素のひとつにでも意味のある変化が起これば、そのとき出来事はある。「アラブの春」とともになにが起こりえたのかを考えてみてもいいでしょう。それは言ってみれば、自分が多数であることを知らない多数者が構成される出来事でした。

　ものごとの状態とはつねに可能なものの風景です。そして実在するのは、この可能なものの風景の変化です。あらためて言うと、変化が起きるのは風景がつねにそれ自体で混成的なものであるからです。結果として、腕のなかにない可能なものがまなざしのうちにあることもあれば、まなざしのうちにない可能なものが頭のなかにあることもあり、工房にない可能なものが街頭にあるということもある。私の関心はそこです。すなわち、可能なものの領野が再編される可能性。だから私は、超越性の理論であるような出来事理論や、フーコーのように思考可能、言表可能、想像可能なものの限界を測って体系化するような理論（フーコーの『知の考古学』を念頭に置いています）からは距離を取った。私が組み立ててきたものは結局、フーコーへの依拠と同時に反発であったのでしょうね。私が言おうとしていたのは、所与の経験世界のなかには経験を体系化する複数の方法があり、それは、この世界がまさに複数の世界、複数の時間線、複数の可能なものの線から成り立っているからだ、ということでした。そう考えたことの帰結は、政治的断絶や芸術的断絶を考える仕方にも及んでいます。

――重要な指摘ですね。あなたがよく使う語彙に「断絶」、「侵入」、「隔たり」がありますが、それらからすると、不和dissensusが起きるシーンはやはり還元不可能な出来事に結びついていると考えたくなりますし、実際そういった解釈をよく目にします。さらにこうした語彙からは、出来事を前にした思考の場所という問いも提起される。あなたがセルジュ・ダネーについて書いたテキストのタイトルに登場する「後から来る者」[*13]という表現――他のさまざまなところにも出てきますが――を頼りに、あなたの場所を位置づけてみたくなります。「後から来る者」という観念は、フーコーやドゥルーズ、それにデリダさえもテーマとして取り上げています。哲学のポスト六八年的な喩えですね。あなたの場合、出来事に対して哲学者がとる「後から来る者」という位置はどのように作用しているのでしょうか。あなたにとっても哲学は永遠に遅れた状態にあるのではないですか。なぜなら、あなたの立場はつまるところ、出来事について語ることはできない、また予期することもできないというものだからです。

あなたが挙げたセルジュ・ダネーにかんするテキストでは、後から来るというのは、批評家の立場のことです。批評家の立場にかんして面白いと思ったのは——とはいえ批評がまだあった時代のことですけどね、いまはもうほとんどない——美学体制がどうやって批評機能の変容と対応しているのかという点です。批評家とはもはや、作品が規範に照らし合わせてよくできているとかできていないとか言う者のことではない。つまり批評家はもはや、作品の宛先である前もって構成された公衆の代弁者ではないし、宛先が正しいとか間違っているとかは言わない。講演でしゃべっただけのテキストなのですが、私はそこで、代弁する批評が美学批評に変容していくさまについて論じました。批評家とは作品がどうあるべきかを言う者ではなく、作品とはなにかを言う者になるのです。批評家はなにが起きているかを同定しようとする者になる。

しかし同時に、作品や状況のなかで起きていることを同定するとはどういう意味なのか。作品

＊13 « Celui qui vient après-Les antinomies de la pensée critique », *Trafic*, n° 37, printemps 2001, pp. 142-150.
〔未邦訳、「後から来る者——批評思想のアンチノミー」『トラフィック』二〇〇一年春号〕

が属したり〔政治的〕行為が可能にしたりする感覚世界を組み立てることです。これは、補遺の論理が意味するところでもある。たとえばしばしば強調してきたように、映画は可視的なものの芸術だけれども、この可視的なものはたいてい見えない。主題についてなにが語られるかによって作られるのです。後から来る者とは、このなにが起こったかを決定する者です。とはいえその決定は、私の理解では、「そら、出来事が襲いかかった」といった類のものではありません。つまり、出来事が可能にしたものを発展させるプロセスを組織しようというのではない。そうではなく、批評家——哲学者と言ってもいいし、補遺を加える機能を実行するかぎりどんな名前で呼んでもいいですが——は、生じた変化はこれだ、この変化が属す感覚世界、感覚帯はこれですよ、と言うのです。哲学者の領分の仕事だなどと言っているわけではまったくなく、後に来るとはどういうことかを私なりに述べているだけです。可能なものの体系のなかに、可能なものを移動させようとやってきたものを見つけようとする。同時に、可能なものの新たな秩序、つまり作品や、政治の場合には行為が属する新たな感覚帯を組み立てようとする。

ひょっとするとこれは別の手続きと似ているかもしれません。ただし、ミネルヴァの梟の話ではないし、出来事の法制者《ノモテート》の手続きでもないですよ。正確に言えば、こういうことでしょうか。私が行ってきた仕事は、「後から来る者」の役目をあちこちに配分することであった。歴史的出来事、虚構《フィクション》、ある種のテキストの変容史、文学的出来事や芸術的出来事の歴史、さらに『プロレタリアの夜』で語られているような小さな歴史、それらのあいだを巡回しながらこの役目を配分していたのです。延々と後から来ること、と定義できるかもしれません。後から来ることの恒常性。生起と生起のあいだで破壊されてしまったかもしれない可能世界を、それが存在するところに現に構築されている世界としてたえず発見しようとするわけです。

シーンをどう定義するか

――出来事の哲学は出来事を同定する専門家を作ってきたとおっしゃった。この同定の問題ですが、「シーン」についても問うことができるでしょう。シーンはこのインタビューのはじめからずっと話題になっていますが、あなたの思考の第一素材です。ことあらためて定義されずに何度も繰り返されているので、このあたりで素朴な質問を投げてみたいと思います。シーンとはなんなのでしょう。どのようにしてそれは同定されるのでしょうか。どのようにしてひとつのシーンを描写したり、読み取ったり、理解したりするのでしょうか。そして、どのようにしてシーンで起きていることを同定するのでしょうか。

まず、方法を実施するという観点からシーンについてお話ししましょう。私が自分の仕事のなかでとってきた方法は、特異性を選び出してその可能性の条件を再構成すること。再構成に際しては、その特異性の周りに編み上げられた意味作用のネットワークを探索する。これは「ジャコトの技法」の応用です。「なにかをつかみ、そこに残りのすべてを関係づける」。ジャコトを読む前から私が本能的に採用してきた方法でもありました。いわば「無知な者」の方法です。原因として働く一般規定をワンセット用意し、その諸結果をいくつかの具体例を通じて描いていくような方法とは正反対のものです。シーンにおいては、条件は結果に内在しています。つまり、私の考えるシーンは根本的に反階層的だということでもある。「対象」のほうが私たちに、いかにしてそれについて話すことができるか、いかにしてそれを扱うことができるかを教えてくるのです。

　裏を返せば、シーンの同定はつねにシーンの構築でもあります。私が労働日をめぐるゴニの物語を取り上げるとき、どうやってそこにシーンの要素があると同定できるかというと、自分の典型的労働日を一種のミクロコスモスとして描写する彼の筆に依拠しているわけではありません。時間の区切りが屈服や解放の力能に結びつけられる仕方に注目して、諸要素を同定する。すると、このシーンにはいわばもうひとつ別のシーンが含まれていることが見えてきます。そうしてプラトンへとつながり、例の待ってくれない労働の物語へとつながっていくのです。

　私がシーンを同定するのは、シーンが状況のなかに差異を作り出しているときです。差異と同時に、言説の階層や歴史的文脈を斜めに横断する同質性を生むとき。たとえばゴニが友人であるサン＝シモン派「司祭」に送った手紙に、私はひとつの潜在的シーンを見つけます。ゴニはこう述べています。「明日は君に会えない。時間が僕のものではないんでね。しかし君が二時ごろ証券取引所の近くにいるなら、僕らは地獄の淵に射す二つの影のように会えるかもしれない」。奇跡的に保存されていたこの数行のうちに、私はひとつの可能的シーンを見定める。状況について事実を記述することが、そのまま状況を象徴にすることになっているからです。象徴化により、別のシーンへの道が開けるからです。このくだりには、まずはっきりとダンテが登場していますね。『資本論』では工場と結びつけられていたダンテが、ここでは証券取引所に結びつけられている。しかし私の目には、ここには同時にひっそりとプラトンも結びつけられている。時間のあるなしに応じて人間を配分するシーンが現れるのです。

　シーンとは私が平等の方法と呼ぶものに固有の理論的実体です。それが平等であるのは、現実のレベルと言説のレベルのあいだにある序列を壊すと同時に、現象の意味ある特徴を判断するための慣習的方法も破壊するからです。もっとも個別的なものと普遍的なものの直接の出会いがシーンです。その意味において、シーンは統計的一般性の対極をなしています。さまざまな年齢と職業の労働者に対して行われた時間意識にかんする調査を想像してみましょう。そこで消えてしまうのは、生きた経験としての時間と象徴的構造としての時間とを直接結びつける可能性です。普遍的なものがかかわらないとされる個人の経験のなかで両者を結びつける可能性です。それこそが平等の賭金であるのに。もちろん、消えてしまった場合にも、書くことで私がそれを実在させれば、シーンは実在する。

　シーンがすでに構成されている場合には事情は違います。アウェンティヌスの丘の分離独立という有名な話[*14]に私がシーンを見るのは、物語が何度も書き直されているから。ティトゥス・リウィウスは古代歴史家流にこのシーンを語り、それを寓話へと変容させました。その寓話は直接的に、社会階層の記述かつ正当化として機能しました。一八二九年に〔ピエール・シモン・〕バランシュは、この物語をまったく異なるやり方で書き直しています。異なるといっても階層をひっくり返すわけではなく、寓話を「平民階級は話すのか話さないのか」という問いのドラマツルギーのなかに書き込むのです。私はここに二重の直接的連結を見て取りました。まずアリストテレスとの連結。ロゴス〔言葉、論理、理性〕とフォネー〔音声、声〕の対立との連結です。そしてもうひとつ。このテキストは一八二九年に出版されたのですが、一八三〇年にパリ市民が報道の自由を求めて街頭に出るのです。どれほどの強度をシーンがもちうるか、その意味の最大値はどれほどであるかの一例です。シーンの多数性、そこに介入しうる言説領域の多数性をこの物語はよく示している。シーンはまた横断能力も示します。横断により、具体的歴史は文学エクリチュールの素材になると同時に哲学上のモラルの素材にもなる。横断により、哲学者の言説を直接的に、定義上哲学とは無縁な人つまり労働者の言説に出会わせることができるようになる。

　私はつまりシーンを一個の小機械として作り上げるんです。シーンの意味作用を感覚的なものの分割という中心問題の周りに凝縮させ、最大値に到達させる小機械。その中心問題から出発してシーンを作り上げ、シーンとして確定する。すべての概念、言説、フィクションに同じ問いを投げかけて質《ただ》すことのできるシーンとして。時間があったりなかったりするという事実と、考えることができたりできなかったりするという事実のあいだには、どのような関係があるのかと質すわけです。

——シーンとアレゴリーはどこで区別されますか。

アレゴリーは観念を例示するために作られますが、シーンはなによりまず出会いです。出会うことで現実になる。そこでは象徴関係の体系全体が働いていますが、象徴関係もまたひとつの出会いのようなものです。いくつかの言説領域のあいだに生じる衝突です。出会いという現実的核があり、それを私なりに工夫して磨き上げているのです。これはアレゴリーとはかなり違います。アレゴリーには観念があり、その説明があります。シーンでは、思考とイメージはもはや区別されません。複数の声を体系的に混ぜ合わせた『無知な教師』[*15]の執筆スタイルを考えてみてください。このテキストの強みになっているだろうと思えるのは、まさに、物語と注釈を分けることがほぼ不可能だということです。実話として提示されているものを、その現実性についての考察や、完全に私の創作であるかもしれないフィクションから分けることがほとんどできない。私にとってシーンを構成しているのは、意味水準がこのように錯綜していること、言説水準がこのように斜めに横切られていることです。

＊14　訳注――紀元前四九五年のローマで、貴族との軋轢から平民がローマ市を離れ、アウェンティヌスの丘に立てこもった。貴族は使節としてメネニウス・アグリッパを派遣し、交渉の結果、以降ローマには公職として、平民の保護を目的とする護民官（トリビヌス・プレビス）が設けられた。ランシエールはこの逸話をいくつかの著作で取り上げている。本書一四四-一四五頁も参照。

＊15　訳注――*Le Maître ignorant. Cinq leçons sur l'émancipation intellectuelle*, Paris, 10/18, 2004.（『無知な教師――知性の解放について』梶田裕・堀容子訳、法政大学出版局、二〇一一年）

――この出会いというテーマ、とりわけ出会いそこねというテーマは、『プロレタリアの夜』以来のあなたの関心ですね。実際、ひとつのシーンを構成するのは、達成されなかったところ、未完なところのある出会い、最後まで行かなかった出会いでもあります。

ええ、結局二人は多分その日、会ったんでしょう。ゴニはたんに、あまり時間がないと言っているだけですから。もちろん、ゴニとサン＝シモン派の友人の実際の待ち合わせは、労働者とユートピア主義者のあいだの失敗した待ち合わせというより広い問題のなかに置き直されるべきです。問題の本質は、失敗した待ち合わせをどう理解するかという点にある。それは、出会いの意味と効果が必ずしも予測されたとおりではなかった待ち合わせです。『プロレタリアの夜』のユートピア主義者と労働者のあいだには、いくつもの失敗した待ち合わせがあるのですが、それらは一九六八年ごろの、左翼主義者とかれらがオルグしようとしていた労働者たちとのあいだのやはり失敗した待ち合わせに再現されました。しかしそれらは一面、失敗した待ち合わせではないのです。効果が一部潜伏したままになっている待ち合わせなのです。出会いの空間が開かれるという効果はあったものの、潜伏したところ、未完なところが出会いに残されている。待ち合わせが失敗すると同時に失敗しないことが、ルサンチマンではない関係を出来事や歴史とのあいだに結ばせてくれます。待ち合わせがうまくいくと、それはルサンチマンに終わる。待ち合わせが失敗すると、出会いはなかったと醒めた目で確認することになる。待ち合わせが失敗すると同時に成功すれば、それはすなわち、待ち合わせの力能が持続するということ。

——あなたの哲学の中心カテゴリーであるシーンを、あなたの著作に繰り返し登場する別の語彙と関連させてさらに問題として引き延ばしてみたい。言説、あるいはむしろ発話という語彙です。発話はシーンの構築にとって第一素材です。言葉を使用するということですね。それがシーンの第一素材だということを、あなたは、雑音から発話への移行を描いたアウェンティヌスのシーンについて述べた。二〇〇五年の郊外暴動[*16]の際にフランスで起きたことを例にとりましょう。暴動はなにも語っていないという非難がありましたから。あなたの用語法を借用すれば、暴動は「雑音」にとどまったと言われて蔑まれた。都市ゲリラ的だとも言われたのに。あなたの話を聞き、あなたのテキストを読んで思うのは、あの出来事や同種のほかの出来事を、物語や発話を欠いたシーンと考えるべきではないのか、ということです。

出来事の力能は結局のところ、それを特徴づける語の力能に結びついていると考えています。政治的出来事とは状況が述べられる仕方の修正であり、それを述べる能力の振り分け直しのなかにある。もう一度言いますが、語はひとつの共有された未来を、構築されたシーンに与えます。

＊16　訳注——二〇〇五年一〇月二七日、パリ郊外で、警官に追われて変電所に逃げ込んだ三人の若者が感電し、うち二人が死亡したことをきっかけに、若者たちが暴徒化した。消防や警察の施設が投石や火炎瓶で襲われ、パリ市内にも波及して車が放火されるなどしたため、当時内務大臣であったサルコジは若者たちを「社会のくず」と呼び、強硬な治安対策を行った。しかし、そのことが火に油を注ぐ結果となり、約一ヶ月に及ぶ全国規模の暴動となった。

無声のシーンとは、共有可能な時間と空間を構築しないシーンであると思います。それが二〇〇五年の場合です。私は当時「暴動者たちは発言しなかった」と述べたために、激しい非難を受けました。今や「かれらは発言しなかった」は多様に理解されています。もっとも広まっているものは、かれらは無知無学であり、壊すことしか望んでいなかったという理解です。第二の理解は暴動に価値を与えようと試みるもので、いわく、かれらは実は無言で発言したのだ、この無言こそあなたがたの言葉に対する抗議なのだ、と主張する。「不可視委員会[*17]」の論理ですね。価値を認めると称していますが、私にとっては次のように言っているに等しい。言葉で話さないならしめたもの、かれらが言わずに言ったことを解釈してやろう。実際のところ「あなたは偏見にとらわれている。かれらは話すことなく話していたのだ。壊しながら、燃やしながら話していたのだ」と言う人々がそう言えたのは、起きたことの意味をかれらがすでに知っていたからです。私としては、話さない人々の肩をもちたがるある種のインテリ趣味に対しては、いつも闘ってきました。かれらの語りを構築することができるぞ、かれらのやらない演説をぶったり、かれら自身にわかっていないかれらのやっていることの意味を言えるぞ、と言いたがる趣味。この観点から、私は依然として確信しています。シーンの力能、つまり感覚可能な位置を移動させる力能は、つねに、雑音を発話に生成させることに結びついている、と。発話はときに最小限かもしれませんが、そこにたしかにあるはずだと思っています。

　二〇〇五年に私を驚かせたのは、デモ参加者がサルコジの言葉——政治家の言葉です——をバトンとして受け取りながら、同時に彼の言葉を拒絶していたことです。たんなる烙印だ、として。

かれらは烙印を押しつけられることに対して闘っていた。かれらは語を拒絶し、それを繰り返そうとはしなかったのです。「ごろつきだとさ。そうさおいらはごろつきさ」と唄う歌[*18]もありますが、かれらは「くず」と呼ばれて、オーケー俺たちは社会のくずだと認めたりはしなかった。過去の革命運動の多くはこの歌のようにはじまりました。上の人間が下の人間に押しつける呼び名を、ときに誤解のかたちをとりつつ投げ返す能力によってはじまったのです。二〇〇五年に私を驚かせたのは、発言し名づけることのできる人々と、自分たちを名づける仕方に反発して激しいデモに身を投じる人々とのあいだに維持された関係です。後者の人々は、敵の語のうちに、自分たちと万人のために繰り返してもよいなにかがあるとは考えなかったのです。

——どのようなタイプのエクリチュールあるいは描写がシーンを規定するのでしょうか。それは必然的に物語なのでしょうか。というのも、シーンというモチーフに加えて、あなたの哲学には物語というテーマもあるように思えるからです。最終的には、物語というのはとてもシンプルですが、それを構成するには主体と出来事の二つが必要です。主体と出来事の二つが必要だとすると、それは、あなたの仕事のうちに発話や名や言表の場といった問題にかかわる主体の理論がある、という

＊17 訳注——二〇〇五年の暴動を受けて書かれた『来たるべき蜂起』（邦訳、翻訳委員会訳、彩流社、二〇一〇年。原著二〇〇七年）の著者グループ。

＊18 訳注——パリ・コミューン時代の革命歌「ごろつき」のさびの部分。

ことですよね。

一つのシーンを描写する仕方は多数あると思います。シーンというのはある意味、語られないこともある。なんらかの仕方で潜伏したままにとどまっていることもあるのです。証券取引所での待ち合わせという例では、ひとつの事実が言及されているわけですが、この事実もある意味では包括的なシーンの一部であり、この全体のほうは私の領分です。物語られる筋の流れがシーンの物語であるのではない。筋の流れは、私がひとまとめにする事実を私が調整できるようにしてくれるにすぎない。エクリチュールの背後にある、そのものとしては書かれていない理解可能性の原理として、シーンは潜伏したままのこともあります。語られることも、声に出されることもあるでしょうが、その場合にはシーンの語り手を発明してやらなくていけない。語りの様式を発明する必要があります。

そうした語りの様式は多様でありえます。アウェンティヌスのシーンは『無知な教師』と『不和』ではそれぞれ違うふうに語られる。[19]『不和』では、元老院議員メネニウス・アグリッパがいかにして、話さない人々——彼の属す貴族階級にとってです——に向かって話しかけるかを前景に押し出そうとしている。それに対しジャコトは、解放は貧者の方法ではなく万人の方法である、とつねに言う。『無知な教師』で描かれたのはそれゆえ、話し方をわかっていると想定される人が、いかにして最終的に別の仕方で話すようになるか、です。問題は、相手が自分の言うことをわかっていると想定することで手に入る力能なのです。『不和』では、事態は別様にシーン化されています。ここでの問題は、アウェンティヌスの丘に集められた人々が自分を相手に理解させる力なのです。同じシーンだとは言えますが、『無知な教師』のシーンは、共有された言語とそれがもたらす力能についての思考の側、万人に備わるものとしての思考の側に置かれています。『不和』でシーン化されるのは、自分たちがアクターでない状況において自分たちをアクターとして認めさせる人々の政治的に割り込む力です。いずれの場合でも、シーンとは主体の力能の構成です。平等な主体の力能。いずれの場合でも、この力能は不和 dissensus の表面化により構成される。言っていることがこちらにはわからない人間に話す能力を認めるか、それとも、他人から認められない能力を自分で認めるか。最初のシーンはジャコトの意味での知性解放のシーンですね。平等を前提にして平等を確認する。二番目のシーンは政治的です。他者から否定された平等を自分で確認する。いずれの場合でも主体の機能は語ることにあり、それが感覚的なものの分割を（再）構築する。いわば平等がなにを意味するかの諸態様が、主体化の中心にはあります。主体化とは経験領野の変化であり、諸能力の配分様式によって特徴づけられるのです。

＊19　訳注――前掲『不和』四七頁以下および九三頁以下、ならびに前掲『無知な教師』一一八頁以下および一四五頁以下を参照。

発話による主体化

——あなたが集め、構築したこれらのシーンや物語には、出現してくるものがあります。主体化の可能性に先立つ発話です。発話の起源に主体がいるのではなく、発話によって主体が構成される。こうした発話にはしかし、複数の種類があるようにも思えます。研究の結果からそう思えるのか、それともあなたには、発話をめぐる複数の概念、複数の発話体制、あるいはむしろ発話の複数の現実性があるのかはわかりませんが。たとえば『プロレタリアの夜』には「無言の発話」という言い方がすでにある。「さまよえる発話」もどこかに出てきます。そもそも「労働者の発話」が本全体を覆っている。複数のタイプの侵入や主体化に対応する複数のタイプの発話がある、ということなのでしょうか。

まず、発話するという意味における主体化がある。つまり、承認されていなかった能力を、やはり承認されていない主体の名において実行することです。そのとき侵入が起きるわけですが、侵入とは、論として組み立てられた言葉と騒々しい声との序列化された対立に対する実践的論駁です。しかし、こうした発話がなされるようになるのも、発話が「さまよえる手紙」のかたちで手に届くところにあるから。自分に向けられたのではない言葉をくすねることは、すでにある種の侵入です。これは『歴史の言葉』で展開した問題ですね。革命的な新しさは、古い言葉、修辞的伝統に属する発話を横領することで現れる。そしてそれは緊張をもたらさずにはいない。古い言葉を、時代を無視して文にすることにより、民衆やプロレタリアは発言します。それは二段階の反応を招くでしょう。まず、共和主義弁士たちの死んだ言葉、いまや「なにも語らない」も同然の発話に対抗して、生きた言葉なるものに価値が与えられる。次に、別の無言の発話が援用されるようになる。共和主義作家〔ジュール・〕ミシュレによるシーン化がそれですね。彼はなにも語らない「修辞的」言葉を削除し、その代わりに、ほんとうに話す無言の発話、事物そのものの発話を置く。事物の言葉は話している人を黙らせます。かれらよりもうまく話す、正真正銘の言葉ですから。

——言葉を押収したということ？

言葉の押収ではなく、むしろ新たな階層化でしょう。真の発話とは話さない発話なのだと言われる。誰も話さないところ、事物や土地のうえに書き込まれた言葉である、と。共和主義弁士の修辞的言葉は、生者のうえに刻まれた死者の像、印であるとして激しく攻撃されてきました。マルクスを考えてみてください。彼はフランス革命を空想的古代の再演と診断した。しかし重要なのは、無言から発話への移行は自分のものではない言葉、すでに存在している言葉を通じてなされるということです。転覆行為とは、そうした言葉を自分の言葉にすることです。『プロレタリアの夜』で私が示したのはこの横領の別のかたちです。つまり、公的な期待を担っていない詩や小説の言葉を自分のものにする。それは同定を解除する発話体制であり、政治が伝統的に「これは政治だ」と言ってきた言葉を修辞的に自分のものにするのとはまったく違う。『プロレタリアの夜』では、借用される効果的言葉は、自分のものではない経験を語っているから借用される。自分には思いつかないから。同時にそこにはミシュレ的対抗戦略もぶつけられてくる。かれらが読む詩、作る詩はもう古くさい、時代遅れの詩だ、と言われた。そういう借用された発話に正真正銘の民衆の声が対置されたのです。すでにキッチュ論議ですね。しかしここでもまた、肝心なのは、個人の経験を別の仕方で語り、日常経験を主体化させてくれる言葉、経験を日常生活や労働の言語とは異なる言語で文にさせてくれる言葉を横領することです。

このように、「さまよえる手紙」を自分のものにするにはいくつかのレベル、いくつかの形式がある。集団的主張を行う修辞的発話をまねしたり、経験を言い直すために詩の言葉を反復したり。そしてどちらに対しても、こうしたかたちの侵入を捕捉して無効にしようと、無言の発話に価値が置かれるようになる。かくして複数の発話様態のあいだに緊張が生まれます。

能力あるいは可能性

――あなたが各人の「権能 compétence」や「力 capacité」を語るのに対し、哲学はつねに「能力 faculté」という術語で考える。しかしあなたも、民衆のシーンを地勢的に描くとき、さらに芸術と文学の政治を語るときには、見る能力、話す能力、考える能力といった具合に「能力」という語を駆使します。その際の能力という語の使い方については、どう考えればよいのでしょうか。そこにはカントにかかわる別の問題もあります。今日まで美学の分野で多くの思想家にヒントを与えてきた『判断力批判』の「崇高の分析論」を、あなたは援用しません。あなたはむしろ、シラーが『人間の美的教育について』のうちで提示した読み方を踏襲しつつ、美の分析論に重きを置きます。[*20]そこには非常に興味深い概念的結節点があるように思えるのですが。場と分け前の配分に生じる裂け目について考えながらも、衝撃のパラダイムには戻らない、という点です。裂け目を生むのは衝撃だ、とみなすようなパラダイムには。

能力の理論を問題として考えたことはありません。二〇世紀末の思想家たちのうちでそれをほんとうにやったのはドゥルーズだけです。彼はそれをカントに、さらに超越論的なものの問題系全体に結びつけようとした。ドゥルーズにとってはカントから参照体系を借りることがひとつの接近法だったのだと思いますが、それがどうしても必要であったとは思えない。概念化して語るための便利な手段だったのでしょう。とはいえ見ておかねばならないのは、能力の理論はわれわ

*20 「（カントの美学的判断が存する）悟性と構想力との《自由な一致》がすでにそれ自体、不一致であり、不和 dissensus である。偉大さや力能、恐怖といった崇高経験のうちに、思考と感覚的なものの不一致を探しに行く必要はなく、また芸術の近代的ラディカルさを基礎づけているような引力・斥力の働きをそこに見ようとする必要もない」（*Malaise dans l'esthétique*, Paris, Galilée, 2004, p. 131〔未邦訳、『美学における居心地の悪さ』〕）。

れ世代にとっては総じてやや遠ざけられた問題だった、という点です。問題は能力から思考可能性のあり方全般へと移っていたのです。構造主義の効果ですよ。「悟性」と呼ばれる能力が「構想力」と呼ばれる能力とどうすれば一致するのかにはもはや関心を向けず、知性的なものと感覚的なものの関係を論じることもさほどしない。新たに取り組まれたのは、知覚されたものがある種の理解可能性の生産者として構築されるのはいかにしてか、ということでした。いかにして事実の集合がわれわれに事実として与えられるのか、いかにして解釈体制はこれら事実を包含することができるのか。能力から構造へと振り子は振れたわけで、ドゥルーズは言ってみればそれをやり過ごした。ドゥルーズにはフランスの大学哲学への信じがたい投錨があります。これは一九六〇－六二年に高等師範学校に入った人間からすればかなり驚くべきことでね。当時はみな、現象学を取り入れることにより、大学哲学の歴史全体から自由になったと感じていました。そのなかで興味が向けられたのは事実の提示や解釈の問題であって、世界の面前で意識がどのように難題を切り抜けるかという問題ではない。

　私の場合は、能力という語で思考したことはありません。考えてきたのは可能性です。あれこれの位置にいる人があれこれの仕方でものごとを知覚する可能性。私にとっての問題は、錯覚や誤認の場所論——アルチュセールやブルデューなどいろんな人が問題にしている——の周囲で組み立てられてきました。能力という語で語る理由がないわけです。知覚可能なもの、思考可能なものの切り分けについてなら語る理由がある。どこに位置づけられるかで一致したり一致しなかったりする知覚可能なものの体制についてなら。さらに、人々の語りや意思表示が見えたり見えなかったりする仕方、発話になったり雑音になったりする仕方についても語る理由がある。その理由ゆえに、カントとシラーの組み合わせに関心を寄せたのです。問題は経験可能性の再配分です。それも、経験可能性が直接的に階層的カテゴリーであるかぎりにおいてです。つまり、階層システムのなかで占める場所の配分であるかぎりにおいて。

その結果、悟性と構想力が規範や過剰のあり方に即してどう一致するのか、とは問題を立てなかった。生の形式の階層的配分を免れるような、現象野の全体的再編について問うことから出発した。カントとシラーで私が興味を持ったのは、美学的宙吊りがまず階層の宙吊りであるという点です。悟性が感覚可能性を決定することも、感覚が悟性に対しアナーキーに反逆することもない。これは直接的に政治に翻訳可能です。感覚可能なもののなかに差異を出現させること。この差異は能力の過剰にも能力相互の不調和にも解消されません。

そこに関心を向けたために、シラーを通してカントを再読する、ということになりました。たまたま古本屋の棚で『人間の美的教育について』が目にとまったという事情もあった。これも私の道のりにおける偶然と実践的独学のたまものですかね。理論に祝賀を挙げるのとは違う。そこから出発して中心的関心となったのが、カントとシラーにおける「遊び」のカテゴリーでした。このカテゴリーは、階層的配分に従属しない感覚的経験のカテゴリーを導く。階層的配分に従属しないどころか逆に、人間なるものの能力を考えさせる。もはや分割されない人間性の地平を、です。当時、不和 dissensus を作るのは美の分析論であると私は判断していました。シラーにおける自由な遊びの理論ですね。感覚経験を組織する普通のやり方、つまり階層的手法をいったん停止させる経験として、美学的経験を考える理論です。私にとって中心的課題は、カントとシラーを凝縮することでした――ゴニの窓からの一瞥、ピエール・デュポンについてのボードレールのテキスト、[21]「宮殿や公園の美しさを堪能する」ことを知っている労働者等々、つまり経験を再編するあらゆる形式をカントとシラーのあいだで凝縮する。目隠しされたも同然であるはずの存在がなにを知覚し、感じ、語ることができるのかを再編する形式、その存在に使用できるとされる言語を再編する形式です。不和的なもの le dissensuel はまずそこで生じます。ある意味ではそれが美の分析論であり、人間の美的教育です。美的共同体でもあるでしょう。この共同体理念は、とりわけ二〇世紀初めに意味をもった美学的ユートピアのすべてに影響を与えています。これが私の基本問題です。

　これに対し崇高の美学は、言ってみれば遅れてきたモダニズム内部での「美学革命」再解釈です。リオタールの崇高論[22]を取り上げてみればわかるように、分析は要するにアドルノ－グリーンバーグ的契機を前提にしている。つまり美的共同体の歴史すべてを清算したいわけです。運動と視線の感覚的紐帯として共同体を構築する――ジガ・ヴェルトフなどもそれに相当するでしょうが――すべての意志を清算したい。それは同時に、労働者の解放や広義の民主主義を育んできた粗野な美的領有をすべて清算したい、ということでもあります。クレメント・グリーンバーグという契機がなんだったのか。『パルチザン・レビュー』誌の例のテキストを思い出してもらいたいのですが、それは、あらゆる破局は貧乏人からやってくる、貧乏人が文化を望んだせいだ、と語る一つのやり方ですよ。

——「アバンギャルドとキッチュ」[*23]（一九三九年）のことでしょうか。

ええ、「アバンギャルドとキッチュ」です。このテキストは結局、芸術にとっての破局——それに結びつけて全体主義的破局もほのめかされているわけですが——は貧乏人のための文化を作ったことである、と喧伝している。偉大な文化は貧乏人による美的経験の横領により少しずつ汚染され、だめにされた、ともね。こうした二重の清算的契機が非常に強く働いているのがこのテキストです。アドルノの場合はもっと複雑ですが、「アバンギャルドとキッチュ」は二〇世紀の終わりになって次々現れた、貧乏人にしてやられた、そのせいでなにもかもうまくいかなく

---

*21 訳注——一九世紀の詩人、シャンソン作家のピエール・デュポンの選集『歌曲とシャンソン（*Chants et chansons*）』（一八五一年）にボードレールが寄せた序文を指す。

*22 訳注——特に一九八〇年代以降、リオタールはしばしば「近代性」および「前衛」との関係で「崇高」に言及している。例として特に以下を参照。*Le postmoderne expliqué aux enfants*, Galilée, 1988, pp. 23-27（『こどもたちに語るポストモダン』菅啓次郎訳、ちくま学芸文庫、一九九八年、二四-二九頁）、*L'inhumain: Causeries sur le temps*, Galilée, 1988, pp. 101-118 & 147-155（『非人間的なもの　時間についての講話』篠原資明・上村博・平芳幸浩訳、法政大学出版局、二〇〇二年、一二一-一四四頁および一八四-一九五頁）。リオタールの崇高の美学についてはランシエールは以下で詳しく論じている。*Malaise dans l'esthétique*, Galilée, 2004, pp. 119-141.

*23 訳注——邦訳は、クレメント・グリーンバーグ『グリーンバーグ批評選集』藤枝晃雄編訳、勁草書房、二〇〇五年、二-二五頁。

なったとまくし立てる宣言の最初のものです。くだんのテキストは芸術革命を、政治社会革命との関係において再解釈しているのですが、この関係たるやさまざまな程度に明確であったり混乱していたり。それでも、このテキストが土台になる。

続いてできあがってくるのが、ほんとうの美学は崇高の美学であるという考えです。崇高の美学こそ、これも雑に言ってしまえば、貧乏人がわれわれからけっして奪えない美学なのだ、と考える。思うに、①「アバンギャルドとキッチュ」、②大衆文化に対するフランクフルト学派流蔑視と呼んでよいもの、③転覆に唯一残された避難所としての大芸術の擁護、そして④崇高の美学、のあいだには強い系統関係がありますね。最後がどうして芸術的近代性を崇高の衝撃と再定義して終わるのかは、次のような理念をはさめばよくわかる。ほんとうに転覆的な唯一の芸術とは、普通の人々が横領できるような芸術や文化の形式すべてから全面的な断絶を果たす芸術である。

結局、リオタールに顕著な点は、崇高こそ近代芸術の原理であるとする宣言が思弁的なものにとどまっているということです。リオタールの手続きを思い出してみましょう。この宣言は、ブルデュー流社会学にかなり似た、かつ相当平板な議論に続けて提出されています。それによると、一八世紀末の雑多な公衆にとっては——グリーンバーグの議論をかなり昔にまで遡らせています——もはや、芸術的趣味にはいかなる規範もありえなかった。だから、リオタールいわく、美の分析論は雑な法螺話である。誰でも芸術に手が届く以上、もはや秩序などないはずのところに秩序を敷こうとする法螺話。こうして崇高という避難所だけが残る。ところがリオタールのテキストには、その実例となるような芸術作品や芸術的断絶はいっさい登場しません。一八世紀末から二〇世紀初頭にかけて芸術の歴史に生じたことを解釈して芸術法則としての崇高の有効性を示す、というようなことはまったく行われない。「美学革命」と美学ユートピアの歴史を遅まきに再解釈しているだけですよ。歴史の変容を説明する芸術理論ではないと言ってもいい。もちろん背景にはリオタールが『言説、形象（ディスクール、フィギュール）』（合田正人監訳、法政大学出版局、二〇一一年。原著一九七一年）で行った仕事があり、芸術についての彼の見識もあるわけですが、にもかかわらず、ラディカルな異種性についての宣言は、近代性の歴史や対抗近代史に基礎を置こうとはしないのです。この宣言は回顧的モダニズムの既存の見方の焼き直しです。リオタールはカントを呼び出して、グリーンバーグやフランクフルト学派に残っているマルクス主義史観に哲学的な基礎を与えさせる。崇高は、美の分析論にもとづいた美的伝統をすべて無効にするラディカルな距離の約言です。

　能力問題の背後には、新しいものはラディカルな過剰のかたちでしかやってこないという公準設定があります。彼岸への移行としてしかやってこないわけです。その点はドゥルーズとリオタールに共通しています。かれらはそこから正反対の帰結を引き出しているのですがね。私はと言えば、つねづね他性を変化として、また能力については、それを可能なもののポレミックな配分のなかで定義される力として考えようとしてきました。

美学革命か民主主義革命か

――あなたが「美学革命」と呼ぶものについてうかがってきました。この革命と、他の政治理論家が民主主義革命と呼ぶところの革命は同一のものなのでしょうか。それとも両者のあいだにはたんに歴史的連結があるだけ？　民主主義革命はあなたの仕事にとってはカテゴリーではありませんが、とりあえずフランス革命に続く政治社会的な革命全般と理解しておきます。二つの革命は同じ現象を指しているのか、それとも二本の平行線なのでしょうか。

まず言っておくと「美学革命」の観念は複雑な観念です。革命を革命として同定させてくれる固有のもの――政治革命にはそれがある――が、「美学革命」には欠けています。あるとき民衆が街頭に繰り出し、権力がひっくり返るというようなことが「美学革命」にはない。この革命は経験の形式を大きく変えるものの、この変容はいかなる顕現もともなわない。そして民主主義革命のほうもそれ自体で二つの観念にまたがっています。民衆の権力の名により実行される政治革命と、より広い、生の形式の変容という観念です。そしてこの変容は、生活世界の階層的組織性を弱めることを含意している。「民主主義革命」の外延は可変的であるわけで、「美学革命」の意味するところも「民主主義革命」との多様な関係のなかで次々に変わります。

知覚の様態が新しくなるのです。芸術や美的経験と呼ばれる事象をどう知覚しうるかが変わる。新しい様態は特定の制度を規定することもあるでしょうし、同時に、さまざまな生の様態、社会的変容にかんする大きなユートピア像、その他実にさまざまなものを刺激することができます。美学革命はヘルダーリン流の「美的教会」[*24]の夢想と『ドイツ観念論最古の体系プログラム』[*25]のような革命綱領――国家機械とは対極に位置づけられる感覚形式の革命――を基礎づけることができる。美学革命はまた、ソヴィエトの多くのアーティストの場合のように、ソヴィエト革命の理念を新たな感覚帯の構成として基礎づけることができる。しかしまた、美的領域の自律化を指す場合もあり、この領域が社会全体の管理の一部となることもある。生活世界の変容形式を指すこともあるでしょう。こうした「政治的ならぬ革命」がいかに諸能力の窒息――生の形式の配分結果です――に対抗するかを、シャーロット・ブロンテが『ジェーン・エア』で描いています。し

＊24　訳注――一七九九年六月四日付のヘルダーリンから弟カールに宛てた書簡に出てくる表現（『ヘルダーリン全集4　論文／書簡』手塚富雄・浅井真男訳、河出書房新社、一九六九年、三六七頁）。この書簡でヘルダーリンは、哲学・芸術・宗教について、それらを自然の衝動の発現と語り、さらに人間の目を開かせる「自然の司祭」と位置づけている。それらが実現するはずの「人間社会の理想」が「美的教会」である。

＊25　訳注――一九一三年に発見された作者不明の断片的テキスト。一九一七年に、ドイツの哲学者・ユダヤ思想家のフランツ・ローゼンツヴァイクが『ドイツ観念論最古の体系プログラム』の題で公表する。見つかった紙片の筆跡はヘーゲルのものであるとされる。作者についてはシェリング、ヘーゲル、ヘルダーリンと諸説あり、いまだ解決を見ていない。「ドイツ観念論」という一般的呼称の由来となったテキストである。

かしやはり、ちっぽけな人々、歴史をもたない普通の人々が美的知覚様式を横取りする形式一切のことでもある。生活世界の変容すべてに、解釈様式の変容がともなっているのです。

一九世紀の小説の中心部にあるのは、たんに主体間の階層の廃絶だけではありません。民衆の新たな能力とのかかわりもあるのです。同じことは絵画の中心部においても起こっている。一九世紀末における絵画の新たな形式と民衆が新たに手にした余暇との関係について考えてみてください。あるいはさらに、絵画の変容とポスターや新聞などの普及形態の変容との関係についても考えてみるべきでしょう。芸術の変容と生の形式の階層の変容とのあいだには、一群のつながりがあるのです。それはひとつの時代を定義するのでしょうか。そう考えるには二つの不都合があります。ひとつは体制の区別を歴史の進化と同一視するというリスク。もうひとつは、「民主主義の時代」という観念は民主主義を社会の状態と見るよう強いる、という点です。例の「条件の平等」というやつですが、これは不平等と平等を求める闘いとのあいだの暴力を隠すためにもちだされる。

哲学的エクリチュールと普通の言説

――『不和』には分析哲学を厳しく批判する一節があります。哲学的言語を純化し、語をめぐって生じうる誤解を避け、とにかく意味の複数性を避けようとする企図に対する批判です。[*26] あなたの哲学が哲学的言語の自立性という考えに依拠することはありえないでしょう。ほかの作家や思想家以上に、あなたは言説秩序間の差異を問うている。では、あなたが使用する言語と普通の言語とのあいだにも差異はあるとお考えですか。哲学者の発話に特有の性格や専門的本性のようなものがあるかどうかについてはどうでしょう。あなたの考えをつきつめていくと、哲学者の発話と他の発話を区別することはできないようにも思えますが。これはエクリチュールに課される方法や制約の問題です。

言語の問題ではなく文体の問題です。われわれが話す言語にも哲学者が話す言語にも特有の語はあるでしょうが、それでも同じ全員の言語であり、同じ形の連声、統辞、述定を使っています。今の場合には、言語ということで実際に意味しているのはエクリチュールや言表の形式です。哲学的言語一般がどのようなものであるべきか、私に見解はありません。哲学的言語の展開域が広

＊26 「今日とりわけ高く評価されている古来の知恵では、交わされる言葉が曖昧であるがゆえに誤解されるのだと嘆かれる。そしてこの知恵によれば、属性をまったく指示しない語や、同名異義のせいで混同をさけられない語を捨てることによって、少なくとも真理、善、正義が問題になるときはどのような場合でも、他の語から区別される明確に定義された意味を、各々の語に割り当てるよう努力することが必要とされる」（*La Mésentente*, Paris, Galilée, 1995, p. 13〔前掲『不和あるいは了解なき了解』一〇頁〕）。

大だということはたしか。そしてその点については、われわれにはつねにプラトンというお手本がある。肝心なのは素早さです。共通言語、その対象、普通の関心事項、表現の仕方、質問の仕方、答える仕方等々から、目のくらむ深淵へと移っていくときの素早さ。深淵を開くのもなんの変哲もない語なんですがね。「ある」という動詞のように、自分のことを忘れさせるかぎりで機能する語。『ソピステス』でプラトンが「ほんとうにあるもの〔あるようにしてあるもの〕 το ὄντως ὄν」[*27]という目のくらむ形式を引き出しているでしょう。いずれにせよ、言語の力を作り出すのは、ありふれたものから謎めいたものへ全速力で疾走するこうした可能性です。その方法も実にさまざま。非感覚的なものから感覚的なものへ、散文的なものから難解なものへと移動するプラトン。文体的に均質なテクスチャーのなかで唐突に、テキストのうちなる他者の思考を捉えるフローベールの方法。無数のやり方があります。強烈なエクリチュールとは、広大な空間をそうとは告げずに踏破することのできるエクリチュールです。私にはこれはいつも、移行を宣言しないという問題でした。「ここまでこれこれについて語ってきたが、その語ってきたことの意味をこれから説明しよう」だとか、「先ほどまでは経験的諸例の領域にいたけれども、ここからはそれがわれわれになにを与えるかを考えよう」だとか、「いままではみんなが使う語で話してきたが、ここからは哲学の語を使う」とかは言わない。

　私の原則は一般的に言って、他人の言説のうちに入っていくということでした。哲学概念全般を使おうとはしないし、使うとすれば、それらがカントの言語、プラトンの言語、ヘーゲルの言語を規定しているから。それら自体も出来事の配置であるから。そこから私が極力試みようとするのは、無区別の平面を構築することです。物語のように見えるものから注釈のように見えるものへ、哲学の語からみんなが使う語へ、移っていくことのできる平面です。哲学者たちが語り部となって言説の形式相互の仲立ちをするような瞬間を、私はおおいに利用してきました。もちろん、そうした語りの形式は豊かであることもあれば、そうでないこともある。プラトンには神話があるし、ヘーゲルの『美学講義』には描写があります。カントの場合には、最低限の語りの要素で満足しなければなりませんでしたが、それは『判断力批判』第二節にある、宮殿を描写する仕方についての議論です。ゴニの日誌に出てくる指物屋の窓、ピエール・デュポンの『労働者の歌』に引かれる公園や宮殿、それについてのボードレールの注釈、それらを結びつけるにはそれで十分でした。

　重要なことはここでも、ある種の無区別をシークエンスのあいだで構築すること。それができれば、移動が生み出さるときにはまさに思考の移動となる。たんにある語彙から別の語彙へ、ある関心から別の関心へと移るだけではないのです。ここでも共通の対象を定義しようとしてきたわけです。文学についての仕事を取り上げれば、ヘーゲルとフローベールにおいて関心として共通するものを定義しようとした。ヘーゲルとバルザックでもいいのですが、その場合は、かれらのラディカルな隔たりを測るためです。フローベールはヘーゲルを少し意識していましたからね。バルザックの場合にはそうは見えない。しかしバルザックは、ブルジョワ的日常を飾る舞台装置

＊27　訳注――『プラトン全集3』藤沢令夫・水野有庸訳、岩波書店、一九七六年、七四頁（240B）。

を再神話化することで、ヘーゲルが記述する散文的世界に矛盾を突きつけているように見えます。重要なのは、思考の共通の対象を定義できるようになること。そして、さまざまな思考領域や言説形式やエクリチュール形式の専門家とされる人々のあいだでそれらの対象が共有されているさまを見せるよう記述することです。

——しかし、論証するタイプの本も書いておられますよね。注文されたからか、それとも教育活動の一環としてか、あるいは論争したかったからかはともかく。物語や語りというかたちで広大な空間を渉猟する——渉猟しているとも空間を移行するとも告げずに——タイプの仕事と、思考実践の様態のひとつとして、修辞的に論証的たるべしという要請に従うタイプの仕事を、あなたはどのように分けて、あるいは結びつけていらっしゃるのでしょうか。

私にとって思考は結局のところ境界を崩す力と結びついており、本質的な点で、書く作業を経なければならない。書くことはその意味で理論的仕事です。というのも、書くためには「形式」を見つけなければいけないので。仕切りを取り除き、共有された思考のシーンを構成するための言表形式、結合形式、というかそれらの様態を見つけなければならない。たしかに論証スタイルの本のほうが、思想書と呼び習わされているものに近い。しかし私にとってそうした本は、論証的である以上に修辞的です。理論の場として認められたところに移動作業を連れ戻すわけですから。一種の転倒があります。ふつう詩的であるとか記述的であると見なされている著作のほうこそ、私にとっては本来の理論的著作なんです。それに対し、論証的スタイルを採用している他のテキストは、特定の要求に応じようとしてそうなっている（たとえば「政治とはなにか」をテーマとするコロックでの発言であるとか）。そうしたテキストがもともと英語で読み上げられたから、という場合もあります。論証的モデルに自分を合わせているわけです。文脈に合わせねばならないだけでなく、互いに異質な言説領域と戯れる能力が外国語だとやはり小さいからです。

　ある意味、私にとっては、普通の思考様式と思われているやり方を採用するのはつねに苦痛です。そうしたやり方は考えた結果を伝えるにすぎず、既存の確立された立場とそれらの結果を突き合わせるときにはよい。しかし考えるという作業は、おそらく証明することよりも、証明するための最初の指標を揺さぶることにあります。『不和』の中心的な問題は、聞くことと聞くこと、理解することと理解することのあいだに割り込んでくる差異です。そのため、この論証的な本もいくつかの発話シーンの周りに構築されなくてはならなかった。それがアウェンティヌス人の寓話であり、仕立職人のデモであり、より間接的な仕方ですが、ホロコースト否認論者ポール・ラシニエの議論です。彼の議論は、慎重な歴史家と現実主義的政治家にひろく共有されている懐疑論を歴史的現実に対し裏返しに使用しており、そこがスキャンダラスなのだ、と示そうとしました。そこでは、異質な発話シーンが交錯している。この交錯こそ、否認論の理論的プロットです。こんな具合に書いたため、『不和』の最後の部分では、普通は出会うことのないものどうしが編み上げられています。コンセンサスの言説、否認論者の議論、心性史、人道主義です。

　こうしたエクリチュールの戦略とならんで、総括のようなものが可能なときもあります。二、三年かけてテーゼをまとめたことがあるのですが、そんなことはそれ以前にはできなかったでしょうし、今やろうとしてもできないでしょう。結局一〇個になってしまいましたが、「マルクスのフォイエルバッハ・テーゼにならって」政治についての一一個のテーゼを作ろうとしたんですよ。[*28] そんなことができた時期もあったんですね。しかし同時に、それらのテーゼもやはり一連のシーンの周りに構築されている。シーンによる思考をテーゼによる思考に変換する可能性が私に訪れるのは、ほんの束の間。とにかく私にとって最重要課題ではありません。

——そうしたエクリチュールのあり方は、注釈一般を批判した思想家たちの系譜に根底的なところで連なっていますね。ブランショ、フーコー、ドゥルーズといった人たちです。やり方はそれぞれ違ったでしょうが、かれらはあらかじめ実在している言葉を注釈により言い換えることを拒否しました。ここまで文体、物語、語りについて議論してきましたが、それに絡むひとつの質問を投げかけて、哲学における言語とエピステモロジーにかんする考察をさらに引き延ばしてみたいと思います。あなたの仕事において、「概念」といったものについて語ることはできるのか。というのも、あなたの思考操作のうちではそのようなものは付随的にすぎないという感じがするのです。このインタビューのはじめから、あなたの概念であろうと思われるものを私たちは取り上げてきました。あなたの仕事に何度も出てくる言葉を拾ってきました。注釈者たちもそうしている言葉ですし、ここでの議論においてもあなたの作品の結節点として受け入れられています。「シーン」、「発話」、「不和 mésentente」といった語ですね。次々にリストアップしていくのは簡単ですが、だからこそ、これらの語の身分はどのようなものかと問わずにはおれません。

根本的には、概念という言い方でなにを言わんとしているのか、よくわからないのですよ。この語はいくつかのことを意味することができます。単純な例を取り上げると、『不和』にかんしては「アルシポリティーク」、「パラポリティーク」、「メタポリティーク」を概念と呼んでよいでしょう。一群の弁別特性から出発して政治にかんする三つの型の哲学的操作を定義しているからです。それらは政治哲学と呼ばれるものの諸形式を分類して根本モデルに還元するのに役に立つ。『不和』にはもっと複雑な例も出てきます。たんなる「政治」という概念ではなく、政治が属する合理性の類型という考え方〔概念〕、より正確に言うと政治において働く否定性の類型という考え方〔概念〕です。これは言語とも非常に特殊な関係を結んでいる観念です。私にとってはもっとも正確に、「聞く entendre」の複数の意味〔知覚する、理解する、同意する〕のあいだのポレミックな結節点を言い表しています。そこに、政治共同体の感覚的かつ抗争的な特性が要約される。アリストテレスの『政治学』ですでに定式化されているような特性です。しかし、この定式はほとんどの言語に翻訳不可能です。英語で伝えるために、ラテン語にはないラテン語の単語に置き換えねばならなかった。「不和 dissensus」ですね。それで機能を定義できるようにはなったかもしれませんが、現実言語の単語に備わる理解させる力は失われています。

「シーン」〔場面＝演出〕もひとつの概念と言ってよいでしょう。私の仕事における本質的な操作

＊28 訳注――« Dix Thèses sur la politique », *Aux Bords du politique*〔前掲「政治についての一〇のテーゼ」〕を参照。

を指していますから。それ自体で本質的であるだけでなく、この操作は、私の仕事の対象を定義する中心的観念につなげて考えることができます。その対象が「感覚的なものの分割」です。しかしそこでは、概念とはなんなのでしょう。「感覚的なものの分割」がひとつの操作を指しているとは言っていい。ある状況や行動を政治として構成するものはなにか、文学テキストの射程を決定しているものはなにか、それをこの操作は分析させてくれる。『プロレタリアの夜』はこの概念を実例によって示したものと言ってもいいです。しかしそれを書いたころには、この概念については少しも考えていませんでした。対象が命じていると私に思えたとおりに、言説のプロットを構成しただけです。自分が一生懸命に歴史的語り、哲学的議論、文学的営為をそこへ連れ戻そうとしていた土俵を「感覚的なものの分割」と定式化したのは、それから一五年か二〇年も経ってからのことです。だからそれはたんに、状況、テキスト、観念に近づいて解釈する私のやり方を要約する名前だとも言える。私がなにをしているのか、それはどんなタイプの世界を作り上げているのか、どんなタイプの合理性にかかわっているのかを述べる名前。このとき「概念」は移動のオペレーターであり、思考領域の開示です。しかしその意味においてなら、私は概念化プロセス、理論的プロット、概念風景の構成といった言い方のほうが好みですね。概念は「道具」——先に話に出たドゥルーズとフーコーの対談で言われているような——ではないと述べたのも同じ意味においてです。概念はむしろ、ばらばらの点を結んでひとつの土俵を作る目印であり、線なんです。ランシエールの概念と呼べるものは、たしかに多くの他人にとっては概念でしょうが、一つの同じ根本的操作が見せる態様です。概念が、体系を構成するよう分節された観念群のようなものだとは思いません。概念とはアプローチ法の名前、方法の名前であり、それが描くのは思考にとっての土地であり、それが提示するのはこの土地の歩き方です。「感覚的なものの分割」のような観念は、世界の理解可能性の様態を提示しますが、同時に、私が行っていることを描写することしかしていません。概念が私にとってどんなものでありうるかは、こんなところでしょうか。

――哲学における文体と言語の話になったので、哲学者という職業についてもうかがいたいと思います。そこに立ち返ってみたいと思ったのは、職業や身についた技能の問題もあなたの仕事の少なからぬ部分を横切っているからです。しかし、『プロレタリアの夜』が大きな出発点だとすると、出発に際して職業なる資格は両義的に見えます。一方では、人間は職業に還元されない。つねに職業以上のなにかです。他方、人間を職業として特徴づける姿勢がこの本では堅持されている。対象となる時代にそうだったからでしょう。時代の言語に照応しますね。あなたも、登場人物の性格を靴屋や仕立屋といった職業を通じて語っておられる。では、哲学者という職業が存在するとお考えになりますか。それは実践の型としてなにを区別したり、境界画定したりするのでしょうか。

職業という観念は両義的です。制度のうちに書き込まれている面があり、私も教師の職を務めてきました。しかし結局誰も、それがなにから成り立つのか、なんの役に立つのかよくわからない。人間は、職業がなにから成り立つのかどんどんわからなくなるという事実を、時代に特有の混乱のなかで最大限に利用してきたでしょうし、私もその恩恵にあずかってきました。研究者としての自分の仕事を哲学教員の職業と一定切り離すことができたし、実際、『プロレタリアの夜』や『無知な教師』の話はほとんど教えたことがありません。研究プロセスはテキストや、私が作り上げたような観念に行き着く。それらは哲学教師としての私の教え方や、プラトン、アリストテレス、ヘーゲルなどを学生に読ませる私のやり方について、多少なりとも情報を与えたかもしれません。私は他の教師も読ませるようなテキストを、ときに私なりの関心に従って学生に読ませた。ついでに私もそれらを読み直し、学び直した。さらに、自分が行っている研究について、部分的にですが学生たちに話した。しかし自分の哲学と言えるようなものを学生たちに教えたことはありません。

私の哲学的仕事はかなりの程度、教えられないものの部類に入るでしょう。哲学のテキスト、労働者アーカイヴ、文学テキストのあいだを歩き回り、そこから帰結を引き出す仕方です。これは孤独なプロセスで、そこで人は自分だけの時間を過ごす。生み出された結果や、生み出すべき結果のことなんか考えずに。ですからある意味、それはアマチュアの進め方で、仕事の届け先もやはりアマチュアです。たとえばただ「本を読む人」。養成過程にある学生に向けられるよりはよほどね。あなたが問題にしている作業が規定するのは職業ではなく、実践です。職業の割り振りだけでなく、職業人とアマチュアの関係も問い直す実践。

効果としての哲学

——哲学的言説の効果という問題を詳しく聞いてみたいと思います。あなたは概念と道具の同一視を退けました。「道具箱」としての哲学というフーコー＝ドゥルーズ的な着想を拒否した。概念や哲学的言説は、あなたによれば、働きかけることをしません。それらはせいぜい、「土地調査表」「点どうしを結ぶ線」「領土」を提供するだけ。描写し、線を引き、デッサンする（またしても地図作成のテーマです）。道具箱のイメージがあなたに気に入らないのは、概念が現実に与える効果を先取りしているからではないでしょうか。あなたにとっては、どんな作品や言説とも同様に、概念がどう利用できるかはまったく予想できないのに。とはいえ、効果という考えは、それを指定しないという選択がなされるときにさえ、概念を構築する作業の裏にあるように思います。

効果の問題については二点、考えるべきことがあります。まず仕事そのものに内在する効果。仕事に固有の形式のうちに実現される効果です。それから、仕事の届け先となる人に対して期待される効果。それを先取りすること自体が、届けるべき人の能力にかんするある考え方を前提にしています。私がずっと対抗してきた伝統が見いだされるのもそこです。思考と政治のつなぎ方をめぐる伝統であり、思考は脱神秘化を仕事とするという理念です。この図式は、人々が無知の状態にあると考える。かれらをその無知から引き出し、かれらに見えていないものをかれらに見せなければならないと考える。この論理のなかでは、行動は意識化に依存しているのですが、意識化は、人々に見えていないことを人々に教えることで果たされる。

それに対し私は二つのことに心を砕いてきました。第一に、読者がどう思うかを気にしたり、読者が無能力だと想定したりせずに、自分の仕事に集中すること。二つめは、第一の点とも関係しますが、一歩後退すること。つまりこうした図式それ自体について問うことです。人々が錯覚の犠牲者である理由やなにが近代性を成り立たせているかを説明する、壮大な図式自体を問うのです。人々が錯覚のなかにいるかどうかを述べる前に、錯覚ということでなにが言いたいのか、錯覚について語ってどのような種類の関係を構築しているのかを知らねばならない。マラルメやシェーンベルクやモンドリアンやマレーヴィチがほんとうに芸術世界に革命をもたらしたのかを知る前に、こう問わなくてはならない。芸術世界における革命とはなにか。表象的、非表象的、具象的、非具象的とはなんなのか。抽象とはなんなのか。

私が試みてきたのは、こうした説明体系そのものの考古学、系譜学です。そのような説明体系が、意識化、階級意識、イデオロギー、脱神秘化をめぐるどんな理論の背後にもある。神秘化と脱神秘化の理論構築の裏にある演出、感覚的なものの配分はどのようなものか、それを私は考えようとしてきました。あるいは、芸術革命、表象から非表象や表象不可能なものへの移行、といった言説のなかで、経験を解釈する体制がどのように変化するのかを見ようとしました。その結果徐々に、私は近代性と呼ばれるものの風景全体を違って見るようになります。私が再構築した風景は、すでに知られた風景とほとんど似ていません。すでに知られた風景が遡及的に再構成されていればいるほど、似ていません。芸術と政治を読み解く今日主流のやり方は、ルサンチマンの産物です。革命の起きる理由であったものが、革命を信じることが不可能である理由となった。近代性についての言説、それゆえ同時にポスト近代性についての言説が、近代と足並みをそろえて展開された夢や芸術プロジェクトのうえに抹消線を引こうとする人々の言説となった。系譜学的作業によってその嘘を検証する以前から、こうした言説が展開する政治に反発するようになっていました。

しかし、他者を告発することは私の関心ではありません。私の関心は、解放、美学、文学の呼称のもとで言われていることを、自分なりに理解すること。それは必然的に論争的たらざるをえませんが、私の関心はその側面にはありません。労働者解放やジガ・ヴェルトフが映画を作るやり方についての仕事では、私の関心は経験の中身に入り込むことでした。知覚の型が概念化され、その型に対して効果を生みだす様子を探ること。ある意味、私が行おうとしてきた仕事は、思考の形式、対象、体制をいくつか構成することです。それが他の人々に、自らの仕事を顧みるうえで役に立つこともあるでしょう。政治にかんしては、人々はそういうことをほとんどしませんがね。文学、芸術、美学の場合には進んでやるのに。ここでその理由に立ち入るには及ばないでしょう。はじめの問いに戻れば、だいじなことは二つの問題を分けることです。まず、私が書いた本のなかで実際に生みだされている移動の効果やいかに。自分で書くのだから、私はそれを管理することができる。それから、他人がそれをどう知覚し、あれこれの教訓や示唆を引きだすやり方やいかに。

残りはあなたのもの

――この方向で話を続けます。『政治的なものの縁で』はテーゼで終わっています。マルクスやベンヤミンもかれらの時代にこうしたテーゼを述べました。哲学史をもっと遡れば、スピノザの『エチカ』第四章の終わりに人間の隷属を扱った部分がありますが、項目を並べた付録のかたちを取っています。それら諸項目はテーゼではありませんが、そこまで述べてきたことを記憶にとどめるための手段として使える。まさに使うため、来るべき適用のために置かれています。こうした例と比べて、あなたの哲学の諸テーゼの身分とはどのようなものでしょうか。それらもまた記憶されたり、適用されたりするのでしょうか。あなたのテキストに登場する「原理」という語と、テーゼという考えを突き合わせてみてもいい。とりわけ「平等の原理」です。

テーゼからはじめましょう。これまでの人生で一度か二度、書いたテキストをテーゼと名づけました。政治にかんするテーゼです。だいたい同じ時代なのですが、ユーモア記事のかたちで、フランスにおけるレイシズム発展のための諸規則なるものをまず発表しました。[*29] それから少しして、出版にはいたらなかったものの、講演のために美学的近代性について八つのテーゼをまとめました。これらテーゼの機能はどういうものか。まず個人的熱狂のようなものがあるでしょう。確信はありませんが、そう思いますね。あるとき、言葉にしあぐねていたいくつかのことが、ひとそろいの言表のかたちで頭に浮かんでくる。ですがそれは備忘録でもなければ、仕事の結果を冷静に客観化した文言でもありません。テーゼとは一定の探求期間に書きえたことのまとめですが、同時に、限定された論争的振る舞いでもあるんです。テーゼを提出するのは、水溜まりに石を放り込むような振る舞い。政治についてのテーゼはイタリアでの講演のために書いたのですが、一九九五年の出来事の延長でもあります[*30]。秋にストライキがあり、「政治の回帰」がさかんに語られたのですが、その政治とはなんのことはない、退職者年金に攻勢をかける政府への支持に帰着していた。フランス民主労働総同盟（CFDT）と左翼知識人に仲立ちされて、政治の純粋さというアーレント思想が政府の思想となっていたんです。私のテーゼは、こうした顚末を明瞭に述べた。君たちは政治の回帰とか政治の純粋性とか社会対政治とか言っているけど、また、アーレントとレオ・シュトラウスのカップルを祭り上げているけど、それって結局、政府を支持しろということでしょ。「そんなことはもうやめろ」と言うひとつのやり方があのテーゼでした。ある意味、これは私のやり方ではない。私のやり方はいつでも迂遠なものでしたから。しかし、こと政治にかんしては、私の戦略はつねに言い切ってしまうことでもあった。「はい、これが私の

＊29 « Sept règles pour aider à la diffusion des idées racistes en France », *Le Monde*, 21 mars 1997〔未邦訳、「フランスでレイシスト的考えを普及させるのに役立つ七つの規則」『ル・モンド』一九九七年三月二一日付〕。以下に再録、*Moments politiques*, Lux/La Fabrique, 2009, pp. 71-75〔未邦訳、『政治的局面』二〇〇九年〕。

＊30 訳注——フランスではこの年、政府による年金改革への反発を機に、一九六八年以来最大規模のストが起こった。

言うべきこと。これでおしまい。政治についてはこれが言うべきことであり、これ以上なし」。ただ、このおしまいの点をもう一度繰り返すよう、私はいつも求められる……。

テーゼは原理を示したものではありません。くだんのテーゼの場合には、政治の理解可能性の原理として考えられうるものをポレミックに要約していますが、平等の公理こそ政治の原理であるという意味では、それらは政治の原理ではありません。政治についてのテーゼは平等の公理を発展させたものではない。「平等」という語をテーゼに登場させるべきかどうかも、私としてはなんとも言いがたい。政治についてのテーゼは、政治の理解可能性をいわば横切ります。ポレミックな横切りによって、政治哲学の言表に依拠し基礎だとされている観念を、真っ二つにする。これらのテーゼは、訳されたばかりのハンナ・アーレントの短い遺稿、『政治とは何か』[*31]を読んだあとに書かれました。いわば読んだことの注釈であり、政治とはなにかを原理から帰結にいたるまで説明しようとする意志の産物ではありません。実際、原理から帰結まで説明するようなことは考えてもみなかった。やろうとしたのは、政治の領野を全速力で駆け抜けてその理解可能性全体を再編すべく、切断すること。テーゼという実践には加速機能があります。すべてをあらためて駆け抜けることができる気になるんですよ。「デモス」という語が現れるホメロスの一節から、政治の終わりや回帰について語る現代の議論までを、一瞬のうちに。そしてこう言う。「政治の理解可能性はこんなふうに、政治の原理であると想定されたものを根本的に分割すれば、思考可能になる」。

――あなたの哲学の言表形式について明確にしていただきましたが、おかげでこう質問したくなりました。あなたが述べたこと、あなたの原理やテーゼ――言い方にはこだわりません――のいくつかは、あなたによってでも他の誰かによってでもいいのですが、実践的格律に引き延ばすことができるのでしょうか。政治にかんするテーゼはたしかに実践的格律には似ていません。しかし、ひとそろいの実践的格律を構築するという問題は正当な哲学的試みのように思えますし、あなたの著作のなかでも問いとして開かれたままになっていませんか。あなたはそれに抵抗もしていますが、同時に、その到来を願っているという面もありそうです。

実践的格律という問いは複雑です。格律は必ずしも応用向けの言表ではありません。私の仕事は個人的な格律に依拠しており、それらがテーゼ形式を取る場合もある。しかし、格律にかんしても、私が政治について言っていることを敷衍できるかもしれません。つまり、問題の根本は二つの世界の対立である。私に生産することのできた理論的なものはすべて、ある隔たりを考えることに導かれてきました。思考そのものと、思考から実践や思考の応用形式が演繹されるであろうと考えることは違う、という隔たりです。『映画の隔たり』[*32]の序文末尾で溝口健二に帰した格律を、ここで私自身のものとして取り上げていいかもしれません。集団と個人をめぐる不正義、

*31 訳注――ハンナ・アーレント著、ウルズラ・ルッツ編『政治とは何か』佐藤和夫訳、岩波書店、二〇〇四年。

奴隷制、解放について語った溝口の作品は、観客にこう告げているように見える。「ほらこれが、外見を使って私にできること。残りはあなたのものだ」。思うに「残りはあなたのものだ」とは、私の仕事の本質的な格律です。ひとつの世界を記述することからは、なすべきことについてのいかなる帰結も引き出せません。このような記述を下敷きにしてなにをしたいかということだけが問題となるのです。

　格律は態度決定のためのものです。私がやってきたことの包括的意味は、行動を基礎づける必然性は必然的ではないし、それについての認識などないということです。世界の法とされているものは、いくつかの関係や支配形式、選択から帰結した法にすぎません。そのことを二重の格律にできるでしょう。第一に、「ものごとの状態は必然的ではない」。必然性に着目して世界を記述しなくとも、可能性に着目してそれをすることができる。第二に、この記述はなにをすべきかを告げない。そこであなたに告げられるのは、この記述を前提にして、あなたは自分がなにを望んでいるのか自分で知るべし、ということだけです。認識と行為の関係をこのように設定し直すことの裏側には、もちろん、研究そのものを支える格律があります。平等の格律です。これはカントの格律のように、実践の諸条件そのものを普遍化する形式として作用する。研究者としての私はなにをしているのか。平等性に賭けているのです。これは多くのことを同時に意味しています。認識不可能なものを探しているのではないと賭けてもいいし、認識不可能なもの、理解不可能なもの、崇高なもの等々について考えてなどいない、と賭けてもいい。芸術、政治、解放、文学について語ろうとするとき、私は配置に注目します。その分節形式を研究できるからです。そのためには仕事をしなければならず、毎日仕事に出かけることが必要になる。すでに話しましたよね。毎日働くという実践規則を自分に課してきたんです。図書館に出かける、なにかを学ぶ、執筆する、等々。私にとってはそれが平等の格律です。不平等の格律は、少し戯画的に言ってみれば、こう語っている。出かけるのはちょっと億劫だ、家にいて新聞を読んでテレビを見ていれば、人がどれほど愚かなのかがわかる、かくも愚かな他人に比べて俺はなんと賢いんだろう。ですから格律の選択肢は次のようにも言えます。他人が愚かだから自分は賢いのか、それとも他人が賢いから自分は賢いのか。これはカント型の格律ですね。私が自分に認めている思考能力は万人の思考能力であると私は請け合うのか。それとも、私の思考が他人の思考から区別されるのは、他人みんながバカであるという事実によるのか。私が疲労という問いにかなりの重要性を与えてきたのも、同じ理由からです。本質的には怠惰という問いですね。人がみんなと同じように毎日仕事に出かけるのは、思考はみんなのものだと考えているから。世界は巨大で認識不可能なものではないと考えているからです。私たちが暮らす世界の一片は認識することができる、ちょっと骨を折ればどうやってそれが形成されたかを少しは理解することができる、と考えているから。これ

＊32 「同じ作品〔『新・平家物語』〕では、反徒たちの口から『明日はこの俺たちのものだ』と言わせている。ここにもまた、溝口が差し出すのはほかならぬかれらの明日であることが印されている。それこそ、『山椒大夫』（一九五四年）で溝口がわれわれに示すことである」（*Les Écarts du cinéma*, Paris, La fabrique, 2011, p. 21〔未邦訳『映画の隔たり』〕）。

らすべては知識人の態度と正反対でしょう。かれらは他人がバカである理由をとやかく言う。ざっくり言えば、それが知識人の普通の定義です。

最初にひとつの格律を選ぶと、そこから分析類型が生み出され、それが最終的に「私たちが政治、芸術、文学などと呼んでいるものが働く仕方については、こう言える」と語らせる。したがって、問題はどのような型の格律を読者が採用しようとするかです。政治については、こういう意味でしょう。世界革命が起きないのは機が熟していないからではない。変化を望む人々がなにを望んでいるのか、不正義にケリをつけようとする人々がなにを望んでいるのか、それが問われているということだ。これは、どんな世界が可能と見えているか、という問いです。望ましいとみなすやり方で世界を変える能力を問うている。根本的には最初に平等の格律がある。いくつかの帰結が見つかるのは最後。期待を裏切るかたちの帰結もあるでしょうね。なにをすべきかと尋ねられて、自分がなにをしたいのか知るのはあなただ、と答えることになるのですから。

思考の笑い

――現在の状況のポレミックな側面を、あなたのユーモアから照らすこともできそうです。注釈者たちがあまりにしばしば見過ごしている論点です。あなたが醸す笑いは、思考におけるユーモアを思考の抗争的性格と結びつけて捉える哲学観に由来するのではありませんか。これはあなたにとって大切なことでしょうか。

ええ、笑いは明らかに、私が先ほど述べたことと同時かつ同質の次元をもっています。言説レベル間の隔たりを消す、という話です。私のテキストが論争的だとしても、私は自分が論争をしかけている相手の立場に対し告発の姿勢は取らない。それを統合しようとします。もちろん同時に差異を示す必要もあります。ユーモアの問いは、最小限の差異で高低差を生みだして意味をなすにはどうすればよいか、という問いなんです。原理的に言えば、ユーモアが生まれるのは不自然なことをあたかも自然なことのように記述するときでしょう。自然と不自然をめぐる問いには長い歴史があります。ブレヒトを思い出してください。問題は、なにかがうまくいっていないと感じてもらうことなのですが、これがよくてあれがだめ、これが正しくこれが間違い、などと言ってはならない。ユーモアはあくまで効果の問題です。ユーモアはそれがわかる聴衆、読者、観客を想定しますが、ユーモアを味わってもらう大前提は、かみ砕いて説明しないことです。私は最小限の高低差からなる言説を構築しようとしているのですが、それは、一定レベルを超えると高低差は支配の効果を生み、なにが真の言説で偽の言説か、なにが錯覚であり騙りであるかを指示してしまうからです。ですからユーモアとは、知る者の立場を解体するひとつのやり方でもあります。若い頃にサルトルによる「きまじめな精神」批判から影響を受けたせいでしょうか。残念ながらサルトルの文体は「きまじめな精神」をさほど免れてはいませんが。ユーモアのうちにあるなにかは、われわれが述べる言説に蓋然論的な性格を与えると思います。つまりユーモラスであるためには、真理を気にしないことはないけれども、真理を述べることもない言説を生まねばならない。

最小限の高低差が作るシステムがあると思います。言っていることから離れすぎない距離のシステム。そうしたことが書くことの喜びにもなっていますね。書くことが最小限の喜びを生まないようでは困る。注文に応えるときにはそうとはかぎりませんが。あるテキストについて語ることが面白いのは、そこに内的な隔たりを見いだす可能性があるからでしょう。それを見いだせば、どのようにこの内的隔たりを扱うかという問いが生まれる。獣のように飛びかかって、「裏にあるのはこれだ」とか「だからこれは矛盾しているか取るに足らないかだ」と言う人もいます。示唆の戦略をとる人もいます。示唆とは疑いと同じではありません。マラルメ詩学の問題系に戻り、はっきり名指す「代わりに」示唆する。告発する「代わりに」示唆する。言わば読者や聴衆に対し、仕事しろと呼びかけているんです。笑わせることもする。しかし、笑いといってもいろいろあります。ルサンチマンのこもった冷笑もあれば、歴史的経験を積んで、語の意味を測定することを学んだ人々の、ルサンチマンのない笑いもある。

第III章

闘

脱神秘化あるいは脱構築

——あなたの歩みは一九七〇年代に「批判の批判」として出発した、と解釈することもできるでしょう。暴露や脱神秘化のさまざまな形態について、それらは理論家に全体を見渡すポジションを与え、扱われる対象や読者に対するかれらの影響力を保証していると批判する。しかし、英米やドイツで批評理論と呼ばれているものにあなたを分類しようとする人もいるでしょう。言われてみればたしかに、あなたはしばしば著作の中で、哲学者や知識人たちの立場を厳しくやり込め、民主主義やその他多くにかんする偽の問題設定を解体しています。[*1] こういう解体作業は、手の込んだ、あるいは遠回しな脱神秘化とどう違うのでしょうか。あなたもまた、あなたの著作を読む前には見えてこない、あるいは気づかないなにかを暴露している。こうした文脈では、なにを解体すべきかについて決まり文句がよく出てきます。「コンセンサス」、「コンセンサスの月並みさ」などですね。こういう作戦は、あなたが『哲学者とその貧者たち』で批判した、歴史的にはマルクス主義が行ってきたような「暴露」と同じではないかもしれない。しかし今度はあなたのほうが、読者を睥睨するポジションに立たされるかもしれない。そうならない理由はどこにあるのでしょうか。

　コンセンサスという概念の役割からはじめましょう。この概念はなにを意味するのか。意味と意味、データと思考可能なものの関係を安定した編成にすることです。可能なものの編成の一種といってもいい。それがなにを覆い隠しているかを私は問題にしていません。編成されている諸要素をばらそうとしているのです。たとえば『コンセンサス時代のクロニクル』[*2]を取り上げてみましょう。私はそこで、一般にコンセンサスがあるとされる点と、それが矛盾や不可能性に逢着し、合意などなきに等しいものとなって議論が未決になる点とをそれぞれ同定しようと試みています。冒頭のテキスト「頭と腹と」は一九九五年のストを扱っていますが、これは私としては、「事態はこんなふうだと想像しておられるかもしれないが、現実は以下のごとくです」と言いつのる脱神秘化の論理と対極にあります。こういった批判は人々にこう告げている。あなたがたは馬鹿だ、こんな事態が起きていると信じているが、実はなにも起きていませんよ、あるいは別の場所で起きているのですよ。ボードリヤール流の手口が今でも使われているわけです。いわく

＊1　*La Haine de la démocratie*, Paris, La Fabrique, 2005.〔ジャック・ランシエール『民主主義への憎悪』松葉祥一訳、インスクリプト、二〇〇八年〕

＊2　訳注―― Jacques Rancière, *Chroniques des temps consensuels*, Seuil, 2005.（未邦訳、『コンセンサス時代のクロニクル』）

「あなたがたは戦争が起こったと信じているが、私は、戦争は起きなかったと申し上げたい」。この論理は『資本論』の相も変わらぬ翻案です。というかマルクス主義学者の論理。事態の現実的深層を発見するメカニズムを作動させようと無駄に努力している。そんな深層が強固なものでなくなっていても、相変わらず。では一九九五年のストについて私がなにを試みているかというと、知っている知性と知らない人間が存在するという秩序として、コンセンサスの次元をシーン化することです。いわば〔当時首相だった〕アラン・ジュペによるシーン化をこう要約した。「みなさんは心優しく勇敢で勤勉で、多くの問題を抱え、先行きを心配し、街頭に出た。しかし、こうするよりほかにないということを私がみなさんに説明します」。コンセンサスは二つのことを連結させるんです。必然性があって事態はこんな具合であると示すことが一方にあり、他方ではどうして事態がこんな具合なのかを理解できる人間と理解できない人間がいるという考えがある。この二つです。

この状況で私はなにをするのか。自分が説明すると言い立てる連中がいるシーンに割って入るのです。そしてシーンをかき乱す要因を浮き彫りにする。それは人々が応えているという事実です。われわれには事態が完璧にわかっているから説明には及びませんと、かれらは現に応答している。もちろん、かれらがみんな同じことを理解しているわけではありませんがね。私の介入は、ある審級を見ればコンセンサス批判がすでに行われており、問題は理解するしないではない、二つの感覚世界が対立していることだ、と示すところからはじまる。その瞬間、知っているのは自分だと思い込む連中の作る公式見解的なシーンが、いわば分解されます。ことの裏側だの真相だのを知っている連中に、真相なんかない、あるのは対立する二つの感覚世界だ、というシーンを突きつける。このシーンは対立そのもののなかに見つけてやることができます。応答の手始めでしかありませんが、その段階で、批判はもう批判である以上に支配の脱構築です。ありきたりの脱神秘化が支配の論理であるのとは逆にね。

人種差別について書いたテキスト[*3]ではすべて、起きていることを違った仕方で見せようとしています。人種差別はなにかより深いものを隠す表層の症状だというマルクス主義的議論はしない。事態を違ったように捉えるのです。人種差別には公式の——つまりコンセンサスを得た——説明があります。進歩の波に乗り遅れた貧乏な白人が移民を恨んでいるのだ、という。私が言いたいのはたんに、法体系や個々の法律、制令や政府の施策にもう少し目を向けろということです。そうすれば、「クリーン」とされる行政の人種差別の実態がわかってくる。それがわかれば、左翼や極左、ラディカル等々を自任する人々が延々と繰り返す、人種差別を民衆の怒りの一種のように語る言説が馬鹿馬鹿しくなります。私としては、オルトフー／マルクス／ギュスターブ・ル・

＊3　訳注——近年のランシエールの人種問題についての見解としては、二〇一〇年九月一一日のモントルイユでのロマ問題をめぐる集会での発言が注目を集めている。ランシエールはそのなかで、今日の人種主義はポピュリズムによって下から盛り上がってくるものではなく、「国家による」「左翼知識人による」「上からの」ものだと述べている。発言の全文は下記で読むことができる。http://blogs.mediapart.fr/edition/les-invites-de-mediapart/article/140910/racisme-une-passion-d-en-haut（二〇一四年九月一〇日閲覧）

ボンという、国家による人種差別を「左翼」思想とくっつける同盟軍を解体したい。そこでは、政府が取っている施策は人種差別的な民衆感情への譲歩だ、といまだに考えられています。そしてその感情は群衆心理学的に捉えられている。しかし人種差別は群衆心理学の問題なんかではありません。それは簡単に確かめられます。脱神秘化など必要ないんです。

オフィシャルに確定されたことがらと人種差別は違う問題だ、と言う人もいましょう。違う問題だと言い出したとたん、人はある種の批判的脱構築を実践することになる。しかしこの脱構築はやはり、多義性と対立と選択からなる事象に、一義的と見なされる世界ないし必然性の世界を取り戻させてやろうとしています。それと同時に、その世界を知性の諸形態とかかわらせるのですが、それらの諸形態はもはや、物知りで裏を見抜き、他人より先が見通せる人間の知性の表れではないとされる。私はつまり、この種の批判や操作の有効性にはさして幻想をもっていないんです。完全に反動的なくせに自分を左翼だと信じ込むインテリの支配的な見解を揺さぶろうとしている。効果は限定的でしょう。あらためて言いますが、私は自発的かつ決然と公共の場で発言しようというタイプではないんです。

――一九九五年のストについて、あるいは「浴室の哲学者」のようなテキストであなたが語っていることを読むと、あなたはやはり、可視的でなかったものを見えるようにしておられます。つまり暴露しているわけです。[*4] こういう操作を脱神秘化でなくなんと呼べばいいのでしょう。

不和 dissensus として考えてもらえばいいのでは。つまり、可視的なものの編成を乱している、と。あるいは知覚可能なものと思考可能なものの関係、知覚可能なものと言語化可能なものの関係の編成を。可視的なもののなかに移動を生じさせているんですよ。その移動はしかし、最終的には誰にでも見えるような移動です。つまり特別なポジションを想定していない。移民やロマ、社会的闘争といった問題に私が専門的知見をもっている特別の根拠はまったくありません。なにかをもっているとしたら、説明の仕組みのなかでうまくいっていないところを見てとる目かもしれません。場合によってはパズルのピースをばらばらにして、違ったふうに組み立て直すための目。おそらく、学者的操作からは遠い詩的な操作でしょう。詩的操作は可視的でなかったものを可視的にしますが、学者的操作は可視的なものが隠す不可視のものを暴露すると主張するわけで、その両者を区別したい。感覚的なものの分割という観点からものごとを分析する、とは、感覚的なものと知的理解が可能なものがあるわけではない、とみなすことです。あるのは感覚的なものとその意味の分節だけ、と考える。分節なら、ほどいて組み立て直せば変えてやることができま

＊4　たとえば次のようなくだりである。「[この「生活のなかの哲学」は、] 医者や心理学者、公衆衛生学者、栄養学者その他が、自分の自我に十分配慮しましょう、日々の暮らしに調和を、といったことをわれわれに学ばせるための山ほどのアドバイスのなかに無理なく仲間入りする。だとすると問題はこうなる。メディアが繰り返す日々の自己への配慮と同じことを言っているのなら、そんな哲学は本当に必要か?」(« La philosophie dans la salle de bains », *Chroniques des temps consensuels*, Paris, Seuil, coll. « La librairie du xxie siècle », p. 124)。

す。つまりレベルを変える必要はありません。

コンセンサスと愚鈍

――今お話しになった分解作業はときに暴力的な介入でもあります。「愚鈍さ」と呼んでいいものに、あなたが苛立っておられるように感じるのです。フローベールはたしか著作ではなく書簡集のなかでそれを嗅ぎつけ、まさに「愚鈍さ」と表現していました。[*5] ニーチェの「愚鈍さを妨害するために哲学すること」というよく引用される言葉[*6]には共感しますか。この哲学観に対しては、あなたはどのような立場を取るのでしょう。問題をこう定式化できるかもしれません。愚鈍さの具体的な現れに対して必ずしも尊大な態度をとることなく、どうやって愚鈍さを妨害するのか。これが、愚鈍さを対象とする哲学の試金石ですよね。ニーチェが語り、フローベールが書簡で苛立っているのは、個別の愚鈍な輩に対してではなく、ある時代の思想の状態、あるいは思考可能なものの状態に対してでした。つまり人が見ているもの、見ていないもののあり方です。これはほとんど形而上学的な問題です。あなたもこうした思想家に連なるのでしょうか。

愚鈍さを妨害する、ということについては、愚鈍さは愚鈍な人間の特性ではない、というところからはじめねばなりません。私にとって愚鈍さの概念はコンセンサスの概念と一致する。つまり知覚可能なものと思考可能なものの関係の状態、それもルール化された状態のことです。愚鈍さについてはまた、知性から出発して考えねばなりません。毎日聞こえてくる愚鈍なことを語るために能力を費消する人間が作るもの、それが愚鈍さです。そのかたちはテレビにはじまって、インテリ雑誌の「議論と思想」欄に掲載される有名思想家の発言にいたるまでさまざまです。結構な仕事であり、結構な知性であることはわかる。非常にジャコト的テーマです。愚鈍さは知性の働きによって生みだされるのです。馬鹿なことを言うにも賢いことを言うにも、やり方は違えど同じだけの知性が費消される。愚鈍さを妨害するとはコンセンサスを妨害することであり、知覚可能なものと思考可能なものの世界を織り上げる仕事を妨害することです。私にとっては、愚鈍さを妨害する役目の人間がとくに決まっているわけではない、ということでもあります。哲学者の多くはまったくそれを妨害しようとしていないように思えますが。

しかし、愚鈍さは二重化されることも見ておかねばなりません。フローベールの名前を出されましたが、彼には二つの愚鈍さがあります。まずコンセンサス、規範化された言説の愚鈍さです。

＊5 訳注――一八五〇年九月四日のルイ・ブイエ宛書簡、一八五二年六月二七日のルイズ・コレ宛書簡、および『ボヴァリー夫人』第二巻第八章などを指す。フローベールの「愚鈍さ」概念についてはドゥルーズも『差異と反復』（財津理訳、河出文庫、二〇〇七年。原著一九六九年）第三章「思考のイマージュ」、その他で論じている。

＊6 訳注――『悦ばしき知』第三二八節（信太正三訳、ちくま学芸文庫、一九九三年、三四〇頁）を指すか。

たとえば県参事会員が農業品評会で行う演説とか、社会発展、社会階層、労働の美徳、進歩の美徳等々についての紋切り型とかいったものです。構成され、制度になった愚鈍さといいますか。そして他方には、意味どうしの関係を結ぶ糸を片端からほどいてしまう愚鈍さがある。傑作とは愚鈍なものだとフローベールは言っています。なにひとつ語ることなくそこにあるだけ、という愚鈍さを彼は定義しています。それは根本的な決断にまで行き着くでしょう。すなわち、意味は愚鈍だから、意味を生みだすものはことごとく破壊しよう。そこまで行くと、芸術の愚鈍さ、つまり意味や解釈、解釈の効果を生みださないという決断と、コンセンサスという意味での愚鈍さとが対立することになる。

　私にできる仕事はこの二つの愚鈍さのあいだにあります。つまり、コンセンサスという意味における愚鈍さと、徹底した脱走という意味における愚鈍さのあいだです。後者の愚鈍さは、ナンセンスを語るという選択、なにも語らないという選択です。メッセージを伝えることなく、一切解釈せず選択もせずに語ることを選択する。コンセンサス的な愚鈍さと徹底した沈黙が支配する発話としての愚鈍さのあいだに、もうひとつ別の操作を定義できるのではないでしょうか。知覚可能なものとその意味のあいだの関係を再編成しようとする操作です。これは、コンセンサス的な愚鈍さを脱構築するためにはおそらく文学的、芸術的な愚鈍さが必要である、ということでもあるでしょう。くどいようですが、こうした操作は私にとってつねに偶然的なものであり、特定の技能を規定するものでは一切ありません。私が哲学者という肩書を個人的に用いるやり方であるというだけのこと。みんなが必ずしも私のことを哲学者と思っているわけではありませんからね。そして、このやり方は既存の意味の編成を解体することで成り立つ、というだけのことです。

支配を払いのける

——一九七〇年代、あなたはアルチュセールとアルチュセール派を批判しておられました。あるがままの社会的かつ政治的闘争ではなく、あるべき姿のそれらを描き、分析する理論を作ったとの廉《かど》で。『不和』以降のあなたは、あなたが「ポリス」と呼ぶものとの対比によって政治を定義する必要を説いておられるわけですが、この考え方は、似たような批判にさらされる危険はありませんか。なにが政治に属し、なにがそうでないかを厳密かつ厳格に定義することで、あなたはことを政治化する規範を定義していることにならないでしょうか。こうなると、実際の闘争や闘争参加者（とりわけあなたの読者）はそれに照らして自らを測定するようになってしまう。積極的に考えても、この指摘から二つの別の問いが喚起されます。第一に、あなたはどのように実際の闘争や社会的紛争の実在形態にかかわるのであろうか。あなたの政治思想は二つの選択肢を用意しているように見えます。あなたの言う「平等の大義」を前進させるのによい論点を絞り込むのか、それとも、分有関係を危うくし、既存の場所を配置し直す「シーン」を特定するのか。あるいは両者は同じことなのか。第二に、あなたは同時代の思想（たとえばアルチュセールやブルデュー）がもった政治レトリック上の効果に非常に注意を払っていますが、あなた自身の思想の効果についてはどう考えているのだろうか。一方における活動家への効果、他方における芸術や映画の観客への効果です。したがって、第一の質問はこうです。政治に対するあなたの制約の多い定義から外れるものとどうかかわっていくのか。第二の質問はこうです。あなた自身の思想、そしてレトリックの効果をどう考えているのか。

まず正確に言えば、アルチュセールに対してそんな非難はしていません。実際の政治に無関心になることで、あるべき政治を定義した、と批判したのではありません。彼のものである政治、つまり理論における階級闘争を占有することで、実際の政治に迎合したと批判したのです。フランス共産党が独占すべき階級闘争の物質的指導と、知識人に委ねられる理論における階級闘争という分割を認めてしまった、とね。言い換えれば、ジャンルの調整のようなことをしたと。手短に言うとこうです。「プロレタリアートの指導はお任せした、理論はお任せいただきたい」[*7]。

――わかりました。しかし、夢見られる闘争と実際の闘争という二分法は批判の操作ではよく見られます。この二分法によって、多くの革命家や理論家が、歴史は積み上げられた希望の高みにまでは手が届いていないと嘆くことにもなりました。

くどいようですが、希望の高みとは歴史の運動によって規定されるものです。希望を自由、解放、人民権力、共産主義といったかたちに規定してきたいくつかの運動があったということ。私には、政治状況のなかでその状況が高みに達しているかどうかを見極めるという問題はありません。問題は、状況のただなかに異種性を見つけることができるかどうかです。「政治／ポリス」

というオペレーターについて言えば、私は本質的なところではそれに固執していません。つねに言ってきたことですが、この対立はいつも不鮮明で、けっして純粋なかたちでは現れない。むしろそのことが一定の分岐を招来するんです。ある闘争があったとしましょう。そこでの問題は部分を再調整することなのか、それとも部分の再調整など超えた審級を登場させることなのか。特定の目標を実現することなのか、それとも全員の権限と能力を主張することなのか。どんな状況でも、この分岐を見定めることができると思います。

一九九五年と二〇一〇年のストを比べてみましょう。一九九五年のストの場合、特定の紛争空間が民衆的公共空間と一致する可能性がありました。突然、誰もが歩きはじめた瞬間に、その可能性は生起した。ストのせいで歩く人々が、そんな羽目に追い込んだ人々とともにデモに出向く、そんなことが起きたのです。そこでは特定の紛争からはじまって、政治空間の再組織化が起きている。それが具体的なかたちを取りはじめるのです。二〇一〇年秋のストが、ある瞬間を境に製油所問題へ収斂していった様子と比較してみるといい[*8]。二〇一〇年のストにはある戦略モデルが働いていることがわかります。敵に対して使える力を行使しているのですが、それが、万人の権

＊7　訳注――ランシエールによるアルチュセール批判については前掲『アルチュセールの教え』を参照。

＊8　訳注――このときも年金改革に反対するストが起き、そのなかで製油所が閉鎖されてガソリン価格が高騰した。

限の肯定にもとづいた行動形態と手を切ることに帰着する。ストをする者といわゆる利用者との連帯という形態とも手を切る。どんな状況でも、内部で分岐を発生させる指標が存在します。誰が運動を導くのか、運動の成果とはなにか、敵と取っ組みあうモデルとしてはどんなタイプが想定されているのか。闘争内部にオルタナティヴが存在するのです。それが提案され、結果に表現される。紛争がどれだけ拡大可能であるか、どれだけの人を動員可能であるか、をめぐるオルタナティヴです。

この運動はこれこれの理由でよいとか悪いとか、そんなことを直接言おうとしたことはありません。逆に、どうしてよくないのかを説明している連中に言い返してやろうとした。一九九五年には、ある知識人がスト参加者に大攻撃を仕掛けたことがありました。彼女はマルクスやハンナ・アーレントの名前を挙げて、この運動は昔ながらの特権にしがみつく労働者の復古的運動だと非難したんです。私は一部の左翼知識人の論拠をまるごと分解してやろうとした。ですが『ルモンド』紙は私のテキストを掲載しませんでしたね。くどいようですが、つねに状況や運動に内在するオルタナティヴを考えようとしているのです。

——あなたは自分が批判する著者たちの発話のポジションに注意を払っていますよね。自分の著作の受容史を振り返って、自分自身の仕事について同じ問いを考えてみるようなことはありますか。

まずちょっと話を戻して言っておきたいのですが、私は批判する相手のことを、自分の言説の効果に気を配っていないと非難したのではありません。原因と結果をあらかじめ決められたとおり演出してしゃべっている、と非難したんです。アルチュセールの場合には、「プロレタリアにそんなことを言ったら、かれらをだまし武装解除することになる」といった類の言い回しです。ブルデューの場合には「美学的中立性とは、自分たちを操っている諸決定に無知なプチブルを幻惑し、『偏った』趣味しかもたないプロレタリアに恥をかかせるためのトリックである」です。このように語ることにより、かれらは自分自身の言説の効果を決定づけている。効果の演出をしている。幻惑効果を生み出すと批判することにより、自分を明晰さを生産する側に置くんですね。私はこういう演出の外部にいるわけです。

　しかし、発話行為の様態がもつ効果、という別の問題は残るでしょう。たとえば、人の言ったことをオウム返しにする弟子を作ってしまう場合ですね。しかし、私のエクリチュールは、記述や対象と複雑に絡み合う方法論を取っている。よそに使い回せそうな主要概念や分析格子を引き出すことがとても難しいんです。私なりの考え方や書き方に結びついたなにかがあって、そのせいで私が書いたものを引用のネタ集なり転用可能な分析方法として利用することが難しくなっています。私の介入様態も、体系化は非常に難しい。ですから、「感覚的なものの分割」のような合言葉になりそうなものがとっかかりに使われるのです。「感覚的なものの分割」という言い方は、あちこち出回っています。どこもかしこもとは言いませんが、少なくともキュレーターの世界には出回っている。その効果をコントロールすることはなかなか難しいでしょう。一つの概念を抽出して、それですべてをカバーしようとしてもね。キュレーターの役に立つとか、かれらの害にならないかとかはとくに気にしていません。私の書いたものが広まる役には立ったでしょうけど。弟子や学派を作らないよう、私はつねに注意してきました。作ろうとしてもうまくいかなかったでしょう。うまくいく条件が揃っていないのだから。私が語りかけようとしたのはつねに「誰でもよい人」です。学生であったり、読者であったり、誰でもいい。読者に向かって語るといっても、決まった聴衆にということではけっしてない。教職を退いて以来、公の立場でしゃべるのはやめています。弟子の中核とかそういった人を集めるためにセミナーを続けるとかいうこともない。基本的に、私が話しかけるのは目の前に座っている人々であり、エクリチュールの様態、効果の演出が事前に定めてしまうやり方とは違うやり方で読んでくれそうな人々です。効果の完全なコントロールなど幻想である、と確信しています。そんな幻想はもてない。自分が語ることには、コントロールしたり検証したりできる効果もあるだろうけれど、どの道、コントロール不可能な効果が生まれてしまうと思っています。あるアーティストが私にＤＶＤを送ってくる。これがあなたの思想です、と書き添えてある。だとしても、このアーティストが私の思想を踏まえているかと気にやんだりはしないでしょう。人々に提供したものをもとに、人々が作りたいものを作る、そういう一面はあると言うだけです。まずはそういうこと。

　しかし、私にも目指すところはあります。さまざまな立場を脱構築し、いくつかのコンセンサスを妨害したいのです。そのために、比較的コントロール可能な効果を求める、ということはあります。たとえば、知性の平等という観念の浸透、出発点としての平等という観念、私の思想のなかのジャコト的な面と呼んでよいものすべてとそれが生みだす効果、そういったものはおおよそ検証できるわけです。その効果は活動家的政治の領域にも、理論的言説や芸術実践の領域にもかかわる。私がそうした領域で作りだしたかった効果は、人々に、そんなふうに考える必要はないと語ることです。先ほどは芸術領域でもった効果をちょっと自虐的に語ったように見えたかもしれませんが、それなりの数の人たちに、自分のやっていることをベンヤミンやデリダから借りてきたモデルに沿って必死に考えなくてよい、と理解してもらう役には立ったと思います。同様に政治領域でも、「民主主義」というシニフィアンは、ラディカルと言われる人たちのあいだで一般に理解されているのとは違った美点や語義がある、と理解してもらう助けになったでしょう。かれらのあいだでは、「民主主義」はブルジョワジーと資本の支配を隠すシステム、イデオロギー、言説にすぎないということになっていますから。

　批評的言説や支配の立場に対し一群の効果はもっている。私がそれを生じさせようとしたからでもあれば、私のエクリチュールの様態が別種の支配に転用されにくいからでもあるでしょう。人々が読んでいる、あるいは利用している本の種類からそれがわかります。『不和』しか読んでいない人はちょっと心配です。かれらが求めているのは応用できる政治理論だからです。『民衆の国への短い旅』[*9]や『プロレタリアの夜』を読むようになると、できのいい政治理論の探索から軸足が移りはじめる。なにかが進みだす。自分の著書でもっとも多く翻訳されているのが『無知な教師』であることを喜んでいるのは、こういう見方をしているからです。インチキくさくて時

＊9　訳注――Jacques Rancière, *Courts voyages au pays du peuple*, Seuil, 1990.（未邦訳、『民衆の国への短い旅』）

流に合わない本でしたから。フランスではみんな最初は、なぜこんな本を書いたのか、どんな意味があるのかと戸惑った。日本語、韓国語になったし、いまはアラビア語に翻訳中ですが、こんなに多くの言語に翻訳されているという事実は、私が望みうる効果が生まれていることの証拠でしょう。

無意識を位置づける

——支配の立場を拒否することが話題になったので、無意識というカテゴリーを取り上げましょう。あなたの作品にも取り上げられていないわけではない。このカテゴリーをタイトルに使った著作もあります。あなたが精神分析家を対象にしたカンファレンスで発表されたものです。しかし、簡単に言うとあなたはフロイトを斜めに読むことを提案している。あなたの興味は、フロイト主義の成立過程にもち込まれた芸術的素材にあるからです[*10]。しかしこれだけではあなたが精神分析をどう考えているかはわからない。無意識仮説と呼ばれることもあるものを、あなたは興味深いと思いますか。あるいは単純に言って、有効、検証済み、検証可能だと思いますか。いずれにしても、あなたの思想のさまざまな部分と精神分析の伝統のあいだには関係があってもおかしくない。とくに精神分析のラカン的展開とのあいだには。知へのかかわりを念頭に置いて言っています。ラカン派精神分析には、精神分析家の立場についての考察があります。この立場はあなたの用語を使えば「無知なまま教えること」の一形態であると考えることができるでしょう。事実、ラカンにとって分析家はなにも知らない存在です。分析主体によって「知っていると想定される」にすぎない。分析家と分析主体の関係はつまりある種の取引関係のようなものであり、それはおそらく、ジャコトが作る関係とさほど違わない。

精神分析、ラカン主義については、一九六〇年代の文脈のなかで多少知っています。アルチュセール-ラカン主義、構造主義といった文脈ですね。当時、精神分析は構造による決定を説く一理論でした。シニフィアンの展開による決定の理論。ですから当時は、無知な教師の理論ではまったくありませんでした。しかしそれ以上に全体として、人々はとどのつまり無知であり、無知であることを知らない、ということを唱える知に属していた。私が最初に知った精神分析は、イデオロギー理論と同位相の、誤認についての精神分析だったのです。第二の様相、それは私が

＊10 「おおもとをたどれば創始者の精神分析的物語に通ずるという意味では、（フロイトが）選んだ文学的、芸術的意匠に興味はない。興味があるのは、証明をする際にこれらの意匠がどう役に立ったのか、そしてこれらにもとづいて証明することを可能にしたのはなんだったのかだ。さて、かぎりなく一般的に言って、こうした意匠は次の点に役立っている。意味を持っていないように思えるもののなかにも意味がある。自明に見えるものにも謎がある。つまらない細部に見えるもののなかに思惟が詰まっている」（*L'Inconscient esthétique*, Paris, Galilée, 2001, pp. 10-11.〔『美学的無意識』堀潤之訳、『みすず』第五一六号、二〇〇四年五月、一五頁〕）。

つねに基体よりも現れに関心をもってきたということです。つまり、感覚的なものの風景を揺さぶるものに関心があったのです。その背後に控えているものにではなくてね。まなざしの変化をもたらすもののほうにであって、解釈されるべきものにではない。解釈ではなく移動に、たえず注意を払ってきました。つまり、私が注目してきたのは解釈されるべき織物としての夢ではなく、感覚経験の流れが中断される瞬間としての夢想であるということ。基体や夢や夢の明かすものではなく、夢が現れるということ、夢想にまず関心をもったかぎりにおいて、無意識より意識に関心をもったと言っていいでしょう。

　知覚可能なものと思考可能なものの領域で生じることに関心をもつというのは、ときに、そこに関心をもつ理由には関心をもたないことにする、という意味でもあります。もちろん、先ほども話したような物語——労働者の手紙のやりとり、田舎を散歩する話、仕事場の窓から見える景色の記述、労働者とブルジョワ思想家が証券取引所前で地獄の門よろしく出会いそこなう話——への私の関心のもちようには、自分でも気づいていない理由の束があるでしょうし、それは分析すべきことかもしれません。しかし、どういうわけかそれを分析しようという気にはならない。「分析を受けたらもう書けなくなるだろう」とリルケがその昔述べていましたが、そうした態度を若干受け継いでいる。自分にはわからない自分にかんすることがらについても、重要なことは、知覚のなか、思考のなかになにが生まれるかです。一人の労働者のささやかな語りや書き物、プラトン、文学のあいだに私が編成したちょっと奇妙な出会い、言い換えると、私が知らない私のなにかの効果によって私が作り出したささやかな機械は、自分のことを知るより面白そうに思えるのです。ある意味では非－知を認めているわけです。そして、非－知が知の効果として生みだすものを認めている。なにかを解明するという次元全体に対してよりはそちらのほうに私の関心はありました。明らかにするより生みだす、ということを念頭に、私はいつも思考してきた。分析をしてラカン派の分析家になった同世代の人たちと私を分かつ大きなポイントです。ここがひとつのポイントです。

　質問の別の側面は、私にとってはむろんもっと後になって現れた側面ですが、分析家のポジションには無知な教師のポジションと同じところがあるのでは？　ということですよね。はっきりしていますが、『無知な教師』を読んで評価してくれたのはまず、何人かの精神分析家や精神科医たちです。とにかくその手の世界に属している人たち。教員にはさっぱりだったという話はしましたよね。精神分析と似ているという感覚を、私は『無知な教師』を書きながらもったことはありません。理由はお話ししたとおり、ラカン主義は私にとってまず、人々が知らないことについての知の理論だったからです。無知とはほど遠い支配の形態として経験された。突きつめれば、これは世界の包括的解釈システムとしての精神分析と、分析セッションつまり個人と個人のあいだで演じられる精神分析経験との食い違いという問題にかかわってくるでしょう。その点については、分析家と分析主体のあいだで起きることは、ジャコトが支配の効果と知の効果の乖離について語ったことと関係があると言えます。だからある種の分析家は『無知な教師』に関心をもち、かつ『美学的無意識』には関心をもたなかった。『美学的無意識』は精神分析家のために書いたのですが、私の知り合いの精神分析家の誰ひとりとしてコメントをくれませんでした。これは私の視点からはどういうことか。分析行為のなかで起きていることと、分析理論が包括的解釈として自らを機能させる仕方とのあいだには乖離を認めるべきだ、ということです。

ある種の分析実践には「無知による教育」が非常に重要な次元として存在しているかもしれませんが、包括的解釈の言説として回帰してくるのは、私に言わせれば結局は解放の思想というより人を愚かにする理論の類です。個人としての精神分析家は無知な教師のように機能しうるでしょう。しかし社会の分析家のようになってしまえば、その時点で分析家は包括的知を所有する者になってしまう。無知について、人々が自分について想像していることについて、社会の現状等々について、知を所有する者。私は最近「四つの言説」が扱われているラカンの『セミネール』第一七巻を読み直しました。かなり驚くべきものがある。「四つの言説」の話は一九六九年にできあがっており、知は奴隷の側にあるという考え方をもとに展開され、最後は資本家の言説で完結しています。そこにはなにか非常に強力なものがある。そこで私はグーグルで「四つの言説」と打ち込んでみました。出てきた注釈は消費社会分析にリンクされています。ラカンの信じがたいテキストが非常に月並みな言説を育むのに使われているのがわかります。実際、多くの精神分析家が消費社会についてそうした言説を展開している。資本主義イコール民主主義、イコール消費、おしまい。

象徴秩序の平等な喪失

実際、こんな具合ですよ。精神分析との関係は二重です。驚くべき出会いのポイントがあるけれども、私はそれを個人的にはすっかり忘れていました。というのも、一九六九年以降はラカンのゼミに行かなくなったからです。『無知な教師』を書いたあとに『セミネール』のこの巻を読んだときには、このあたりに全部アンダーラインを引いていました。しかしそれにあらためて気がついたのは最近のこと。私がアリストテレス、奴隷、奴隷の知、奴隷は語るのか否かという問題について把握できたことを、一九六九年のラカンはすでにある仕方で把握していたと、今ではわかります。当時の私にはわかりませんでしたし、注意を払ってもいませんでした。問題にたどり着いたのはあくまで自分なりの道を経てのこと。当時の私がラカンのおかげで進歩したかどうかはわかりません。たぶんそんなことはないでしょう。私が一九六九年に探究していたのはそういうことではなかったので。同じところに到達するにもそれぞれなりの経路をたどらねばならないと思います。「彼は一九六九年にすべてを語ってしまっていたが、どうして自分は苦労したのだ?」と思いはしますが、自分で苦労したのでなければ、一九六九年に語られていたことが自分にとって意味をもつことはなかったでしょう。こういった類似性はとても強力なものです。精神分析家が社会の解釈者のような存在になってしまうと、かれらはこの類似性を、民主主義的個人主義の幻想をめぐる少々くたびれたポストマルクス主義と、パスカルふうの老賢者めいた見方とを合致させる言説に利用する。人は幻想から逃れられると信じるがゆえに幻想にとらわれ続けるとか言ってね。

――あなたは夢想に向かう「出現の探究」と、無意識に向かうであろう「基体の探究」とを対立させました。ということはつまり、無意識はあなたにとって、地下ないし深層に位置づけられるべきものではないのでしょう。地上ないし現象の層を制御するような層には。精神分析の伝統とは逆に、あなたは知覚可能なものに興味をもつ。それを引き起こすものにではない。しかし、無意識はつねにすでに知覚可能なもののなかにある、とみなす精神分析家や理論家はたくさんいます。無意識が活動し発見可能になるのは知覚されたものにおいてであって、経験されたものの裏側においてではない、と。言い間違いだって出現するものであることにかわりはない。われわれが知覚したものは横滑りすることがあり、この横滑りにこそあなたは興味を抱く。違いますか？　つまり、あなたが用いる無意識概念は二元論的な形而上学を含意しているようにも見える。

　そうかもしれません。突きつめれば、否定の接頭辞たる「無in」という語でなにをするか、という問題です。実際、私は無意識理論が層の理論の類にもとづかねばならないとは思いません。いずれにせよ、考えるべきは新しいものにかんしてです。つまり、知られていないもの／認識されていないものが、知覚可能なもの／認識可能なものを変容させるときになにが起こっているのか、という問題。そのとき注意を払っているのは、知覚可能なもの／思考可能なものの変容でしょうか。それとも、変容の操作そのものは最終的に自分のしていることを必ずしもわかっていない、ということでしょうか。ある意味、私が興味を抱くのはその点です。というのも、これは無意識の使用法をめぐるモラルの対立に直結するからです。人々がなにを行うかに興味をもつのか、それとも、人々は自分のしていることを知らないということに興味をもつのか。

プロレタリアの過去と現在

——あなたの著作を関連する他の問題系と突き合わせること。ここまではそれを精神分析の一面を用いてやってみたわけですが、今度は『プロレタリアの夜』に戻ってやってみましょう。読者の多くがこの本の中に、一九世紀以降の社会主義ないし階級闘争の歴史的状況を読み解く鍵を見つけようとしました。あなた自身は、たとえばどのように労働者の夜や余暇が組織化されたのかを考えるとか、そういったお仕事を継続されておられますか。あなたに影響されてその仕事を行っている研究者はいるのでしょうか。というのも、あなたの著作が現在孕んでいるリスクは、おそらくノスタルジーというリスクでしょう。「平等原理」とはなにかと問われて、あなたはしばしば、この一八三〇年代をめぐる仕事に依拠して答えています。一種の懐古趣味によって『プロレタリアの夜』を検証していることになりませんか。

いくつかの仕方でお答えできるでしょう。まずは、『プロレタリアの夜』はすでに文字になった作品だということです。当初は大きな歴史プロジェクトで、少なくともフランス共産党の誕生までを労働者思想の変化とともにたどっていくはずでした。しかし突然考えが変わって、歴史の一断面のシークエンスということになった。となれば、このシークエンスが「労働者であること」のあり方から生まれたものであるという点が重要になってきます。労働者の解放から生まれた、と言ってもいい。ということは「労働者であること」の伝統的な形態とは完全に違っている、ということでしょう。したがって、過去を標準的に扱うやり方とも異なっています。過去は現在を説明する、あるいは変化を推し量る物差しである、というような扱い方とは違う。『プロレタリアの夜』では、過去はある意味で過ぎ去らない。しかし、つねに現在だという意味ではありません。過去から現在には進まず、したがって現在を理解するために役立つ過去ではない。むしろ現在を揺さぶり、自明性を失わせるようなかたちで過去を用いています。

　私の問題は、現在を理解する手段を過去のなかに見いだせるかということではまったくなかった。むしろ、過去のある瞬間をもとに感覚世界を構成することが問題でした。その瞬間とは、歴史的因果性にかんする考え方ばかりか、解放の思想、社会変化の思想にもかかわるすべてを再審に付した瞬間です。基本的には、今それをやり直すことができるかと問うても意味はないでしょう。歴史的条件が異なっていますし、一八三〇年における独学問題を今同じやり方で扱うことはできません。さらに、社会に向かって自己主張することと知性の分割を侵犯することの関係も同じように機能するわけではない。思うに、私はその歴史的瞬間を宙に浮かせたんです。宙に浮かせることで、瞬間は感覚的なものと思想的なものの組成や階層化を解体する。同じことをやろうとしている人間が現にいるとは思いませんが、できると思った人たちはいるかもしれません。プレカリアートや認知労働者というのでしょうか、かれらを題材にそれを試みようという人たちはいるでしょう。とにかく問題は過去へのノスタルジーではなく、過去と現在の関係を変えることです。過ぎ去らない過去ということで言いたいのはそれです。現在のただなかに根本的な要求を突きつける過去です。感覚的なものの包括的変動を探る作業を、私は現在という地平で維持したいわけです。しかしそれがプレカリアートのあいだで同じように作用するかどうかを探っているわけではありません。

　これは、かつて述べようとしたことにもかかわってきます。『プロレタリアの夜』を書き終えたばかりのころ、さんざん言われたものです。プロレタリアじゃないだろう、君の言う労働者は職人であって真の労働者ではない。組織された労働者階級、工場、労働者大衆、労働組合はどうした、とね。さて、歴史は少しずつですが、工場モデルより私が語った職人世界のほうに近づいていることはご承知の通り。職人労働、家内労働、小規模生産、家族労働、児童労働といったタイプへの先祖返りが今日見られます。現代資本主義のただなかに、私がかつて語ったものに近い労働形態への回帰傾向が現れている。現代資本主義における時間の使い方もまた、かつての労働と失業の継起的交代に近づいています。あらゆる種類の時間と活動と労働条件が断続的になり、混じり合うようになっている。しかし、今申し上げたことがアクチュアルだと言い立てようとは思いません。たんに、われわれは今日フォーディズムを超えたのだからそんな過去は二度も乗り越えられた過去である、という考え方は採用しがたいと言いたいのです。もはや明白でしょうが、

「ポスト・フォーディズム」を強硬に主張することは、われわれが実はフォーディズム以降にいると同時にフォーディズム以前に戻ってもいるという事実を隠そうとしている。

まとめの話として申し上げると、『プロレタリアの夜』は二年前にヒンディー語に翻訳されました。それについて話すようデリーに招待もされました。昼間は工場で働いて夜に集まる人たちのグループがあるから一緒に議論してくれと頼まれてね。『プロレタリアの夜』に出てくる労働者作家たちにちょっと似たグループでした。メンバーの一人のおじさんがやっている新聞をもとに選文集を出しています。この日刊紙のモットーは「これをした日もあればあれをした日もあり、ほかはすべて普通」だそうです。労働と執筆の時間配分のなかで、普通か普通をはみ出るかを測る尺度として、執筆活動が利用されているわけです。『プロレタリアの夜』に呼応していますよね。『プロレタリアの夜』の翻訳を手がけ、かれらを私に引き合わせたアーティスト集団は、『ときどきストライキ』というビデオ・インスタレーションを制作しています。『パリ－デリー－ムンバイ』に出品されました。[*11] 時間の分割が作品の主題です。結びは私が出版したゴニの手紙の一節「私はもう時間を信じない[*12]」で締めくくられています。歴史的な信のベクトルとしての時間と、分割の担い手としての時間との関係が描かれている。ある意味、『プロレタリアの夜』もまた「ときどきストライキ」について語っていたわけです。現在のなかに過去がこんなふうに顔を出すことはたんなる見通しのようなものではありません。現実に動きはじめることもあるのです。それも第三世界においてだけではない。先進資本主義国においてもです。先進資本主義は労働の前資本主義的ないし原資本主義的形態をすべて統合している。

――『プロレタリアの夜』の主要人物は労働者世界や当時の職業のなかで例外的な人物ばかりだ、という問題も残っています。社会学者はあなたをこう非難します。あなたは自分が労働貴族の世界に属している事実や、自分の讃える例外的人物たちが当時の労働者世界を代表するとは言えないという事実を疑問視しない、と。こうした人物像を著作の主張を普遍化するために使う操作の是非も問われていない、とも。こういう批判をどう思いますか。あなたの哲学の中核をなす経験的基盤に異を唱えている、ということでしょうか。

その質問は複数のことを同時に問うています。まず、なにが語られているのか。たしかに私は数々の例外について語った。ですが「プロレタリア」「労働者」「労働運動」「解放」「労働者共和国」といった集団的シニフィアンが突如発生した際に起きたことを語ろうとすれば、どうしても例外について語らざるをえないのです。規範とは人々が持ち場にとどまり、それがそのまま続くという事態です。人類史を画するようなことはなんであれ、なにかが起きてみんながそれについ

＊11　訳注――芸術家集団とはラックス・メディア・コレクティヴ（Raqs Media Collective）のことで、『ときどきストライキ』（*Strikes at Time*）が出品された『パリ－デリー－ムンバイ』は、二〇一一年にポンピドゥー・センターで行われた企画展のこと。詳細は次を参照。http://mediation.centrepompidou.fr/education/ressources/ENS-PDB/index-en.html

＊12　訳注――*La nuit des prolétaires*, Paris, Fayard, 1981, p. 241.

て語りはじめる、という原理で動いている。私の仕事は、語る人々からはじまる。「労働者の発話」について語るのであれば、語る人々のことから語りはじめる。自明の理にも見えますね。しかし、ある種の学問的方法には対立しているのです。というのもそうした方法では、人々の語りについて語るのであれば、語ることのない者たちについて語るのがよろしかろう、とされているので。これは相変わらずの古いアリストテレス的原理です。すなわち、民主主義は議会に行かない者たちと実行すべし。なぜなら、かれらは少なくとも迷惑はかけないだろうから。歴史家たちはかれらの流儀でこの原理を使い回しています。本質的に語らしむるは語ることのない者たち、です。考慮すべき語りとは語ることのない人々の語りである。これが政治的リーダーと歴史家と社会学者に共通する戦略です。私の出発点はといえば、なにかが起きたとすれば、例外的に起きたのであるから、例外にかかわるべし、です。そして、発話について語るときには、語る人々について語ることになる。それはまた、発話が発話として行われたということであり、そのときにはたんに存在のあり方が表現されたのではなく、特殊な生産が行われた、ということです。「私の」労働者は文学作品を作る。よいものも、だめなものもあったでしょう。あるいは哲学をする。深遠なものも皮相なものもあったでしょう。そんなことは問題ではない。大切なのは、それが他の言語創造と同じ言語創造であるかどうかです。かれらは例外により、侵入により語るのです。

　だからこの突然の侵入の条件について語らねばならない。特別なものとして把握しうる経験を通じて侵入が生起するさまを語らねばならない。もちろんそれは、語られたものはどこかでひそかに起きていることの表現でしかない、と整理する図式のいくつかに違反しているでしょう。と同時に、みごとな解釈に出会うでしょう。「ああ、そうですか。でもそれは普通の労働者ではなく労働貴族です」。しかしこれでは相当おかしな考え方を押しつけていることになる。職業がこれこれしかじかだということはその人の能力はこれくらいのレベルだ、と考えねばならないことになる。要はこう言っているわけです。この運動は仕立屋の運動であり、仕立屋は労働貴族である。あるいは、いやちがう、仕立屋はつまらん連中で、なんの能力もない連中がやる仕事だ、と言うかもしれません。仕事の複雑さと報酬と文化的蓄積は連動すると思っているわけです。馬鹿げてますよね。古代の奴隷が主人より物知りであることは少なくなかったということを思い出すべきでしょう。知識や能力のレベルの高さは、高い社会的身分の印にはならない、ということを。

　私が実際にやったことに話を戻しましょう。出発点はなんらかの動揺を表現している語りであり、自分の生きる世界として課せられた感覚世界から抜け出した人たちです。「労働者」という語が規定するのはある種の象徴的な主体的立場であって、たんに社会的条件だけではないとすれば、切断の操作を経由しなければ「労働者」という語になりません。切断の操作によって、「プロレタリア」というシニフィアンはたんなる貧乏人を意味するのではなく、社会を構造化する象徴秩序のなかの位置を示すことになる。この種の操作こそ、私にとって、さまざまな可能世界の関係にかかわるものとして出来事を考える基盤となりました。

　労働者像に区分を設けたのはたしかですが、それは同時に政治を存在させる区分でもあったと思います。政治的主体の性格を規定するとみなされる諸条件は、実際には一本の分割線によって二分されています。芸術《アート》についても同様のことを主張しました。リベラルアーツと職能的技術のある種の区分がもはや成立しなくなる瞬間、芸術と非芸術を区別できなくなる瞬間とも言えますが、それがなければわれわれは芸術なるものを有さない。そこでは、もはや芸術に属すものと属さないものとが区別できません。私はそうした一連の操作を、動揺、新しいシニフィアン、経験の新しい配置図といったものを生みだす例外の働きに帰した。

どんな社会にかんしても階層を考えることができるし、統計を取ることはできる。しかし、社会という観念そのものを構築されたシニフィアンだとみなせば、発話によって「社会」「社会的なもの」「社会主義」といったシニフィアンを構築する人間たちに関心を向けることになる。私にとってはそこに関心を向けることが基本であり、考えるという操作でした。そのために、互いに完全に異質だとみなされる言説の諸形態や諸段階を体系的に突き合わせることが必要でした。一方に経験、他方に理論があるわけではありません。あるのは経験の知覚様式です。経験と経験のなかに切断をもたらすものとを知的に理解する形式は、この知覚様式をもとに作られる。くどいようですが、作られるのは思考様式、エクリチュールの様式です。そしてその様式にかんして思考が変わるとはつねに、思考可能なものが変わるという意味です。私が描いた諸経験のレベルで起きていることは、ある意味、私のエクリチュールのレベルでも起きているわけです。政治とはなにかを述べるところから出発するのではありません。シニフィアンの構造の世界に潜って、なにがしかの分割線が発生するのを見届けようと試みるのです。政治の輪郭が浮き上がってくるのはそのあとの話です。

平等／不平等

——あなたは繰り返し、あなたが「知性の平等*13」と呼ぶものにもとづいてのみ不平等は「思考可能」である、と主張しています。実際、不平等の体験と認識は直接それを経験した者たちでも学問的にそれを告発する者たちでも同じである、という点をあなたはうまく示しておられる。すでに知っていることを説明しても政治的利点はない、という点もそうでしょう。しかし、不平等は「知性の平等」にもとづいてのみ「可能」になるとも述べていますよね。この最後の一節は理解が難しいように思えるのですが。

「不平等は平等にもとづいてのみ可能になる」という定式はたしかにあいまいです。そう言ったかもしれないし、非常に言いそうなことではある。事実、不平等は平等によってのみ作用します。だからといって、平等が不平等を根拠づけると言いたいわけではないんです。不平等は根拠など

*13 「知性の平等は人類共通の絆であり、人間社会が存在するうえでの必要十分条件である［…］。人間が平等であるかどうかはわからない、というのは確かだ。おそらく平等だろうと言っておこう。それはわれわれの見解であり、そう信じる者たちとともにそれを確かめようとしている。しかしわれわれは知っているのだ。このおそらくということが、人間社会を可能にするものでさえあることを」（*Le Maître ignorant. Cinq leçons sur l'émancipation intellectuelle*, Paris, 10/18, 2004, p. 124〔前掲『無知な教師』一一〇頁〕）。

おかまいなしに自分で自分を正当化する力を十分もっていますよ。そして支配を生みだすのは平等ではない。周知の論理は、平等は専制に通じると言うわけですが。かの名高い懸案！　定式が言わんとするのはそんなことではなく、不平等が働くには平等な関係がどうしても必要だ、ということです。人々は要求されたことを行わねばならない。そのためにはなにを要求されているのか理解していなければならない。そしてそれを引き受けることで得る利益を理解していなければならない。不平等に扱われる者たちの服従だけではうまくいかないでしょう。かれらの協力があってはじめて不平等は働く。私にとっては、この点が知的解放、平等の解放という問題設定の中心にありました。どんな状況にも平等と不平等の分節がありますが、それに揺さぶりをかけることができる瞬間も存在する。平等に肩入れしてね。たしかにこの定式は訂正したほうがいい。不平等を根拠づけるのは平等ではなく、不平等は単独では働きえない、と。

――にもかかわらず平等は、歴史のなかで変わっていく不平等をもとに定義される。あなたも先ほど、今日と一八三〇年とでは独学の争点は同じではないとおっしゃった。そのように述べることで暗黙のうちに、肉体労働と頭脳労働の区分という問題はおそらくかつてと同じ重要性をもたないと認めておられるのではないでしょうか。不平等を構成する材料そのものが時代ごとに異なる、と。だとすれば、平等の問題は不平等のもつ歴史性をもとに提起されることになる。すべてに先立つ平等を仮定するときでさえ、この点を完全に無視することはできないでしょう。結局、平等の大義と不平等の研究はどう結びついているのでしょうか。

当然のことですが、不平等とその歴史的変容形態の研究に反対する気はまったくありません。しかし不平等の諸形態の歴史性において本質的な点は、そうした諸形態は多かれ少なかれ平等のシーンの構築に寄与するという点です。私にとってはそこが根本。平等の自己主張的性格と、平等を確かめようとするシーンの構築ですね。そこが、まずは歴史的に個々別々の不平等の形態を研究すべし、つまりシステムの論理を理解すべし、そうすればそれぞれに見合った戦略を練り上げていくことができる、と主張する人たちとの決定的分岐点です。平等という構図の構築は既存の不平等の諸形態がもたらすものに依存している、これは間違いなく正しい。平等の大義にとってまことに痛々しい現在の状況をもたらしたのは、みんなが幸福でありかつ消費財に囲まれているために反抗の動機もエネルギーもない、ということではありません。そう主張する論者もいるようですが。今日問題なのは、平等と不平等がどこで出会うかということです。かつて強力な出会いがあったのは労働の場の周辺であり、そこで組織可能な力関係をめぐってでした。教育システムにおいても、時と場合によっては強力な出会いがあったかもしれません。ところが今日では周知のとおり、支配の場が爆発的に広がったことで、この出会いのシーンは次第に強度を減じている。

ある意味で、支配階級が行う階級闘争は、すべての出会いの場を体系的に荒廃させようとする闘争なのです。社会が存在しない国で企業が社会の役を代替する、といった状況がありますね。大量の政治的、国家的、行政的決定がＥＵ制度のような、場所とも言えぬ場所――大国や大企業が出会う審級もそこに含めてよいでしょう――で行われる、といった状況も。こういったことが最終的には出会いの場所を消滅させるのです。出会いの場というのは、人々がたんに物理的に出会うだけでなく、そこで能力が測られる場所です。占拠を併発するようなストライキや労働争議でなにが起きていたのでしょうか。それはたんにひとつの場における力関係ではなかった。能力どうしの対立でもあった。資本の知性と労働の知性が衝突しえた場所が荒廃してしまっては、能力の出会いや知性の出会いはもはや存在する余地がない。これは明らかです。公共サービスのシステムや社会団体が解体されているところならどこでも問題になっていることです。これらの領域では、公共サービスの民営化、共済組合の国有化などが諸力の衝突範囲をどんどん狭めている。

その結果、三つのタイプの争いが加速されています。第一にＲＥＳＦ（国境なき教育ネットワーク）が取り組んでいるような、争点を完全に限定した争い。ＲＥＳＦは学校問題で非正規滞在者《サン・パピエ》の保護にあたっています。第二はシアトルやジェノヴァ[*14]のような象徴的デモンストレーションの諸様式です。公的世界と対抗世界をたとえば一週間だけ対決させるような争い。第三に、場所を占拠する闘争の今日的形態があります。そこは民衆の力と国家の力がたまさか出会う場であり、民衆の知性と勇気が表現されうる場でもある。とにかく、不平等の配分状況によって争いと同時に平等の力の自己肯定が生まれる、そんな場を考察する必要があるのです。不平等のなかにも差異が広がることで、平等の力がそのものとして自己主張される度合いが減る傾向にあります。

――それは別の質問へとつながりますね。フーコーに影響された潮流のように、いたるところに権力的なもの、権力諸形態の爆発を見いだそうとする思想に対し、あなたは何度も不快感を表してこられました。タイプはさまざまでありうるでしょうが、一九七〇年代によく見られた権力の形而上学と距離を取っているせいで、あなたの仕事は今日、力関係を扱わないか過小評価していると責められているのではないでしょうか。単純化して言うと、「誰もがもつ力」というあなたの公準はいかなる場所や時間にも内在する力を語っており、力関係と衝突しないと言いうるかもしれない。あなたの著作における平等の自己主張は、場所と主体を再編するつねにすでに自律的な力能のようなものであるかもしれない。その力能に先立つ力関係から独立しているわけです。

『不和』で私が言ったのは、「ポリス」がなんらかのかたちで政治に場所と対象を与えるということです。ポリスの秩序の編成が、政治において可能なものを規定する。ポリスの秩序とはまず、政治とポリスの出会いをシステマティックに妨げようとする秩序です。それにはいくつものやり方があり、その一つが群衆に発砲することであり、別のやり方は、公共の場なるものをそこでのみ集団的力能が可視化されてよい場所にすることです。

＊14　訳注――一九九九年シアトルでのＷＴＯ（世界貿易機関）閣僚会議、および二〇〇一年のジェノバでのＧ８サミットに対し、反グローバリゼーションを掲げた抗議活動が行われたことを指す。シアトルでは総会の会議場を変更せざるをえなくなり、ジェノバではデモ隊と警官隊の衝突により死者が出た。

〈共〉の動的編成《アレンジメント》

——すでに触れたように、平等を公準化するとは「誰もがもつ力」を肯定することです。そうすることで、あなたは権限や能力を段階的、相対的にではなく、絶対的な仕方で捉えておられる。われわれにはこういう考え方は、これもやはり一九七〇年代以来展開されてきた解放についての別の捉え方とはっきり区別されるように思えます。この別の捉え方を展開してきたのはスピノザ主義的と評してよいような潮流です。そこでは「権能 competence」の概念が別様に組み立てられる。その枠組みのなかでは、解放問題は全員ないし各人の絶対的権能を承認するところにはなく、権能はむしろ差異化され種別化されています。すると政治思想の焦点が、これらさまざまな天分の組み合わせ、働きかける能力の動的編成《アレンジメント》、この動的編成《アレンジメント》の諸形態を構想することに帰着します。差異化された諸力の動的編成《アレンジメント》として、建築法の〈共〉を考えてやらねばならないのです。この種のやり方に対し、あなたはどのような立場をとりますか。権能を絶対的なかたちで捉えることで、あなたは力の増大を考えることを自らに禁じておられませんか。原則的平等を口実に、あなたは個人的かつ集団的な問題を各人の可能性の拡大から切り離してしまっていませんか。

「誰もがもつ力」という考え方からいきましょう。それは誰もが「なにをしてもよい／なんでもできる」権限／能力をもつ、という意味ではありません。誰もが端的に全般的に有能であるということでもない。誰もがもつ力とは、相互に密接に結びついているけれども異なった二つの考え方をカバーしています。第一の考え方は政治の諸条件という考え方です。たんに権力があるのではなく、政治が存在しているためには、統治する権能は種別性のない権能でなければならず、特定の主体に属す権能であってはいけない、と考える。このような意味で政治が存在するのは、権力が誰のものでもあるときです。第二の考え方が知性の平等で、私がジャコトから引き継いだのはそれ。これは全員がすべてにおいて同じように有能であるという意味ではない。全員にとって同じである一つの知性が投入される形態にはさまざまな配分が存在する、という意味です。さまざまな知性の平等を検証できそうな状況に出会ったり、それを作ったりすることはいつでも可能です。

　私にとって大事なのは、権能を古典的やり方で定義しないことです。権能という観念のなかには、権能は無（権）能の裏面だという考え方が結局は宿っている。われわれに権能があるなら、それはつまり他人にはないということです。手短に言えばそうであり、とりわけ政治的権能についてはそうでしょう。われらの統治者が考えているように、政治的権能とは大部分の人間には統治する権限／能力がないという意味です。あなたには実際的なことがらにあたるすばらしい能力がある、と言われたら、それはあなたは理論的なこと、政治的なことにまったく無能だという意味です。だからそんなことにはかかわるな、と言われているのです。私はこの関係をずらした。権能はつねに二重だと強調してね。それは巧みさ、ノウハウ、特殊な能力といったものであり、かつ同時に、有能と無能の関係の前提となる権限である、と。ここが基本です。実践で力を発揮しているどんな能力の背後にも、前提がある。なに／誰が有能でなに／誰が無能かを選択することです。

差異化された権能の動的編成《アレンジメント》という考え方にはまったく異論はありません。しかし、そうした権能が結合することで〈共〉のシーンが成立する、という考え方には大いに異論がある。ここで私の念頭にあるのは、「特定領域の知識人」という、ドゥルーズとフーコーが一九七二年のインタビューで定式化していたテーゼです。これまでに何度か話に出てきましたよね。とてもフーコーらしい考え方ですが、理論的根拠はむしろドゥルーズのものでしょう。フーコーは階級、労働者、人民などと定義される古い政治的主体に、種別的権能が取って代わるだろう考えていた。刑務所問題には法律家、医師、囚人、看守、ソーシャルワーカーなどがそれぞれ自分の知識をもち寄って集まる、と。知の分割というテーマについて積み上げられてきたことすべてを思い出してもいいでしょう。どれも大いに結構なことですが、それが政治のシーンを決めることはけっしてなかった。「特定領域の知識人」による新しい政治という理念に将来はなかったんです。なんだかんだ言っても、フーコーが語りかけていた「特定領域の知識人」たちは、結局ＣＦＤＴ（フランス民主労働総同盟）御用達知識人のようになってしまった。それが一九九五年に見られた事態を招いたのです。かれらが他の者たちより馬鹿だったとか、たちが悪かったとかいうことではありません。ですが「特定領域の」と言われる知識人たちは状況のある時点で、政治的知性とは政府の知性であるかスト参加者の知性であるかだ、と決断したんです。

〈共〉の政治的シーンの構成にはさまざまに異なる権能が作用している、というのはまったくその通り。ただ、このシーンが権能の組織的結合によって構成されるとは私は思わない。政治運動と社会運動の大部分はつねに、医者であったり法律家であったり教師であったりソーシャルワーカーであったりする人々によって行われてきました。程度の差はあれ具体的な状況に直面したかれらが、自らの知識を具体的な動機へと変換して投入することで運動は行われきた。しかし、この結合がそれ自体で〈共〉の新しいシーンを規定することはなかったのです。

――「特定領域の知識人」の台頭という言説を考えていたのではなくてですね、どちらかというとドゥルーズ＝ガタリの「言表行為の集団的動的編成《アレンジメント》」を念頭に置いていました。解放を目指す政治実践が現実的審級になる場として〈共〉と集団の形態を考える、一九七〇年代以降のフランスにおける批判的思想のこともまた念頭にありました。そうした考えは歴史的にはおそらく、次のような思想と関連づけられるでしょう。つまり、集団を作るのはなによりまず、動的編成《アレンジメント》へ投げ込まれる前にはできなかったことを個人が達成できるようにするためである、という思想です。一人でできる以上のこと、家族、運動体、職場といった、押しつけられ受け継がれた帰属集団のなかでできる以上のことをできるようにするためである、と。あなたの議論は、もって生まれた権能をもとに組み立てられている印象があります。解放や政治を定義するうえでは、欲望を実現したり性向に忠実であったりする可能性は結局のところ二次的要因にすぎない、と言っているように聞こえる。逆説的ですね。

いえ、能力の増大を言表行為の集団的動的編成《アレンジメント》という観点で考えることはできるでしょう。しかし根本的なところで、私には言表行為の集団的動的編成《アレンジメント》とはなんのことかわからない。過去の労働運動、政治運動、革命運動には一連の形態があり、それらを言表行為の特殊な動的編成《アレンジメント》群として考察することは可能でしょう。活動家の実践とは知や権能の増大だけでなく、欲望に類するものの増加を生みだす実践である――これは言わば常識でしょう。ある意味、私はつねにそれを違うふうに言っていただけだと言えるかもしれません。大規模な解放運動は今ここにおける権能増大の運動である、と。別の未来を準備する運動であるのと同程度かそれ以上にね。ある意味、それが『プロレタリアの夜』です。そこに出てくるのは、それまでできなかったことを自分でできるようにする人々です。可能なものの壁に穴を開ける人々。さまざまな仕方でグループを形成することでかれらは権能を増大させ、より強烈に生きるようになったのです。あらゆる面でより豊かにも。新しいタイプの活動家や知識人を考える必要はないかもしれませんね。それが、平等や解放を目指す運動のすべてにおける基本でしょう。

　平等を目指す運動は、平等の実現に四六時中没頭する人間たちが行った運動というわけではない、とは理解されている。それは別の人生を送る欲望を共有する人々の運動なのです。ひどく古風な言い方をすればですが。私はつねに、平等とはひとつの力学であり、目的ではないと言ってきた。人々は平等を実現するために集まるわけではなく、集まることである種の平等を実現するのです。

――しかし動的編成《アレンジメント》――一九世紀社会主義の語彙に戻って結社と言ってもいいですが――について語ることは、一九六〇年代から七〇年代にかけてマルクス主義者や自由絶対主義者の世界で「組織化問題」と呼ばれていたものを考察の中心に据えることでもあります。言い換えれば、能力の増大を可能にする集団的機構の諸規則をどう作るか。あなたは、〈共〉のシーンが存在すれば解放は生起する、とおっしゃる。そして、根本的には共同の生の諸規則を考える必要はないともおっしゃる。共同の生の諸規則の歴史、ないし共通性の歴史はあなたの言う「感覚的なものの分割」のきわめて多様なあり方を考えるための別のアーカイヴを提供してくれます。共同の生の諸規則を考える必要がないとすると、今日ではドゥルーズやとくにフーコーを参照しつつ、自己に対する働きかけ、自己への関係、「自己の技法」等々と述べられていることとも摩擦を生じるのではないでしょうか。あなたは「平等の方法」を教育的関係においても機能させうる集団的方法として語ったわけですが、この「平等の方法」は自己にかかわるある種のやり方と考えてやることもできませんか。自分自身の欲望にかかわり、他人が自分の能力について抱く思念にかかわるやり方、と。「平等の方法」には個人的で主体的な契機があるのではないでしょうか。

生の諸規則については、私は言ってみれば、ゴニの「共住修道士《セノビット》家政学」を出発点にしています。自分で予算を計算して生活規則を作り上げる、解放された労働者です。[*15]「修道士」予算の各項目はそれが生み出しうる自由の増大量をもとに考えられています。ゴニが言うに、アイロンのために金を使う必要はない、なぜならアイロンなどかかっていないほうが結局は自由な人間にふさわしいから。アイロンのかかっていないシャツが拒絶や反逆を示しているのです。反逆者にア

＊15　訳注 —— *La nuit des prolétaires*, p. 94ff などを参照。

イロンのかかったシャツは要らない、反逆者には靴のほうが大切、なぜなら反逆する労働者はずいぶん歩き回らねばならないから。彼はいくら金を使えばどれだけの自由が手に入るか、と考えて万事を計算します。ここにはなにか根本的なものがあるでしょう。払える金をたくさんもっていない人間が予算問題を立てるとき、つねにそれが若干見いだされる。前に言及したインド人労働者のプライベートな日誌のなかには、なににいくら使ったかが述べられています。それは彼がなにを重視しているかも語っている。それこそ、生活規則を構成する重要な要素の一つでしょう。アナキスト労働運動がどこで自然主義運動や体操推進運動と結びつきえたかがわかります。思うに、自己に働きかける作業の伝統が存在していて、それは解放の作業に統合されていた。私はその集団的側面をすべて照らし出そうとしたわけです。

　ある意味では、私の仕事の弱点は個人の主体化を犠牲にして集団の主体化を考えたことではなく、むしろその逆でしょう。解放を考えるときに、自己変容の諸形態から出発したことですね。アーカイヴについて研究するなかで、私はそうした諸形態に行き当たった。しかし、自己に対する働きかけは平等の歩みにおいて基本となるものです。とはいえ、自己に対する働きかけとはなんなのか。私は自己への配慮をめぐるさまざまなテーマのどれにも熱心にはなれません。そうしたことにはあまり興味がないんです。むしろどんな団体、態度、日常が構築されるかに関心がある。

——解放の条件あるいは政治の基本要素としての「自己への配慮」というテーマ設定が気に入らな

いのはなぜでしょう。個人主義のにおいがするからでしょうか。

「気に入らない」というのは言い過ぎかも。たしかに反省的なところは気に入りませんが。「自己への配慮」は、自己を見つめる自己を構築する、という意味でしょうから。先ほど触れたインド人のテキストでは、「誰」という問題から「どこ」という問題に移らねばならないと論じられています。重要なのは、いる場所を構築することであって、誰であるかを構築することではない。私の昔からのサルトル的土台なのでしょうが、個人的にはいつも、人間とはその人が行うことの謂いであると思っています。人間はなすことを自らに与えるのであって、採用したい自己のタイプを定義するのではないのです。

脱アイデンティティと主体化

——『プロレタリアの夜』以来、たしかにあなたは「脱アイデンティティ」を政治の根本基準として強調しています。しかし、政治的主体化の条件としての脱アイデンティティという要請と、これもあなたの著作に出てくる〈共〉の「象徴化」という要請とのあいだに矛盾が起きる恐れはないでしょうか。後者の要請は、政治の場が存在するためには、それぞれ異質なものとして経験され思考されうる局所的状況を互いに等価なものにする空間を構成する必要がある、という話でした[*16]。あなたは不可能な象徴化を嘆いている、という印象をたびたび受けます。ある意味、一九七〇年代までは存在していた強固な集団的象徴化が今はもう存在しない、とほのめかす嘆きの仲間入りをしているわけです。あなたが本当にこの嘆きに与《くみ》しているのかどうかはたしかに重要な問題ですが、もっとも興味深いポイントは依然として、「脱アイデンティティ」の要請と象徴化の要請とのあいだにある緊張です。どちらの要請も、政治的なものの条件についてのあなたの思想に散見されます。そこには、あなたの仕事における二重の運動のようなものがあるわけです。

まず申し上げますが、二つの観点は対立し合うものではありません。政治的主体化とは構成されたアイデンティティにたいする象徴的操作です。ですからこれもまた象徴化の一形態。象徴化はある種の社会的一貫性をもとに構築され、その一貫性に対し内部から働きかけます。労働運動やプロレタリア運動と呼ばれるものを考えれば、一つの名前で二つのものを指していることがわかるでしょう。第一に、一つの同じ生活条件に属している一群の人々の存在であり、その条件は集団的秩序の象徴化を通じて把握されています。第二に脱アイデンティティ。これは象徴化の意味そのものを変えてしまいます。象徴化をもはや集団的アイデンティティを指し示すものとはしないわけです。新しい〈共〉をつくる集団的能力が象徴化である、という意味にする。そこにはつねに、客観的矛盾のようなものがありました。アイデンティティがなければ脱アイデンティティはありませんし、生活共同体を基盤に分有されたいくつかの共通の特徴を象徴化できなければ、象徴化の移行もありません。一つの生活共同体を基盤にして、「ともにあること」を再象徴化する可能性があるのです。生活共同体とは、人々が同じ一つの生活条件、感覚世界、時間と空間、発話世界を分有している、という意味です。

闘う主体の出現と変革すべき生活共同体のあり方とのあいだにはつねに緊張関係があったことは明白です。生活共同体は変革の対象であると同時に、共同性を作ることを可能にする要素でもあるからです。生活共同体があるから、人々は集まって「もうたくさんだ」と言い、街頭や工場を占拠することができるし、自らを物質的な集団的力能として押し出すことができる。主体化とは私にとって、共同体とそのアイデンティティを分離する象徴的操作です。さらに共同体は、分割されるためには実在していなければならない。この点を今日見られる、主体を考察する二つのやり方と比較してみてもよいでしょう。まず、象徴化にほとんど価値を与えないやり方があります。このやり方において象徴化に価値がないのは、主体的共同体がプロセスそのものによって与えられるとみなしているから。これは私に言わせれば生気論的ヴィジョンで、トニ・ネグリに代表されます。次に、それとは逆に、象徴化を名前、つまるところ観念がもっている「呼び出す

＊16　「わたしは『労働運動』と呼ばれているものがまずなにより主体化の運動、象徴化の作業であったと主張した。そうであるためには、程度の差はあれ閉鎖的に規定されているある社会グループに属している人々が、社会の象徴的分割という問題に口を出せる状態になくてはならない」（« Xénophobie et politique » (2000), entretien réalisé par Y. Sintomer, repris dans *Et tant pis pour les gens fatigués*, *op. cit.*, p. 201〔未邦訳、「外国人嫌悪と政治」『疲れた人々にはお気の毒さま』所収〕）。

力」として考えるやり方があります。かつてアラン・バディウが「労働者」という名前の再評価を強く奨めたとき、[*17]あるいは今日「共産主義者」という名前が再評価されるときに想定されているのはこの力です。最後に、共同体を分割ではなく組成として考えるやり方があります。エルネスト・ラクラウとシャンタル・ムフが受け継いだヘゲモニーという考え方ですね。[*18]これらは集団と名前のあいだの緊張関係にどう対処するかをめぐる三つのやり方でしょう。しかしいずれにせよ主体化は、状況に対し共通の関係をもっている人々の集まりを基礎に生じるものです。それは権力と働く手段を奪われたチュニジア人たちかもしれず、搾取システムにとらわれた労働者かもしれない。土地強奪システムにとらわれた農民かもしれないし、他のどんな人々でもかまいません。

政治と制度

――あなたが『不和』で政治を「分け前なき者の分け前の制度」と定義されていたことを思い出します。政治の領域は美学問題に比べると、あなたが最終的により伝統的な仕方で哲学をやった領域ですよね。なぜ伝統的かというと、本質を定義するという原理をあなたが受け入れているからです。政治思想の多くを作ってきたのはこの原理でしょう。なぜこのゲームをプレイする気になったのでしょう。あなたの思想からすれば、政治問題を語る別のやり方を発明するのが当然ではないでしょうか。第二の問題は「制度」という語にかかわります。あなたは「分け前なき者の分け前の制度」としての政治、とおっしゃる。「分け前なき者の分け前」については多くの問いがあなたに向けられてきましたが、「制度」についてはそうでもない。制度なき政治を考えることは可能でしょうか。どうしても制度を考えねばならないとしたら、もう少し定義があってしかるべきではないでしょうか。固有の制度思想がないのではないでしょうか。制度思想ということでは、さまざまな制度分析やいくつかの社会、政治理論が思い浮かびますが。それがあれば、あなたの仕事に新展開をもたらすかもしれない。もっと広く言うと、制度なき解放を考えることはできるのか。あるいは解放の制度とはなにか。

まず一つ申し上げておきますが、『不和』のどこにもないですよ、政治は分け前なき者の分け前の制度である、なんてね。しかじかの制度があるところに政治はある、とは言ってますが。大事な点です。政治の定義はないんです。「政治が存在するとき」とか「政治が存在すると言えるようなところ」という語りがあるだけ。くどいようですが、『不和』は政治哲学批判として書か

*17 訳注――バディウの「労働者という名前」についてはいくつかの著書で言及があるが、日本語で読めるものとしては『サルコジとは誰か?――移民国家フランスの臨界』(榊原達哉訳、水声社、二〇〇九年。原著二〇〇七年)を参照。

*18 訳注――ラクラウとムフの「ヘゲモニー」に関しては以下を参照。エルネスト・ラクラウ/シャンタル・ムフ『民主主義の革命――ヘゲモニーとポスト・マルクス主義』西永亮・千葉眞訳、ちくま学芸文庫、二〇一二年(原著一九八五年)。

れています。正確に言えばつまり、人間、共同体、人間的紐帯等々の定義をもとに政治を定義することを批判している。『不和』は理論的とみなされる書物の要件を最大限満たした本でしょうが、それでも、「〜とはなにか」という問いは、その「〜」が実在すると言える条件はどのようなものかという問いに送り返されている。その「〜」が『不和』では政治であるわけです。肝要な点は、それらの条件が分割の条件だということです。『不和』が言っているのは、政治の本質として与えられたものを分割することによってのみ政治は存在する、ということです。アリストテレスは人間の言語能力にもとづいて政治を定義した。ならばこの能力を分割し、この定義そのものに亀裂や分割を生起させることでのみ、政治を見いだすことができるだろう。同様にプラトンから出発すると、残りのもの、リストの最終項、統治資格のないものについて考えるその瞬間にのみ、政治が存在するとわかるだろう。

　重要でありかつ私が先ほど言ったことにも関連するのですが、政治にかんして私は『不和』でずっとこう述べていたようなものです。政治哲学とは違う語り口で政治を語ろうとすれば、言い換えれば、政治の特性にもとづいて政治を端的に定義するのとは違う語り口で語ろうとすれば、私の見たところ、政治についてはこう言える。『不和』が語っているのは、政治を存在させる特性など存在しないということです。政治を存在させるとみなされる特性を分割することで、政治は存在する。私が政治の定義を望む者たちのゲームに言わば復帰したのは、なにかしら根本的な事態なのでしょうが、私はこのゲームに、ゲームを混乱させることで加わっています。私が言っているのはこういうことだからです。みなさんが政治と呼んでいるものは矛盾に陥るしかない、みなさんが政治の回帰だと騒いでいるものは実はその抹殺にほかならない。したがって、政治に固有なものについてのみなさんの定義は自分のしっぽにかみついているようなもの。だから私は、人間集団と人間の統治機構の規範的形態として存在しているものを混乱させる、というやり方で政治を考えざるをえない。これが私の政治の定義に本質的な特徴ですね。ただし定義されているのは、二つの論理のあいだの緊張関係なのです。これが第一のポイントです。

第二のポイントは、「分け前なき者の分け前」の制度を問題にするのであれば、「制度」とは明らかに、その「分け前」の宣言やデモが出現すること、またそれらの形式を指しているはずだという点です。それが制度であるのは、「私は宣言する」〔という発話〕、「私はデモをする」〔という行為〕を制度とみなすかぎりにおいてです。公共空間になにかが出現し、その出現によって特殊な公共空間が構築されるという意味における制度です。これはつまり、そこでは制度の制度化という問題が提起されているということでもある。それに対するありとあらゆる反論も、ひっきりなしに現れています。自然発生性だけがあるのではなかろう、組織も必要だろう、とね。まったくその通りだけれども言ってどうなる、というようなことが言われるわけです。しつこいようですが、組織というのはいつでもどこにでもある。得意げに触れ回るほどの話ではありません。唯一の問題は、なにを組織するのか、ということ。なぜそれなのか。それだとすれば、どうやってか。『不和』で述べたことを単純化すると、政治の諸制度があるはずだとすれば、それらは政治がもっている種別的性格、固有にアナーキーな性格を備えた制度であるべきだ、ということです。自然的で社会的な権威の諸形態から政府の諸形態を導くのとは真逆のことを言ったわけです。たしかに、政治は自分なりの制度を備えねばならないと言っていい。政党、学校、新聞、大学、協同組合などがそうかもしれない。しかし同時に、政治の制度でなければそんなものに意味はない、ということも知っておくべきです。加えて、政治はけっして純粋な政治としては実在しない、ということも知っておかねばならない。政治の意味するところが、人民権力のようなものが存在して、それは誰のものでもない権力である、ということであるとすれば、さらに、その権力には種別的なところがあるとすれば、制度は当然あります。ただし、そうした制度が政治の純粋形を表現しているなどとは期待できません。現にある国家の諸制度とは存在様式、目的、構造が違う、ということしか期待できない。

　われわれの知っている政党なるものはどう見ても国家の制度ですし、われわれがこれまで知りえた革命党なるものは二種類の党を妥協させる制度です。革命党は一方では国家の制度としての党であり、国民議会に進出しようとしなくても、ときに欧州議会や地方議会に議席をもつことを認めている。他方では別の国家の萌芽として、党である。私の言う意味で「政治的」な党があるとすれば、それは人々が結集する形態、声を上げる特別な様式という意味をもつはずです。その発話行為や宣言や行動の形態は、国家やメディアのカレンダーに従って決められるのとは違う時間性や目的をもっているはずです。こうした意味において政治的な制度は、誰もがもつ権力の増大を目標とする制度です。その制度の指針が左翼政権で閣僚職を得る期待であることはほぼありえないし、理屈に合わないでしょう。それを目標としている制度もありますがね。われわれが知っているシステムでは、大統領にはなれないだろうが議会でいくつか議席を拾うくらいはできるだろう、文部大臣は無理でも高等教育担当補佐官くらい任されるかも、と考えて立候補する人たちがいる。かれらの目的自体はたぶん立派なものでしょう。私が言っているのはたんに、固有の意味で政治的な制度が目指すのはそんなものではない、ということです。この制度が目指すのは、国家権力に参加する仕方をめぐって賭けられているもの全般に対し、誰もがもつ権力を強めることです。私は制度に反対しているのではない。「自然発生性と組織化」という馬鹿げた言説に反対しているのです。私は、自由と平等の制度を考えるときに、現に規定されているような国家ゲームのなかでそれを考えることに反対なのです。

社会の場所

——あなたの歴史的変化観には、ひとつ奇妙に欠けている要素があります。社会、社会階級、社会階級の構成といった社会的なものです。社会的なものによって、あるいは社会的なものと合わせて歴史を説明するのが歴史分析では通常であるのに。とくにあなたのルーツとなる思想的潮流ではそうでしょう。この意味ありげな不在を見ると、あなたにこう質問したい誘惑に駆られます。世間一般で「社会的なもの」と呼ばれているものは、あなたの著作では一貫した意味があるのか。あなたが「ポリス」[*19]と呼ぶものによってでっち上げられた無意味な存在でしょうか。あなたにとってはつねに不協和であったり、差異的であったり、さらには実在さえしない関係についての、ある種のフィクションでしょうか。この質問には第二の位相があります。他の人にとっては社会的なものによって占められる場所が、『プロレタリアの夜』以来のあなたの仕事では想像力によって埋められています。あなたは『人間の美的教育について』のシラーを導きの糸に、想像力によって再編成する力こそ、美学においても政治においても歴史を変えるモーターであろう、という歴史観を鍛えてこられた。一般的に言って、歴史を考えるときにはしばしば社会的なものの重みがもち出されるわけですが、これに対し想像力の力はどんな位置づけにあるのでしょう？

私はずっと、社会的なものによる説明を忌避してきました。基礎から、下層にあるものから説明する、ということを。それは、社会における変化が政治やイデオロギーにおける変化を説明すると考える階層的思考法です。それはまた、社会構成の変容に変化の理由や変化を組織する方法を求める説明システムです。あなたがたの世代の人には、この言説がひところもっていた重みを納得することはできないだろうと思います。この言説はマルクスからインスピレーションを受けたとされていて、どんな階級やサブ階級に属せば、あるいは自らの階級規定のどんな要素が、さらにどんな立場や態度を取れば、革命闘争におけるプロレタリアの同盟者となれるのか、なんてことを知ろうとしていた。その力はとても強く、学校文化に根ざしていた。この対談のはじめのほうでも、革命の原因に関連して喚起した点ですよね。原因はつねに経済危機であるはずだった。舞台に登場するものは舞台の下にあるものによって説明されねばならない、とみなす非常に強い伝統があったのです。そうした思考法の結果、しかじかのタイプのブルジョアのどのフラクションやサブフラクションがプロレタリアの同盟者たりうるかを考えよう、という七〇年代フランスに見られたいんちきくさい語り口も生まれた。この思考法は非常に根強い、ということを念頭に置かねばなりません。また、これよりは多少それらしくあるものの、私とはやはり根本的に意見を異にする思考法も忘れてはならない。よきプロレタリアの姿を求める傾向です。昔ながらのプロレタリアはもうだめだが、同じ役割を果たす新しいプロレタリアがいる、と考える。イタリアのオペライズモ潮流が、大都市労働者、不安定労働者、認知労働者、等々と言っているのは、要するにプロレタリアのよき姿でしょう。

　想像力の働きこそなにより優先されるべきであって、社会的なものなど無意味だ、と言うつもりはありません。しかし、社会は密度が層状になった空間ではなく、シーンとして、抗争の場として再考されるべきです。私にとって社会的なものとはなにか。権能の争いがつねに作動している場です。労働者がもっと稼ぎたいと願っている事実はプライベートな問題なのかどうか、と争われる場。人々が経験している厄介事や苦しみは純粋に個人的でプライベートな問題なのか、それとも集団的アクションを要するパブリックな問題なのか、と問われる場。社会的なものとは分

＊19　「一般的に政治の名で呼ばれているのは、集団への参加と同意、権力の組織化、地位と職業の分配、この分配の正当化のシステムなどが働くプロセスの全体である。私は、この分配と正当化のシステムに別の名前をつけるよう提案する。私はそれをポリスと呼ぶよう提案する」（*La Mésentente, op. cit.*, p. 51〔前掲『不和』五八頁〕）。

割／分有問題がかたちをなす場なのです。それが「政治についての一〇のテーゼ[*20]」で述べようとしたことです。言い換えると、政治は集団的アクションの場として存在するのではなく、社会的なものは利害があいまいに錯綜する圏域ではない。政治と社会はアーレント流に区別されたりはしないのです。なにが社会的でなにが政治的であるかが問われる場が社会的なものです。なにがプライベート、個人の次元、無名な生に属し、なにが公的シーンの次元、つまり公の権能に属すかが問われる場。『不和』で述べたように、社会的なものは同時に複数のものです。政治的なものを説明するメタポリティークな審級であり、ユートピアの対象であり、あるいはさらに社会体、社会的紐帯の密度をめぐる哲学の対象でもあるでしょう。しかし社会的なものは永続的な抗争の場であり、いつでもそこから政治的なものが出来《しゅったい》する場でもあります。このとき政治的なものを出来させるのが、想像力の働きによると言っていい、所与のことがらの再編です。

　ここで言う想像力は特別な能力ではありません。想像力の作用はいたるところで見いだされます。想像力はさらに、社会的と言われる抗争のそれぞれに現前しつつ、「これは私的なものか否か、たんに分け前の調整を求めているのか、それとも分け前なき者の分け前という固有に政治的な次元を出現させようとしているのか」という問いをシーン化する。そのことによって、現在が問いになる——現在、出現は起きているのか否か。社会的抗争は、政治的主体の出現の場であるかそうでないかのいずれかなのです。とにかく、構成という観点から社会的なものを考えるのをやめねばならない。

　同時に、当然のことながら、階級闘争——ことを単純にするためこう呼んでおきましょう——

がもたらす社会構成の根底的な変容は、政治化を招くこともあれば非政治化を招くこともある。脱工業化のケースを考えてみましょう。脱工業化は技術変容の結果であり、もうどこにも労働者はいない、どこでもすべてロボットがやっている、と考える人はいます。しかしおそらく、もうそんな時代ではない。ムンバイの仲間たちの映画を見れば、ロボットがなんでもする時代というよりは苦役労働の時代、小規模家庭内労働の時代であることがわかります。いずれにしても「分け前なき者の分け前」を、自動車工場や冶金工場から大挙して出てくる一群の人々からなる階級とみなすことはもうできない。ですがそれは、技術がオートメーションを再構成し、それがさらに階級の再構成を引き起こした結果などではない。巨大な工場や鉱山は相変わらずどこかにはある。先進国の脱工業化はたんに技術的な必要に迫られたものではありません。それは支配階級が行う階級闘争上の作戦なのです。経済的かつ政治的な支配形態と、これが「分け前なき者の分け前」であろうと同定可能になってくる形象とのあいだには、きわめて密接な関係がある。その実例をわれわれはいま目にしています。最近の運動のどこにでも見られるでしょう。人民一般、特定のアイデンティティをもたない人々、単純に言えば街頭に繰り出すことを恐れない人々のデモですね。タハリール広場〔カイロ〕やプエルタ・デル・ソル〔マドリード〕に集まっているのはただたんに、人々です。「怒れる者たち」[*21]のデモにある種の社会的人格が見られると説くことは可能ですし、おそらく間違っていないのでしょう。たとえば情報技術者。情報技術者は世の中に

---

*20 *Aux bords du politique*, *op. cit.*, pp. 223-254.

たくさんいるのだから、当然デモにもいたでしょう。学歴に見合う仕事のない高学歴者、舞台関係の契約労働者。経済と工業が織りなす諸関係が壊れ、不安定雇用の「知識人」セクターが急増すると、アイデンティティの諸形態が粉々になってしまうというのはその通り。しかし、正確に言えば、そのかけらが統一的なかたちで再構成されることはありません。「われら認知労働者、われらは新しき力なり」という具合にはね。さしあたって、「街頭に出た人々」、「怒れる者たち」というふうにしか呼べない。名前のないことが、かれらの名前です。多少なりとも一体性をもつ社会集団に対応した主体の名を与えることができないくらい、アイデンティティが欠けている。

新しさと歴史性

――さて、ここで新しいものという問題を手がかりに、あなたの歴史観に迫ってみたいと思います。あなたの思想は構造主義の体質を受け継いで、長期変動に肩入れしています。そのことと相関的に、政治の変容やあなたのいう「芸術体制」が移行する瞬間は例外的なものと想定されている。あなたの仕事に特徴的なこの点を正確に位置づけてみましょう。『感覚的なものの分割』[*22]や『美学における居心地の悪さ』あるいは『アイステーシス』で、あなたはこれら「芸術の同一化体制」[*23]の変化に触れています。「体制」の変容を、そしてそれを引き起こす諸力を、どのように考えておられますか。この例から、新しいものをどう考えているか、新しさとはなにに認めるべきものかをお話しいただけますか。

「体制」からはじめましょう。ずっと強調してきましたが、「体制」は歴史性をもつけれども、時代ごとに人間を区切るわけではありません。芸術の三体制は人類史の三時代ではないのです。

＊21　訳注――二〇一一年五月のスペイン統一地方選挙を機に、反金融資本、政治腐敗打倒、真の民主主義の確立などを掲げた多様な運動の集合体がマドリードのプエルタ・デル・ソル広場を占拠。かれらは「怒れる者たち indignados」を自称した。この運動はスペイン各所に飛び火し、各地で一ヶ月以上にわたる占拠が続いた。のちのアメリカの「オキュパイ・ウォールストリート」運動にも影響を与えたとされる。

＊22　訳注――Jacques Rancière, *Le partage du sensible: esthétique et politique*, Paris, La Fabrique, 2000.〔『感性的なもののパルタージュ――美学と政治』梶田裕訳、法政大学出版局、二〇〇九年〕

＊23　「芸術の同一化の体制」の意味するところは、「いかにしてわれわれは、事物を生み出す技法とその使命とを通じて、さまざまな事物を共通して芸術に属するものとして理解しているのか」である。「芸術作品の『受容』が問題なのではない。それらが生み出される場となる、感覚的な経験の連なりが問題なのである。これらは完全に物質的な諸条件――演じられる場、展示される場、流通し再生産される形態――であるが、しかし同時に〔…〕それらを同定するカテゴリでもある。つまりそれらを分類し解釈する思考図式である。これらの条件は語りや形、運動、リズムが芸術として感じとられ、考えられることを可能にする」（*Aisthesis. Scènes du régime esthétique de l'art*, Galilée, coll. « La philosophie en effet », 2012, p. 10）。

それらを歴史化することはできます。たとえばギリシャ演劇には、私が美的論理と呼ぶものに相当する要素はなにも見つからないからです。美的経験を知覚したり概念化したりする近代に特有の様式が存在する、とは言える。しかしこの歴史性は徹底的な切断というかたちで定義されたりはしません。「美学体制」は大規模な再利用と再解釈によって機能しているがゆえに包括的な体制である、という点はとくに強調してきました。つまり、「美学体制」には別の体制に属する諸作品がケース・バイ・ケースで修正され、また変質させられて取り込まれる、ということですね。体制それ自体は歴史的なものではなく、三体制は共存することができるけれども、体制の出現には歴史性がある、と言えるでしょう。

「美学体制」は不安定な体制であるとも強調しています。そこにすべてを受け入れることができるという点では安定しているけれども、「こっちは芸術、あっちは非芸術」と述べることを可能にする種別的規範をすべて廃棄するがゆえに、不安定な体制です。この体制は美的領域に特有の一貫性を規定しますが、芸術のうちに入るものと入らないものを見分けることを可能にする規則は一切規定しません。美的領域の一貫性はつまり、表象的規範と倫理的緊張のあいだに捉えられて、同時に二方向から脅かされるわけです。この股裂き状態は言ってみれば、新たなものの到来が告げられるやいなやはじまります。ルソーの「表象体制」批判や、この批判に対するシラーの批判においてなにが起きているかを考えてみましょう。要約すると、ルソーは執筆時期がはっきりしている『ダランベールへの手紙』[*24]というテキストのなかで、「表象体制」は矛盾していると論じています。体制内で快の効果を規定すると同時に、体制外から道徳的効果をもち込んでいる、と。快と快に外的な教訓とを同時に規定しようとしている、と。これはある意味で、新たなものの最初の登場です。突然「王様は裸だ」と誰かが言う、この体制は矛盾している、と。しかしそれが対策として提示するのは、集団的祝祭を厳格に倫理的に定義しようということであって、それをもって表象に代えようということです。

続いてシラーが登場し、演劇が少女たちに貞節を守るよう教えたり、道徳的振る舞いらしきものを教えたりするとは期待できない、と応酬します。逆に感受性の特殊な洗練なら期待できるだろう、と言う。その洗練は、なにが快でなにが道徳かを決めて選択するよう強いられずにすむ能力に存するとされています。その能力はまた、表象から特別の傾向が生まれると期待しない能力であるとも言われている。シラーはこのように、どれほどかはさておき互いに矛盾する感覚的快と知的道徳的教育という効果に代えて、感受性の様式そのものの変容を規定するのです。しかし同時に、彼はあらためて美的領域と倫理的領域のあいだに不安定な境界も敷いている。なぜなら感受性様式の変容それ自体が、人間性がどう変わりうるかを規定する要素、政治では実現できない共同体形式の兆しと考えられているからです。美の種別性を規定することが、新たな「倫理体制」のほうに振れる瀬戸際にあるわけです。そして実際、「美学体制」のさまざまな瞬間に、芸術が生のなかに消える形式が再び宣言されるようになっていく。しかもこの消滅形式は「美学体制」の構成的形式、つまり「体制」そのものに内在する目的《テロス》として登場するのです。

＊24 訳注——『ルソー全集 第八巻』小林善彦ほか訳、白水社、一九七八年を参照。

ここで示されているのは、スキャンダルとなって一定のコンセンサスに亀裂を生じさせる瞬間や出来事でしょう。また、「表象体制」の支配から「美学体制」の支配への移行が少なくとも一世紀にわたるプロセスであり、本質的には遡及的な様式で機能する、ということもわかります。文学についての私の著作はそれを述べようとしてきました。「文学」という語の意味が変わった瞬間をなぞることはできる。しかし、この意味の変化が主題化されたとはかぎりません。一七八〇年代から一八〇〇年代にかけてのラ・アルプの『文学講義』を追いかければ、はじめと終わりで「文学」という語の意味が変わっているのがわかります。しかしこの変化はまったく概念化されておらず、表明もされていません。制度的手がかりを拾うと、書店のカタログではようやく一八五〇年代になって「文学」という項目が現れ、それまでの「文芸」と置き換わったことがわかります。

新たなものを客観的に同定することができるのは、承認された規範に照らしてなにが受け入れ可能かという基準を支配的芸術体制が規定しているかぎりにおいてです。すでに詩的芸術が成り立っており、絵画のアカデミー的規則が存在し、一九世紀サロンのように絵画の規範を体現する制度が存在するときはじめて、「これはサロンでは／アカデミーでは受け入れられない」と言うことができる。こうした作品は、今度はどこか別のところ、インディペンデントなところで作られるようになるでしょう。拒否された者のサロンが開かれ、その次には独立派のサロンが設けられていくようになる。それらは、いまだ支配的なアカデミーが絵画と呼ぶものにはもはや合致しないなにかが生みだされている、と印象づけるでしょう。つまり新しさはアイデンティティの問題であって、たんなる趣味の問題ではない。印象派が絵画として大量に生みだしたものは、かつてあらゆる流派でスケッチや下書きとされたものと外観や質感が似ています。フランスでは一九一四年まではサロン制度が、なにかが受け入れられないと述べることを可能にする目印でした。ということは、新しいものがもたらす差異を同定することも可能にしていたわけです。

反対に、完成した「美学体制」はこの種の規範がもはやいっさい存在しない体制です。ジェフ・クーンズや村上隆がヴェルサイユ宮殿の展覧会で引き起こしたスキャンダル[*25]を、一九世紀サロンでのスキャンダルと比較してみましょう。根本的になにかが違います。芸術で広く認められた基準に収まらないので受け入れ不可能です、とはもう言えない。ここはふさわしい場所ではない、としか言わないのです。そういうことを言うのは王党派か反動的カトリックでしょうが。褒めるのであれ貶すのであれ、新しいものが客観的な基準によってはもはや規定できなくなる瞬間があります。もはやそれは、一つの作品、一冊の本、一本の映画といった個別の出来事に属すものでしかありえない。新しい体制の規定を困難にしてしまうのです。根本的には、支配的な俗説

＊25　訳注――ヴェルサイユ宮殿ではじめて現代美術展が開かれたのは二〇〇八年、ジェフ・クーンズの作品展だった。保守派から激しい批判が起き、ルイ一四世の子孫の一人が先祖を冒瀆するものだとして開催中止を求めて提訴したが退けられた。二〇一〇年には三回目の現代美術展として村上隆の個展を開催、「猥褻で冒瀆的」として中止を求める訴訟が起こされるなど、さらに大きなスキャンダルを引き起こした（二回目の現代美術展はグザヴィエ・ヴェイヤン）。

がなんと言おうと、新しいものが新しいものとして出来事になるのは非常にまれでしょう。
政治における出来事的新しさの諸形態は、テンポアップを要求して新たな時間性を押しつける。しかし芸術では、新しいものはしばしば回顧的に宣言される。〔アルフレッド・〕スティーグリッツがアメリカにロダンやセザンヌ、ピカソを紹介しようとしていた時期に、誰がデュシャンの『泉』に歴史的断絶を見てとったか。三〇年、四〇年たって発見され分析される新しさは、もはや同じ新しさではないでしょう。なにかしらのスキャンダルを引き起こした作品にとってもです。

――歴史の断絶の瞬間を完全に同定することはできないけれども、断絶の「症状」はある、と強調されていますよね。「症状ルソー」という表現であなたが描かれた点です。さてその症状ルソーですが、あなたはこれを、ジュネーヴの哲学者は先行する芸術体制、つまり歴史的に先行する編成体の「矛盾」を表現した、という言い方で特徴づけておられる。ここには歴史的変化にかんするあなたのより一般的な考えがあるのでしょうか。歴史的変化は「体制」内在的矛盾に宿るとか？

矛盾という言葉がなにを指しているのかを理解しておく必要があります。ルソーが矛盾していると言い放ったのは、一七世紀に成立したある妥協の論理のことです。政治社会的要請と倫理宗教的要請を妥協させる論理です。一方では、一七世紀フランスにおいて、フランス語が定められるのと時を同じくして、演劇をめぐるある種の合法性が作られます。この演劇の合法性は、上流階級の規範と、趣味や快によって主観的に定義される観客の成立とのあいだに緊張関係があったことで生まれた。政治的かつ美的と言っていい二重の合法性が構築されたのです。それはあるタイプの王権の成立と連動しています。貴族を飼い馴らし、とくに趣味を馴化‐合法化したことで知られるタイプの王権です。

さて他方では、この合法性に特有の要請と、演劇に対して教会から発せられる敵対的な道徳規範のあいだの妥協がありました。ルソーが批判したのはこの妥協です。演劇は専制政治と結びついた政治倫理的合法性の一形態でありながら、同時に教会と大きく結びついた倫理規範に対して自己正当化を行う必要があった。ルソーはおそらくジュネーヴ市民として、つまり劇場がないので妥協もない国の市民として、失礼千万にもこう言ったのです。「みなさんがやっておられることは、みなさんのような無定見なカトリックのもとではうまくいかない」。しかし表象論理の矛盾を暴露することとは、社会や公論、一七世紀の王権機構に起きた変容すべてのなかのほんの一要素にすぎません。それはあくまで症状的な要素であり、そのようなものとして出来事になった。

一八世紀末ともなると、美術館の設立とともに絵画作品、彫刻作品が昔ながらの機能から解放され、事態はより包括的なレベルで展開されていきます。ことはフランス革命以前にはじまっています。王権によって合法化された趣味が合法でなくなったのです。しかしもちろん、これが加速されたのは革命によってです。とくに、革命軍による芸術作品の略奪によって。突然、あちこちの絵画作品が片っ端からパリに運び込まれ、異なるジャンルがごちゃまぜになり、絵画アカデミーが管理する絵画的趣味の合法性が、この混淆によってなにからなにまで問い直されることになるのです。襲撃と芸術の教育的機能とのあいだの関係という問題は、当時広範囲に提起されています。革命軍が外国から略奪した荷箱がルーヴルに到着したときに起こった論争を例にしましょう。学芸員たちはこうつぶやきます。素晴らしい、自由の遺産の宝物庫はかつては王のものだったが、これからは共和国のものだ。そして荷を開け、君主たちの肖像画やちょっといかがわしい神話の情景、山のような宗教画を見て、こう自問します。このどこに自由があるのか。これをどうすれば共和国人民の教育に充てられるというのか。これは人間的自由の遺産の宝物庫だが、王や宮廷人、僧侶、裸の女、宮廷の女性たち、放蕩の歴史にすぎない。かれらが見いだした解決策はこうでした。人民を教育することができるのは絵画の中身ではない、展示の仕方、空間的配置の仕方である。戦争という事態によって、絵画の合法性が機能しなくなる瞬間が訪れたのです。しかし、そこには逆説的な帰結がともないます。つまり、略奪した作品で共和国人民の教育を行おうとすることで、必然的に絵画の中身そのものを消し去り、展示スペースそのものに新しい権力を与えるのです。

　ある意味、いわゆる「無私 déinstéressé のまなざし」は、「無私」とは別種の内的矛盾の産物でもあったわけです。「無私のまなざし」は、システムがもう機能しないという意味ではなく、人々が展示し直すのだ、作品に対し可視性そのものによって新しい合法性を与えるのだ、と言っている。しかしそんなことはできないので、人々は未来の美術館を作りだすのです。そこではもう誰が誰なのかわからず、キャンバスの上で起きていることが道徳的なのかどうか、どんな教訓を与えうるのかもわからない。これはたんなる知的操作ではありません。まったく無視できない物質的な側面をもっているのです。前にリオタールと絡めて触れましたが、これは、サロン時代に趣味が変化して合法性がなくなったと言ってすますことのできない事態です。より大規模ななにかが動いているのです。ここから先は民衆こそが芸術の主体と見なされる。芸術の主体たる民衆に、かれらに見てもらう展示物を通してどのような存在様式を与えるのかが問われる。主体となった民衆に対し、この遺産をどのように見てもらうのか。ここにはいまも有効な矛盾の実例があります。

しかしだからこそ、システムの矛盾はシステムを爆発させません。システムは矛盾に立脚しているのです。そのことの歴史的産物が展示品の配列です。つまり、新しい絵画はもはや問題にならず、絵画に向ける新たなまなざしが問題になる。そしてそのまなざしは、新しい展示様式と結びついている。展示法が変わっていくにつれて見て取れるのは、ゆっくりとした革命の遂行なのです。

——政治の次元と美学の次元では、変化を別様に考えねばならないのでしょうか。人間の活動の種類によって異なる歴史性ないし歴史性の様式を想像せねばならないのでしょうか。

芸術「体制」の歴史的激変は軍事的帰結をともなう政治の加速と関係している、と私は示そうとしてきました。しかし、それは絵画の実践そのものにはたいした変化をもたらさないだろうし、非常にゆっくりとしか解釈上の変化をもたらさないだろう、とも強調しています。転換の瞬間が存在するのは、民衆が芸術の主体になるからです。変化は一八世紀の問題設定全般を通じて、すでにフランス革命以前にはじまっていました。『オデュッセイア』を書いたのはギリシャ民衆であってホメーロスではない、と〔ジャンバッティスタ・〕ヴィーコは言っています。彼いわく、詩は人民の表現である。〔ヨハン・〕ヴィンケルマンによれば、彫刻家の技ではなくギリシャ的自由こそが彫像に具現している。ここにもまた、効果を生みだす一連の要素とそれを加速させる装置がありますが、その効果は直接に考えられることも主題化もされておらず、さらに可視性の新しい形式になってもいない。美術の領域では、知覚の体制はゆるやかに変わります。歴史性のさまざまな体制という問題を考えるべきでしょうね。

　時間性の通常の階層秩序をちょっとひっくり返してみる必要があると思います。政治は長期の問題だとされています。それがコンセンサスでしょう。政治は科学、慎重さ、予見といった能力を行使することと同一視されているから、またそれらは知識のある人間、それらの能力を備えた人間の特権であるからです。反対に、芸術は変化の早い領域だと思われている。大胆さと想像力と自発性の領域だと想定されているからです。これが通常のコンセンサスであり、それによると、遠くを見据える統治者たちと、公衆を楽しませる者やインスピレーションに溢れた熱狂的精神とは正反対だとされています。後者は迅速な出現の領域にある。そこはリスクの領域であるかもしれないが、被害はさほど深刻ではない。なぜならそれが本当に世の中をひっくり返すことはないだろうから。この見方を完全にひっくり返さねばなりません。

　われわれはいかにして、政治が存在すると知るか。われわれがそれを知るとき、われわれは人民と呼ばれる審級の権力であるわけですが、それを知るのは、突然すべてが以前のようでなくなってしまう幻惑的加速の瞬間があるからです。可視的なもの、思考可能なもの、可能なものの世界全体がほとんど一瞬でなにもかも変わってしまう、そんな政治的シーンが構成される。一七八九年六月には考えもできなかった、議会が王を裁き、死刑に処すことが、三年半後には思考可能になる。一九六八年に起きたことを考えれば、政治は可視的なもの、発言可能なもの、思考可能なものの通常の秩序が完全に混乱に陥る瞬間をわれわれに見せてくれる、とわかります。

芸術の世界ではそんなふうにことは運ばない。一枚の絵画が再評価されるのは二〇〇年後かもしれない。フランス・ハルスは素晴らしい、この完全に現代的なタッチとティツィアーノふう色彩は！　とか語るのは一九世紀初頭の人間でしょう。新たなものというのは、このように回顧と解釈の論理のなかにあります。ある種の人民観が一七八九年から一七九四年にかけて政治の世界であっというまに広がりますが、同じ人民観が芸術において広まるのにどれだけ時間を要したかはご存じの通りです。一九世紀にアカデミーの伝統との距離が生じたときの様子を取り上げてみましょう。まず、アーティストたちがアカデミーで勉強するだけでなく、美術館にも行くようになった。そうすると、過去の偉大な画家たちはアカデミーで教えられているようには描いていない、とわかる。ベラスケスやハルス、レンブラントやティツィアーノがやっていたであろうことと、アカデミーで教えられていることを対立させ、次々に距離が生まれてきます。もちろん、変化の加速を見ることができる瞬間もあるでしょう。カンディンスキーの『コンポジション』シリーズを見れば、あるタイプの伝統的ロシアの民衆的想像力にもとづく造形が、純粋な抽象的色彩の組み合わせと言えるものに移行していく様子を正確に見て取れる。こういった変化を見つけることはできます。しかし、それらが体制の変化を構成することはありません。カンディンスキーがロシアの大衆的なイラストに想を得て彩り豊かに描いた情景から、純粋に抽象的なものに移行するよりも前に、過去の具象的な作品を別様に見て考えるまなざしと批評の作業があり、それによって絵画の抽象的構成要素が引き出される、そういう知覚体制のただなかで、これらの変化は生じるのです。

――「芸術体制」は歴史の年代と混同されえない。それはいいとして、これらの「体制」の変化は歴史のなかにそうはない、とあらためて強調することはできます。同様に、政治とはかなりまれなもの、という命題があなたの哲学からしばしば引き出されます。こういう歴史観を採用すると、現在はどのように分析されることになるのでしょうか。変化がまれだとわかっているとき、現在を現在どうできるのか。現在になにを求めることになるのか。これは歴史における理論的方法論の問題でもあり、実践的指針の問題でもあります。

希少性の話はあとにしましょう。不幸な話ですよ。バディウが言うような意味で希少性を言ったのは私だ、とみなさんは言う。自然発生性と組織性を対立させる古くさいマルクス主義者は希少性問題にはまってしまう。いつもこの繰り返しです。言ってしまえば、私はそんな命題に満足していません。政治は例外的である瞬間とかかわりながら存在している。だからといって、政治は一八三〇年七月二七日にはじまって二九日に終わった[*26]とか言いたいわけではない。共和主義的希望、社会的解放等々からなる一つのダイナミズムがあり、それは非常に短く例外的なシークエンスによって生みだされた効果と関連づけることができる、と言うべきでしょう。起きるはずのないことが起きる瞬間があるから政治は存在する。突如としてふだんの権力が合法性を失い、街で起きる出来事が普通起きることではなくなってしまう。権力の諸審級に対しても街なかで自分の周囲にいる人間に対しても、もうふだん通りのまなざしを向けることはできない。まずはこういうことが私にとっては重要なのです。感覚的なものの二つの体制間の抗争が粗暴なかたちであらわになる瞬間がある、ということがです。体制間抗争が、可視性のすべての様態変化、現存するすべてのタイプの関係の変化のなかに現れるのです。一九六八年にわれわれが経験したのは、この生起が多少とも持続的であるということでしょう。あとになってみれば、馬鹿騒ぎが起きてすぐに終わったとも言える。それがどうした、ですよ。既存の階層秩序がもはやなにひとつ正当なものに見えない、そんな瞬間が訪れるのです。三週間か一ヶ月か二ヶ月経って階層秩序が再建されて凱歌をあげても、強烈に政治的な瞬間が存在したという事実が消えるわけではない。その瞬間、人は突如、共通の問題であれ企業であれ行政であれ、それらを管理するすべての活動がこの階層分割、この階層秩序に従って動く理由などない、と自分に向かって語る。民衆と呼ばれる

＊26　訳注——フランス七月革命の日付である。『レ・ミゼラブル』の後半のクライマックスの舞台ともなったこの三日間は「栄光の三日間」と呼ばれている。これによってブルボン朝復古王政が打倒され、フランスは立憲君主制へ移行することになった。しかし結果的にその利益を回収したのはブルジョワ階級であって、蜂起した民衆ではなかった。

ひとつの審級が突如として登場し、いつもとは違う権力の主体になる。かれらはもはや五年に一度投票して大統領を選ぶ人々とは違うのです。この審級の感覚的実在形式があるわけですね。それが定期的に再登場するから、政治はあるのです。

　さて問題は、この再登場のあり方を検証することです。見たこともないスペクタクルが構成され、これまでにないかたちの場の占拠がある。私にとってはそれが、人々を街頭に集合させるにはどんなスローガンや理念が正しいかよりもずっと大事なことです。マドリードの「怒れる者たち」の表現について、こういう言い方をすることはできます。たいしたことは求めていない、民衆に選ばれた指導者としてもう少し清廉でもう少し尊敬できる指導者を求めているだけだ、大それた話ではない。しかし同時に、私にとってはTGVの架線にかけられたフック[*27]よりは大それています。なぜか。民衆と呼ばれる審級が現れて、こう語っているからです。「結局、考えるのも決めるのもわれわれだ」。これこそ中心的な問題です。それはわれわれには少々奇妙に見えるかたちで見いだされるかもしれません。たとえば、自分たちで憲法を改正するために電子メールでやりとりするアイスランド人[*28]。当時の言い方を借りれば、それは改良主義的だということになるでしょうが、人々が自分の憲法を自分で起草するという考えは、私には、わが国の政治集会で聞かれるような急進派の壮大な演説よりも重要に思えます。

　それぞれの現在において本質的な要素は、共通能力という理念をこの現在に実践的行動のかたちで呼び覚ますものはなにか、です。人々が突然座り込み、一歩たりとも動かないと言いだす。それがもたらす影響の範囲はどこでも同じではないでしょう。チュニジア、エジプトでは軍隊と対決していたわけですから、マドリードやテルアビブ〔イスラエル〕やサンティアゴ〔チリ〕とは別のかたちをとるのは当然です。しかし人々は同じように街頭に出て、われわれが民衆であると告げる。自分たちがいるべきでない場所にいることにより、それを表現する。政府が管理する民衆集団とはまったく違う民衆集団に自分たちを構成することで、表現するんです。

――「芸術の美学体制」と呼んでおられるものに話を戻しましょう。これはあなたにとって最後の「芸術体制」であるという印象を受けます。とすれば、歴史はそこで終わってしまうのでしょうか。その点をこんなふうにも言っておられる。この体制の特徴は不安定さにあるが、それは芸術と非芸術を区別する基準をかき混ぜるからである、と。実際、現代の芸術は非芸術と見分けがつかなくなる傾向をもっています。そこには肯定的な面もあるものの、この傾向は芸術から批判的な射程が

＊27 訳注――二〇〇八年一一月、TGVの架線にフックがぶら下げられ、列車の運行に大きな支障が出た。その後、哲学雑誌を出したこともあるジュリアン・クパらがテロ容疑で逮捕され、支援運動が起きるなど大きな社会的事件（通称「タルナック事件」）となる。前出の『来たるべき蜂起』は、クパが執筆陣の一人であるとも言われる。

＊28 訳注――アイスランドでは二〇〇八年の金融危機以降「台所用品革命」と呼ばれる一連の改革が進んだ。なかでも憲法改正をめざす国民的な運動はインターネットやメールなどのソーシャルメディアを大々的に利用することで注目を集めた。この草案は一二年の国民投票で可決されたものの、一四年現在いまだ議会を通過しておらず、先行きは不透明である。

いっさい失われていく理由にもなっています。『美学における居心地の悪さ』[*29]で論じられているように。創作活動や現代アート作品における非芸術との区別のなさには、つまりよい面も悪い面もあるわけです。すると、こんな問いも出てきます。この区別のなさが現代の芸術実践に現れる仕方は、どういう条件で変化するのか。どういう条件で、よい面は現れるのか。非芸術を内に取り込む性格は混乱の源にも、周辺世界をたんに複製する結果にもなるでしょう。現れの変化は現在の芸術体制の原動力になるでしょうか。

私の批判は二つの面の両方に向いています。区別のなさの二つの形態を批判したのです。一つめは批判的芸術という形態で、そこでは批判的差異が自分で自分を消しています。理解を促し、批判的意識を形成し、闘うエネルギーを規定するつもりでいるのに、たんなる堂々巡りに終わるわけです。私に言わせれば、批判的芸術はルソーによる批判の一バージョンです。アーティストがインスタレーションとして広告イメージを配置し、ビリヤード、メリーゴーラウンド、大きなサッカーゲームを並べ、クラブ音楽の流れる小部屋を設けてマンガを飾る。こうして消費社会とエンターテインメントを告発しようとする。するとそこに批評家がやってきてこう述べる。たんにビリヤードをそこにおき、イメージやらメリーゴーラウンドやら、ショートフィルムやらクラブ音楽やらを散りばめただけだよね。それだけでしょ。告発なんてされてない。

区別のなさの二つめの形態が姿を見せるのは、芸術作品が社会的介入の一形態として登場するときです。貧民街の老夫婦の家を改修する活動を行い、それをビデオ撮影して美術館で上映したキューバのアーティストの話[*30]がそれに当たります。この例については相当コメントしましたから、ここで詳述することは控えましょう。私が述べたのは要するに、そこでは芸術的なものが倫理的なものに転じているということでした。これは政治的なものの倫理的なものへの転換と並行する事態でしょう。人道的介入の政治全般、人道イデオロギー全般を通じて大々的に進んでいる転換です。当時私は、批判的芸術という一つの論理全体がいかにして堂々巡りに陥り、表象論理のなかでもっていた正当性――快を生むことで徳を生産する――まで失うにいたったかを指摘したにすぎません。そのかたわら、芸術を社会的介入に仕立て直そうとする意志がたどり着く袋小路を検証した。そんな試みは、かつて存在し、ずっと強力だった試みのカリカチュアにすぎないと述べた。芸術の諸形態を新たな生の諸形態に変えようとする、とくに一九一七年以降のロシアに見られたプロジェクトですね。しかし、この検証を通して芸術の「美学体制」の終焉を告げたりなんかしていません。

私にとって「美学体制」は、すべてを自分の内に吸収することができると同時に、その芸術形

＊29 「正当性剝奪プロセスは批判的領域から遊戯的領域に移行し、そしてついには権力やメディア、ないし商品を売り込むときならではのやり方によって引き起こされたプロセスと見分けがつかなくなる」(*Malaise dans l'esthétique, op. cit.*, p. 76)。

＊30 訳注――ルネ・フランシスコのアート・プロジェクトのこと。『解放された観客』(*Le spectateur émancipé*, La Fabrique, 2008／梶田裕訳、法政大学出版局、二〇一三年)の「政治的芸術のパラドックス」の章を参照。以下のアーティストの作品も同書で言及される。

式においてつねに綱渡りであり、カミソリの刃の上を歩いているようなものです。たんなる社会ゲームにならないようにするために、「美学体制」における芸術はつねに、表象論理か端的な倫理的論理かのいずれかの一バージョンに転落する瀬戸際にいます。しかしそれは当然のこと。『美学における居心地の悪さ』と『解放された観客』の違いもそこにかかわります。前者ではとくに、政治と美学を両者の区別がない倫理へと収斂させる論理を分解しようと試み、『解放された観客』では、倫理という観点で一括りに解釈されているものは美学という観点からも解釈されうる、と論じました。アルフレッド・ジャールのルワンダを題材にしたインスタレーションに私が触れた意味の一端もそこにある。パレスチナの道路にイスラエルが設置した非常線を写したソフィー・リステルユベールの写真についても同じです。その主題ゆえに、こうした作品は簡単に〔クロード・〕ランズマンの巨大な影の下に組み込まれてしまいます。災厄、カタストロフ、表象不可能なものを扱う芸術になるわけです。私が言おうとしたのは、アーティストがルワンダ虐殺の犠牲者の写真を箱のなかに入れて蓋をしたからといって、われわれは表象不可能なもののなかにいることにはならない、ということです。実際、写真を収めた箱の上に、彼は写っている人物の名前と経歴を書いている。それにより、問題をずらしているのです。もはや問題は表象可能かどうかではないし、なにを見せることができる／できないかでもありません。そうではなく、作品は可視的なものと言表可能なもののあいだにどんな関係を想定しているか、虐殺の犠牲者にどんなステイタスを与えているか、虐殺を芸術作品の主題にする手法にどんなステイタスを与えているか、ということになる。

『美学における居心地の悪さ』では、私は表象不可能なものの論理に抗おうとしました。『解放された観客』では、『ショア』〔監督：クロード・ランズマン、一九八五年〕に関連して以前に手をつけていたことですが、表象不可能なものの芸術としてカタログ化された作品は、一種の倫理的絶対者に帰依していても、異なる仕方で論じることができるはずだ、と示そうとしました。つまり、美学的論理のなかで論じることができるはずだ、と。そこであれば、問題は可視的なものから作品を引き去ることではなく、可視的なものと言表可能なものの関係を再調整することになる。虐殺の犠牲者の図像を埋葬する必要はなく、たんに違うやり方で見せることができるだけです。これは芸術的決断であって、「美学体制」に内在する傾向ではありません。私もまたそういう立場を取りますが、それはこうした作品にかんする支配的解釈形式をずらしてしまおうという理論的決断でもあります。

　具体的には、「美学体制」がこの後者にあたると言っているわけではありません。それは私の知るよしもないこと。芸術には大きく分けて三つの機能の仕方があるのでは、と思えるだけです。そして、今日支配的なのは第三の機能に属する論理であるだろう、と。残りの二つとは逆に包括的論理であるだけにいっそう支配的でしょう。包括するとは陳腐化することでもある、という事実もついて回りますが。陳腐化に対する闘いはつねに残りの論理の復興へと流れる、という事実も。これは芸術体制の限界にかんする問題であって、体制にははじめも終わりもなく、ただ内在的限界があるだけです。

イメージの散乱はもう一つの芸術体制であるか

――新たなものという問題を続けたいと思いますが、今度は映画とイメージを出発点にしましょう。あなたはしばしば、ご自分のことを「同形異義《ホモニミー》の労働者」と呼んでいる。まず用語を選び、その語がカバーするさまざまな実践や意味連関へ話を広げる。この展開作業を映画についてもやられていますね。あなたが論じたように、映画は芸術であり娯楽でもありますが、同時に美術館やライブイベントで展示される映画という面も増しています。こうした広がりを考えたとき、映画という実践をめぐるあなたの思想では、映画を経験する様式の特性はとくに問題にならないように感じられるのですが。

映画館に固有の映画経験があるかどうかに白黒つけようとしなくとも、次の三つのあいだには非常に強い結びつきがあることは明らかです。芸術形式としての映画作品、娯楽形式としての映画作品、そして、理論的なステイタスを与えるかどうかはともかく、特定の場である映画館です。映画は言わば、その本質的な道具立てを保存している芸術です。作品がデジタル化され、映写もまたしかりであるとしても、それは別問題です。映画はその道具立てを保存しており、われわれが作品を観る媒体がどんどんDVDやテレビになっても、他の芸術と比べれば映画の特殊性は残っている。映画館は今日、以前にも言ったことがありますが、映画芸術の特殊性の避難所になっていますね。他方、美術館は芸術間の区別のなさの場になっていく。ここは押さえておかねばならないポイントです。これは、映画には絶対的に基本的な時間的現実があるという事態とも関係します。すなわちフィルムには時間制限があり、それは非常に強力なものであり続けている。九〇分が標準時間であった時代は遠い昔になり、ときにものすごく長くなったといってもね。娯楽の構造があるタイプの制限を課したのですが、それはある形式の芸術的一貫性も生みだしています。

　その一方、映画にはありとあらゆる上映の仕方があります。非常に多様なそれらをカバーする一つのやり方は、演劇のなかで上映するというものです。これはどんどん増えていますし、ときには映画の一部を抜き出して上映することもあるようです。ある芸術に属するものを別の芸術のなかで使うわけで、後者の芸術は最終的には装置となることを目指す。美術館では動画の展示もされていて、それには最低でも三種類あります。まずはビデオ・アートで、これはなにより空間芸術である芸術形式を見せようとする。ビデオ・アートがその固有の媒体に結びついていると考えられていた時代もありました。レイモン・ベルールが分析していますが、ティエリー・クンツェルやビル・ヴィオラの作品の時代です。この頃には、光束自体に特殊性が存在し、それが作品——特殊な動画——になるはずだと考えられていました。やがて事態は変わって、ビデオ・アートはどんどんフレスコ芸術や彫刻芸術のようなものになっていきます。美術館ではビデオ・アートは多数のスクリーンや、ずらっと並んだモニターに映しだされるようになり、それが彫刻的な広がりを与えるのです。もはや時間芸術ではなく空間芸術になる。なにせ観客が最後まで見ることはほとんどありませんからね。二〇一一年のヴェネチア・ビエンナーレでのクリスチャン・マークレーの作品〔『ザ・クロック』〕の話をしているのではありません。あれは時間についての作品で、二四時間も続きますが、一〇分の作品であっても鑑賞者が最後まで見ることは非常にまれです。展覧会には目を通しておかねばならないビデオ作品がほかに何十とあるのですから。その結果、ビデオ装置はしばしば、まず空間的なものになる。媒体にも左右されない。美術館や展示スペースで上映される映画作品もかなりあります。三五ミリフィルムのときも。二〇〇七年にカッセルのドクメンタ12で上映されたジェームズ・コールマンの『リテイク・ウィズ・エヴィデンス』はオイディプスをめぐる作品ですが、仕切られた部屋の巨大スクリーンに投影される三五ミリフィルムです。鑑賞者はすでに美術館のなかにいて、ガラスの仕切りの背後でスクリーンに映っているものに気づく。気が向けば側面のドアから仕切りのなかに入って、座るなり立つなりする。作品の媒体がなんであれ、まず空間を占拠するものにする仕掛けです。

　美術館で映画作家によるインスタレーションが行われることもありますが、たいていはかれらの映画作品に比べてあまり面白くありません。たとえばシャンタル・アケルマンが自分の映画、とくに『東から』〔一九九三年〕をもとに作ったインスタレーション[*31]。作品のはじめから終わりまで人々が列をなしてバスを待っている。おそらくその意味を移し変えようとして、彼女はマルチディスプレイによって、バスを待つ群衆のさまざまな瞬間を切り取ります。しかし私から見れば、イメージの緊張感は作品自体の時間的な仕掛けのなかでのほうが、モニター装置のなかでよりもずっと強い。モニター群は観客がその周りをうろうろする障害物のように機能してしまったきらいがあります。二〇〇六年のポンピドゥー・センターでのゴダールの個展[*32]は言わずもがなでしょう。あれは私にとってひどいギャップの模範例でした。知らぬものとてないその力量を駆使し、映画をコラージュとスーパーインポーズの芸術として捉え、実践してきた人物が、展示空間を与えられて茫然自失している。自分の映画観によって空間を埋めることができずに、インスタレーションアートですでに古典となったガジェットを使ってしまったわけです。これが美術館における映画展示の第二タイプです。インスタレーションをする映画作家。

　第三のタイプもあります。美術館内に上映室があり、映画館ではやらないか、ほとんどやらない映画を上映する場合です。二〇一一年のポンピドゥー・センターでの回顧展のためにタル・ベーラの映画について書いたことがありますが、[*33] 作品に接したのは一〇年前のニューヨーク近代美術館での回顧展でした。つまり、映画館以外、たとえば美術館のような空間で映画が上映される場合には、三つの形式があるでしょう。ひとつは商業ベースではかからない作品に美術館が上

---

*31 訳注――おそらく『フィクションへの近似――シャンタル・アケルマン「東から」』（*Bordering on Fiction: Chantal Akerman's "D'Est"*、一九九五年）のこと。

*32 訳注――二〇〇六年にポンピドゥー・センターでの『ユートピアへの旅（一九四六－二〇〇六）』と題された展覧会を指すか。当初予定されながら直前になって放棄された「コラージュ・ド・フランス」という企画の構成物を乱雑に並べただけのこの展示会はスキャンダルを呼んだ。以下にそのレポートがある。堀潤之「ポンピドゥ・センターのゴダール《ユートピアへの旅》をめぐる覚書」關西大學文學論集第五六巻三号、二一一－二三三頁、二〇〇七年。

*33 訳注――*Bela Tarr, le temps d'après*, Paris, Capricci, 2011.（未邦訳、『タル・ベーラ――その後の時間』）

映場所を提供すること。美術館は芸術的正当化の場として機能するわけです。残り二つのケースでは、美術館はあくまで、動画をもとにした美術作品に対して門戸を開いている。動画は空間的仕掛けを構成する要素となっています。多くのビデオアーティストがはじめは造形作家、画家、彫刻家であったとことはよく知られています。ダンス出身の人もいますし、パフォーミングアーツ出身の人もいます。てんでばらばら、という点をよく考えねばなりません。名前も同じ、媒体も同じ、しかし突きつめて言えば、時間芸術と空間芸術のあいだのレッシングふう隔たりを前にしているわけです。

——映画の衰退にかんするわれわれの質問は、セルジュ・ダネーが一九八〇年代初頭に「ポストモダン」をイメージ媒体の多様化として定義したことにもかかわりそうです。先ほど言いましたが、あなたは芸術やイメージ媒体に年代があるという考え方に反対しておられる。しかし、あなたにとってこのてんでばらばらな媒体の多様化はなにを意味しているのでしょう。これはわれわれがすでに何度も取り上げた、あなたがより広い意味をもたせて「美学体制」と呼んでいるものに包摂可能な現象なのか。それとも現代におけるこのようなイメージの拡散は、新しいタイプの可視性についての、さらにひょっとして新しいタイプの芸術体制についての考察に統合されるべきなのでしょうか。あなたがその広がりについて述べられた、ばらばらになった映画経験は、新しいタイプの芸術体制を予告ないし先取りしているのでしょうか。

時代区分の諸要素を定義することはできるでしょうが、それらは相互に必ずしも整合的ではないでしょう。期待される図式を確証してくれるともかぎらない。トーキーで区切っても、論者がそこに与えてきた意味をもたないことははっきりしています。映画に声が加わったから、沈黙に役割を与えることも可能になったのです。そのおかげで映画は、身振りやパントマイムといった言語モデルから解放されました。実に一八世紀末から一九三〇年代まで権勢を誇った、イメージを発話にリンクさせる諸々の手法から解放されたのです。

　機材の変化も関係してくることは言うまでもありません。ペドロ・コスタがフォンタイニャス（リスボンのスラム街）でやったように、ほんとうに小さなカメラをもってどこにでも入り込むことができる。スタジオ作品とロケ作品という対比はもはや意味をもちません。タル・ベーラはステディカムのおかげで手持ちカメラと巨大撮影装置とのあいだで迷う必要がなくなりましたし、対象の周りでさまざまに動いたり止まったりする新しい手法を開発することもできました。イメージの可能性をさまざまなレベルで規定する一連の変化が存在しているのです。携帯電話がまずはその代表格でした。エリック・クーの『一緒にいて』（二〇〇五年）では、「i love u」と「delete」という文字が画面全体を占領して愛の終わりを告げるのですが、そういうこれまでになかった情感形態を生み出すことを可能にしたのです。今や携帯電話が映画撮影に使える。ビデオやデジタルイメージを統合する諸層の連なりがあるわけです。ブライアン・デ・パルマが『リダクテッド』（二〇〇七年）で用いた方法を考えてみましょう。この映画はあくまでフィクション作品として撮られていますが、彼はインターネットに出回っていた記録映像を用い、また映画の映像にパソコン画面のような見た目を与えた。こういった手法はみな、間違いなく一つの役割を演じている。というのも技術が作品の完璧さに寄与するというより、さまざまなタイプのイメージ、公的／私的の区分、アートか情報・メッセージの流通かの区別などが織りなす階層を解体し、分散させる方向に機能しているからです。その意味において、これはイメージの死を表しているというより、「美学体制」の受容能力を確証しているでしょう。

場という問題も考慮に入れねばなりません。街の映画館が消えたことが映画の時代区分を規定することは明らかです。これを忘れてはならない。ある種の規格化に対応するものですからね。というのも、シネコンは芸術と娯楽のあいだを揺れ動いていた芸術である映画のフォーマットを定める一つの道具であり、なにを見るかの選別に役立つわけですから。映画が美術館入りしたということもあります。シネマテークは映画の展示場でもある。こういう一連の非常に重要な変化があります。さまざまな形式で存在する動画の配信や拡散も、変化の一部でしょう。

こうした変化のすべてを、イメージの勝利／死、美学化／非美学化などの図式に陥ることなく、整合的に説明する様式を見つけるのは難しい。私には無理そうです。新しい道具がイメージの歴史に決定的な転換をもたらすかどうかを判断するには、その道具が生みだすイメージを長期間、観察する必要があります。

ポピュラーカルチャー

――あなたの研究ではポピュラーカルチャーも扱われていますが、必ずと言っていいほどアーティストを通じた扱いです。たとえば『映画的寓話』[*34]にはテレビについてのテキストが収められていますが、フリッツ・ラングをたたき台にしています。『映画の隔たり』に収められた「エンターテインメント」についての考察は、ヴィンセント・ミネリを用いています。こういうアプローチには、あなたが批判している高尚と低俗、高貴と下賤の対立へと舞い戻る危険が含まれていないでしょうか。ときどき論じておられる、テレビやバラエティと、あなたはどのような関係を保っているのでしょう。

ひところは、ポピュラーカルチャーと呼ばれている事象をずいぶん研究しました。労働者の詩、一八世紀の歌、演劇、といった問題すべてです。私には重要だと思えた発想をもってね。「ポピュラーカルチャー」と呼ばれる領域に興味をもったというより、壁を打ち破る文化的領有の形態を考えたかったんです。つまり、民衆は分有を通じて自前の文化をもつ、という文化観に批判的な立場で研究をはじめました。すべての発端は、民衆のなかには民衆文化をもちたがらない人たちもいる、という事実です。とにかく、私の興味を引いたのはつねに境界の問題でした。それ

＊34　訳注――Jacques Ranciére, *La fable cinématographique*, Seuil 2001.〔未邦訳、『映画的寓話』〕

は原理的にはポピュラーカルチャーに向かうべき人間が別の文化を欲する、という意味でもあれば、高級とされる文化はパントマイム、サーカス、シャンソン、ポピュラー音楽などのいわゆるポピュラーカルチャーの諸要素を統合して形成されている、という意味でもある。そういったことが、一連の形式やプロセスを経て芸術の「美学体制」のなかで起きる。

　第二のポイントとしては、私は二種類のことにまたがって書いています。まず、分有／分割問題において意味のある経験のタイプです。そして、私が好きなものです。私が選ぶ作品は、その内在的な力で私に衝撃を与え、かつ同時に感覚的なものの分割にかんしてなにかを示す作品です。ウージェーヌ・シュー『パリの秘密』よりは『ボヴァリー夫人』、テレビの連続ドラマよりはペドロ・コスタのフィルムです。メディア・スタディーズやフィルム・スタディーズの世界では、つまりフランスから一歩そとに出ると、ミネリやフリッツ・ラングについて語って『ザ・ワイヤー』[*35]についてなにも語らないのはなぜだ、と聞かれる羽目になります。ドイツ語圏や英米圏で『ザ・ワイヤー』の研究をしている人の数はほんとうに驚くほどです。左翼で政治に関心があるなら「ポピュラーカルチャー」とレッテルが貼られたものを研究せねばならないとか、単なる統計的ないし兆候的要因でない自立した作品は「エリート主義的」だとか、そんな考え方が非常に強い。しかし私が興味をもっているのは境界の問題であり、境界の上で演じられている作品を前にして私が感じるある種の情動を別の言語に移し替えることです。

　フローベールの作品で面白いのは、自分のものとは違う文化、違う感覚世界を手にしたいという普通の人々の願望を通訳する者として文学が自己形成し、そのことで自律性を得る瞬間です。

思うに、世間にはまったく違う二つのことを混同する傾向があります。一方は正当と認められた文化かそうでない文化かという対置であり、他方は感覚に特有の洗練に関連した内的階層性です。高尚であろうと低俗であろうとあらゆる文化的領域には、実践が感覚の洗練をもたらしたときから、聞くに堪えない、見るに堪えないものが存在するようになります。みんな、よくわかっているはずのことでしょう。これはマンガやヒップホップが好きな人たちにも、難解と言われる音楽や美術館アートが好きな人たちにも同じように起きる。実際、ポピュラーと言われる文化形態には、完全に階層化された評価軸が存在します。美術館や難解な音楽やいわゆる芸術映画といった文化に染まっている者は、ラップはラップだろうと思うかもしれません。しかしラップの世界に生きている者にとっては、ある種のラップはゴミで聞くに堪えない、我慢のならないものです。ここは本当にきっぱり区別しておく必要があります。なんらかの文化的ないし芸術的形式を評価しようとするときの美学的能力のレベルは、一般的な基準により高尚か低俗かという区別とは別の性格をもっています。

　ここ二週間か三週間ほどタル・ベーラについて本を書いていましたが、ラース・フォン・トリアーの新作（『メランコリア』（二〇一一年））を観に行くために一時中断せねばなりませんでした。

＊35　訳注――アメリカで二〇〇二－〇八年に放送された、ボルチモアを舞台にしたクライム物の連続テレビドラマ。最近の議論の一例として、スラヴォイ・ジジェク『２０１１――危うく夢みた一年』（長原豊訳、航思社、二〇一三年）の第Ⅷ章を参照。

しかし、タル・ベーラのことを考えて数週間過ごしたあとにラース・フォン・トリアーを観るのは本当につらい。もちろんラース・フォン・トリアーは現代の範例《カノン》であり、世に認められた作家ですが、これは感覚レベルに働く要求ですからね。どんな領域でももはや堪えがたいものはあるものです。ポピュラーと言われる文化にかんするその洗練具合たるや、クラシック音楽のコンサートを聴きに行ったりヴェネチア・ビエンナーレに行ったりする人々の洗練度よりはるかに上の人だっています。どんな形式に興味をもったっていいんです。しかし、それを義務とするような考え方は絶対に拒否せねばなりません。堪えがたいものをどうして読んだり見たりせねばならないのでしょうか。美的経験から生まれる審美的階層は、高尚／低俗という観点から行われる芸術形式の分類とは区別しなければいけない。

——われわれの質問は必ずしも「ポピュラーカルチャー」の擁護にかかわるものではありませんでした。ある意味、われわれがすでに提起した新たなものの問題に戻る質問でした。あなたが感じる新たなものは、範例《カノン》的作家の形式とは違う形式のなかに見いだされるのでしょうか。

問題は非常に単純です。「範例《カノン》的作家」という概念にはなんの種別性もありません。分類したからといってアイデンティティを規定することにはならない。「新たなもの」という考え方は、それ自体が問題含みです。美的快楽は程度の差はあれつねに再認と驚きが入り交じったものです。ポップスの非常にシンプルなメロディーやオペラのアリアがあなたを感動させたとしましょう。

その理由は、どこかで聞いたことがあるという印象を受けたからかもしれないし、別の気持ちや人生のさまざまな瞬間とリンクしたからかもしれない。モーツァルトのクラリネットやホルンの響き、あるいはヴェルディの合唱曲が林間学校の歌を思い出させることもあるでしょう。プルーストの言う「棄て子フランソワ」[*36]効果です。逆に、こんな光、こんな動き、こんな速度で物体や場所がフィルムに収められたことは一度もなかったろうという気持ちにさせられる瞬間もあります。溝口健二の『お遊さん』（一九五一年）の冒頭であってもいいし、『少女ムシェット』（監督：ロベール・ブレッソン、一九六七年）でのムシェットと密猟者の対話でもいいですし、『リタンタンゴ』（監督：タル・ベーラ、一九九一年）の人気のない館へ村人たちが到着したところでもいいでしょう。

しかし新たなものを感知し受容する可能性それ自体は、没入という経験と密接に関連している。この経験が、あるスペクタクルをあなたが受け入れるか受け入れないかを決めるのです。この経験はまた、新しい形式を前にして感じた感覚を幼年期の思い出に結びつける。それは考えながらやっていることではありません。かわいそうな子供を描いた三文小説を気に入ったり、廃屋にノ

＊36 訳注――ジョルジュ・サンド『棄子のフランソワ』（長塚隆二訳、角川文庫、一九五二年。原著一八五〇年）を指す。プルーストの『失われた時を求めて』（一九一三―二七年）の『スワン家の方へ』では、母から誕生日の贈り物としてもらった、自分にとっての最初の長編小説でもあるこの作品がその後の人生に大きく影響を与えたことが描かれている。

スタルジーを感じたりといった経験がまずあり、それがブレッソンや溝口その他を見た経験と混ざり合って『サタンタンゴ』の新しさを「美学的」に評価するわけです。だからこそ、エリート芸術とポピュラー芸術というお話は馬鹿馬鹿しくて嘘なんです。

もちろん、これは個人的な共感覚の問題でもあります。私は同じ本を何度も読み直してきました。一方では、そのせいで私はほとんどの本が読めなくなってしまった（あくまで、ものは言いようと思ってください。なぜなら、そのせいで同時に私は速読ができるようになり、面白い徴候を素早く見つけることができるようになりましたから）。反対に、おそらくそのために私は、支配的意見では大衆向け消費物でしかない多くの映画を芸術作品のように見ることができ、同じ支配的意見では知識人向けの退屈なお勉強映画にかなり感動することもできる。問題は時間の使い方です。それ次第であなたは自分の感覚能力を豊かにしうるもののために時間を割くことができる。逆に、ものごとがどのようにできあがって、なんの徴候であるのかを理解するのに時間をかけすぎないでもすみます。

第IV章
現在

可能なものの地図作成

――あなたはどこかでおっしゃっています。自分の役割は現在の地図を作ることである、と。正確には「可能なものの地図作成《カルトグラフィ》」です。この表現にかんして二つ質問したいと思います。一つは地図作成という隠喩自体についてです。歴史的に、次のようなテーゼを立てることができるでしょう。批判の衰退期には、あるいはあなたが取るような「批判の批判」という態度においては、思想はしばしば地図作成作業を任務とする。これは一九七〇年代の思想にうまくあてはまる言い方でしょうし、あなた自身もこのイメージを継承しておられる。そこでは方向性の喪失が前提とされていますが、それについてはあらためて規定するなり議論するのがよいかもしれません。そこで一つめの質問ですが、地図作成という仕事そのもの、または地図作成という隠喩は、語る人間と語られているもの――地図作成作業の対象ということになるでしょう――の位置を分けてしまわないでしょうか。だとすれば、部分的にではあれ、あなたの思想と相入れないかもしれない。地図作成という隠喩はあなたの歩み全体に対し、そうした問題を生じさせないでしょうか。二つめの質問は、あなたの哲学が何度か問題にしてきた可能なものの定義にかかわります。あなたはたびたび「可能なもののシステム」について語っておられますし、政治とは「可能なもののシステム」を揺さぶりうるもののことである、とも述べておられます。〔地図を作成すべき〕「場所のシステム」と「可能なもののシステム」はまったく同じものでしょうか。というのも、ある時代における可能なものの全体をどのように通覧するのか、また、可能なものと不可能なものの線引きをどのように行うのかとは別の問題として、あなたの研究ではかなり早い時期から、可能なものとはたんに非現実の空間を作るユートピア的であったり奔放であったりする想像力の問題ではない、と言われています。

一番単純なところからはじめましょう。「可能」という語ですが、私のテキストではその語の厳密さはまちまちですし、可能なものの理論を背後にもった独特の意味で用いられているわけでもありません。ただし二つ、言わせてください。広く言うと、私が「可能」の語を用いるとき、その対義語は現実ではないし、「可能」は「不可能」と対立するより「必然」と対立します。別の言い方をすると、「可能」は実現を待っているものの謂いではない。なにが存在しているかを考えるやり方です。アリストテレスの表現を使って、現実的ものはいずれにせよ可能なものである、と言いたいところですね。私が可能なものについて論じるときには、この語はつねに、実行され実現された可能なものを指しています。問われているのは結局のところ、この「現にあること」のステイタスです。その点をめぐって「可能」は「必然」と対立するわけです。それでも両者はともに現実的なものの様態であり、それを概念化する方法です。必然的なものとは、存在しないことがありえない現実的なものです。「可能」のほうは存在しないかもしれないものであり、それに先立ち、それをあらかじめ規定している状況の連鎖からの帰結ではない。同時にまた、「可能なもの」は必然的連関とは違うタイプの連関空間を開いたままにしておきます。政治の言葉で考えるなら、必然の言葉によって思考しうることがらと、実在するものを可能なものの出現、存在しなかったかもしれないものの出現と見なしたときに思考しうることがらのあいだには、裂けめを設けることができます。可能なものが出現するとは、一つのシーン、一つの現実、一つの出来事が出現するということでもあり、それらを、通常の因果連鎖のシステムとは異なる感覚的なものの分割、異なる共存システムに属すると考えることができる、という意味です。

「可能」とは私にとって、想像力=構想力の次元にはけっして属しません。想像力の意味が、現にあるものに先行するもの、であればね。可能なものは、実現を待っているという意味でのユートピアではない。そうではなく、可能なものはひとつの現実的なものです。諸条件によってあらかじめ形作られておらず、諸条件に対して過剰であると同時に、なにかを別の可能世界として規定している実在物です。言い換えれば、現実世界で起きるある種の出来事は、通常の連関とは別のタイプの連関に関係させることができる。六八年五月から「アラブの春」にいたる、蜂起という現象がそうでしょう。それらはまさに別のタイプの運動であって、それらを歓迎するようにはできていない状況のなかに出現した可能なものです。突然現れるわけですよ。階層秩序のない世界が存在しうる、という事態が。人々が支配的論理から外れて存在し、集まる形式がありうる、という事態です。人々が結びつき、姿を現し、意思表示し、連帯する形式が次々に生起する。そここには、可能な別の世界の断片が、現実性を与えられて実在しているわけです。問題は結局のところ、ものごとを必然の論理に従って解釈するのか、それとも可能なものの論理に従って解釈するのかです。蜂起のような現象を因果関係のモードで考えるのか、それとも予想されていなかったことというかたちで捉えるのかをそのつど問わねばならない。たとえば、一九六八年に起きたことを、若者の行動や消費動向と結びついた現象と考えるのか、つまり「栄光の三〇年」[*1]――それほど輝かしくはなかったわけですが――とそこに付随して語られるものに結びつけて考えるのか、それとも、同じ三〇年の別の歴史を描き出す特異な現象と考えるのか。可能なものの世界を再定義するとは、つまるところ可能なものを現実的なもののなかに置き直しつつ、そこから必然的なものを引き去ることにほかなりません。それは、出現することがらを引き延ばして解釈する、という問題です。

　そのように考えて、私は地図作成というテーマにいたりました。重要なことは、領域の境界をなぞって内部の分割を描く地図作りではなく、ある分配と共存のモデルを、時間についての特定の見方がもたらす排除のモデルに対置することです。若い時分にフォイエルバッハ研究をしていたことはお話ししましたね。フォイエルバッハには、時間は排除を行うが空間は共存の場である、という定式があります。ある意味、私はこのフォイエルバッハに忠実でした。というか、彼の発想を違ったふうに再発見したわけです。現在を時間の連鎖の帰結とは考えない。いま存在するも

*1　訳注――本書第I章注2参照。

のを、かつて存在したものの表現、これから存在するものによって消去される運命にあるものの表現だとは考えない。現在の異なるあり方を示すと考えるのです。一つの同じ時間のなかには、複数の様式の現在が存在し、複数の感覚的提示法がある。私が重視するのは、地図を作成すること自体ではありません。フーコーとドゥルーズの対談に出てくる、新たなる地図作成者という主題にはそれほど熱狂しませんでしたしね。歴史的必然性への批判にこそ、地図作成なり地形測量《トポグラフィー》は立脚している。肝心なのは、一つの現在にはいつでも複数の現在があり、一つの時間にはいつでも複数の時間があるという考え方です。

現在の姿、「ポリス」のあり方

——あなたの研究には一つの緊張関係があります。あなたは一方において自身の思想的カテゴリーを練り上げ、構築しつつ、他方では『アルチュセールの教え』や『論理的反乱』以来、情勢なり時々のイデオロギー論争に関与してこられた。そのため、あなたの著作を当時の論争の枠から切り離して読むと、繰り返し出てくるカテゴリーを別にして、現在の特徴づけが一定しないように思えてくるのです。たとえば政治の問題、とくに民主主義の問題です。そこにはあなたが「ポリス」と呼ぶものの今日的あり方を描写するものとして、いくつもの概念が次々に登場します。「コンセンサス政治」「ポスト民主主義」「認識支配《エピステモクラシー》」と言われ、さらに「寡頭制」という言い方もされる。社会秩序の「脱象徴化」という表現も出てくる。換言すれば、現在の「ポリス」を特徴づけようとするいろいろなカテゴリーが存在しており、それらは多少なりとも異なる問題や難点に対応している。そうすると、まず概念間の整合性が問われるわけです。それと相関的に、あなたが自分の政治思想上「ポリス」と呼ぶものの歴史的変容も問題になる。現在の「ポリス」をどう特徴づけるか、そのもっとも際だった特徴をどう規定するか、さらにそれらの特徴を、一九三〇年代なり先ほど話題になった「栄光の三〇年」なりのポリスからどう区別するか。表裏一体の問いでしょう。今日の「ポリス」の次々現れてくる特徴のあいだに、「ポリス」の特徴として内的整合性はあるのか。そして「ポリス」の諸形態と、それらを区別する方法の歴史性です。

「特徴づけ」の話になったのは当然だと思うので、そこからはじめましょう。特徴づけるとはつねに区別することです。「ポスト民主主義」を問題にしても、「ポスト」なる時代の民主主義に概念規定を施そうというのではなく、民主主義を自称している現在をずらそうとしている。私はこの表現を一九九〇年ごろに使いはじめたのですが、それは次の問いに答えるためです。民主主義の名前で呼ばれている権力行使と代表制のシステムは、現にどのようなものであるか。「民主主義」を「ポスト民主主義」や「コンセンサス民主主義」等々と呼ぶことは、まずは民主主義概念に分裂を作り出す方法なのです。当時通例となっていた区分から抜け出す方法でした。すなわち、議会制民主主義を信頼し、表現の自由という民主主義的価値を奉じるのか、それともそれらはすべて搾取を隠蔽する仮象でしかないと考えるのか。これに対し、オピニオンのなかに現れる観念の閉域をそのつど打ち壊し、打ち破ろうとする「特徴づけ」のゲームをやろうと考えたわけです。

オピニオンは批判的、告発的スタンスの人たちのものも含んでオピニオンです。これが第一のポイントです。名前は移動のオペレーターであり、移動させようとすれば、支配的論理を再構成しなくてはならない。たとえば、支配的論理がどのように民主主義vs全体主義という対立から、民主主義に民主主義を対立させる分裂症的言説に移行しているかを示さねばならない。

二点目は「ポリス」概念にかかわります。これは私の仕事において二つの意味を折り重ねています。まず示差的な概念として、政治的なもの《ル・ポリティック》や政治《ラ・ポリティック》と呼ばれるさまざまなタイプの実践、操作、表象システムが実は不均質であり、まさに異質な論理間の出会いである、と言おうとしている。一九九一年のコロックのタイトル、「政治的なものとはなにか」[*2]という問いに答え、強調した点です。第二の含意は私自身の研究の進展につれてもった意味で、「感覚的なものの分割」の観点から「ポリス」と政治の概念を構築しようとしたことにかかわる。ポリスを、〈共〉的秩序が象徴化される一つの様式と定義しようとしたんです。国家装置や統治実践、身体の規律化ではなしにね。このとき私は、場所とアイデンティティの論理に従って物と人間を〈共〉存在にし、感覚領域を飽和状態にする組織化と、その組織化をばらばらにする論理とを対立させました。場所をもたない剰余、「分け前なき者の分け前＝部分に入らない部分」をぶつけてばらばらにする。構造的な視点から、根本的な異質性を定義したわけです。けれども、現在を分析の対象として論争的に再構築するという視点から見ると、議論の対象となっているのはつねに、異質な二つの論理の関係が構成される形態です。こうすることで言葉の使い方に緊張が生まれますが、それゆえに単純化をほどこしたくもなってしまう。「ポリス」は国家装置を指し、政治はその対立物を指していると考えるような単純化です。そんなふうに問題を立て、答えを出したところで面白くもないでしょうに。あるがままの政治のシーンを脱構築することと、政治と名づけられたもののある時点、ある状況を定義するうえで役立つ概念を提出することは、私にとっていつも絡まり合っています。ひそかにことを企てる「ポリス」があり、それに正面から対峙する政治があったりはしないのです。いわば一つのゲームがあって、それを通じて国家の活動ばかりかメディアによる〈共〉的世界の構成もまた規定され、国家の活動はその〈共〉的世界のなかで行われる。そして、このように規定する論理への異議申し立てもまた、このゲームにはある。

それを踏まえたうえで、「ポリス」の歴史――正確に言えば政治／ポリスの関係の現在形の歴史――を考えてみれば、「コンセンサス」は包括的な概念ということになるでしょう。コンセンサスを定義し直そうと思ったのは、一九八〇年代末に〈共〉的オピニオンなる概念が出現したことがきっかけです。当時の〔ミシェル・〕ロカール内閣は、今こそ国民的コンセンサスを定める時期だと考えていた。当時はまた社会党の元来の綱領が最終的に清算されつつあったころで、ソフトな左翼とハードな反動右翼をイデオロギー的に結合させるミッテラン主義のイデオロギー過

＊2　訳注―― “Politics, Identification, and Subjectivation,” *October*, no. 61, Summer, 1992, pp. 58-64 (“Politique, identification, et subjectivation,” *Aux bords du politique*, pp. 112-125〔未邦訳、「政治、同一化、主体化」『政治的なものの縁で』所収〕）のこと。一九九一年一一月にニューヨークで開催されたカンファレンスの正確なタイトルは「アイデンティティを問う」。

程が両者の融合にまで達した時期でした。要するに、一九九〇年代の『エスプリ』イデオロギーです。私は、当時のこうした状況を特徴づける第一の語として「コンセンサス」を選んだ。社会党と共和国連合（ＲＰＲ）の言わんとすることはたいして変わらず、同じ分析をよりどころにし、大差ない統治プログラムに帰結している、とわかる状況でした。その点を、政治と「ポリス」のあいだの種別的関係の概念へと練り上げようとしたわけです。

現在を「コンセンサスの時代」と定義することには、二つの意味があると思います。まず、「コンセンサス」はいくつかの国家的振る舞いを指しています。同時に、政府の実践とインターナショナルで超国家的な統治形態との関係を構成することも指している。後者はそれ自体で金融機関に結びついているでしょう。コンセンサスは、グローバルに共通化された世界を構築することにある。主として市場と利潤の法則によって構造化された世界を構築すること。それはまた、国家と超国家的な機関を結びつけ、超国家機関と国際金融機関を結びつける関係の諸形態を構築することでもある。各国家の取り分はそれらの関係が決めるわけです。各国政府がグローバルな秩序の帰結を自国に反映させる方法もまた、同様に決定される。すなわち、社会的連帯、社会的保護、社会保障制度を破壊し、労働の非正規化を促進し、公的資産を清算するか利益を生む場合には民営化する、といった方法を共通化するわけです。諸国民と諸政府の関係によって〈共〉を再定義することがコンセンサスであり、これまで存在したことのないグローバルで包括的な支配の論理を構築することがコンセンサスです。ＥＵはかつて存在したことのない類の資本主義でしょう。以上がコンセンサスの一つめの側面です。各国民の〈共〉空間をグローバル空間のなかで再構築すること。再編を生み出す政府の行動の総体もまた、コンセンサスの対象です。

第二に、「感覚的なものの分割」の観点からすると、コンセンサスとは、〈共〉的世界を必然が支配する世界として感覚的に構築することでもある。そのなかで生きる人々の力ではどうすることもできない必然性が支配する世界としてね。コンセンサスが今述べたような一連の統治行為だとすると、それはまた、そうした行為がたいした混乱なく実施されるよう感覚世界の自明性を作り上げることでもある。これはとりわけ知的、メディア的操作です。知識人、歴史家、社会学者、哲学教師、テレビや日刊紙の記者がそれに手を貸す。コンセンサスがある世界とは、必然性に向き合う世界であり、可能なものや選択肢が存在せず、必然性を管理するましな方法を選ぶしかない世界です。それは〈共〉的世界には違いないものの、争いの次元が主として知識と無知の関係に取って代わられた世界です。情報や知の包括的な体系を教育の論理、愚鈍化の論理の「勝利」として作り上げることも、その一部です。そこではあらゆる出来事、生起するあらゆることが、解釈の対象とならねばならない。私はこの情報システムを描写しようとして、こう述べたことがあります。問題は人々をイメージの洪水に溺れさせることなどではない。反対に、あらゆる出来事をかれらには隠されたもの、アクセスできないものとして示しつつ、かれらに説明してやらねばならない、と。やたらもてはやされている表現を用いれば、「解読」してやらねばならない。

コンセンサスは、各国政府と政府間のこうした実践を、そして〈共〉的世界の姿を徐々に確立していく。そこに加わる人々には不透明性を増すものとして、です。不透明性が増すゆえに統治は専門家の手に委ねられねばならず、出来事を解くには鍵がいるという空気も強くなる。この点こそ、今日的なポリスの論理の核心として定義できるでしょう。この今日的な論理によって、実に巨大な周辺部が作り出されています。住民、住民運動、さまざまな抵抗は次々に抑え込まれ、どんどん周辺部に追いやられている。ある意味で、ポリス的秩序はそれに対する集団的反応がないもの、それにかんしては個人的移動と漂流だけしか可能でないものとして作られています。ポリス的秩序に面と向かって対抗する正当な――情勢分析によって正当だとされる――審級がないわけです。この秩序の面前にあるのは間欠的で、異常で、犯罪的な等々の行為だけです。ポリス的秩序の完成とは、システムに取り込まれないものがすべて周辺問題、移住問題、病理、犯罪、テロ等々になるという事態です。同時に、コンセンサス秩序は、それが必然的に生み出し続ける周辺部と逃亡をコントロールするために、強化された治安維持装置を備えねばならない。

――今の話から、コンセンサス、認識支配、社会秩序の脱象徴化の関連についてはよくわかりました。いずれにしても、個人が逃走し、周辺化し、退出して別の〈共〉を構築できるような象徴化作業が存在しないわけですね。とすれば、現在を特徴づける作業自体が歴史的文脈をもつ、ということになるのでしょうか。それとも、そうした作業はなにより戦略的なものであって、あなたの目に現在を理解する妨げと映る現在の共通性を壊すのに役立つ、ということなのでしょうか。どうもあらゆる特徴づけが同じ存在性格をもっているのではなさそうですが。

　現在を特徴づけようとすると、論争的にならざるをえないことがあります。再審に付したい与件がどう編成されているか次第ですが。共通観念を分割して、内側から働きかける必要があるのです。また、別の特徴づけ作業はプロセスの側面を浮き彫りにします。「認識支配」という言い方ではっきりするのは、このプロセスの数ある側面の一つであり、科学が統治形態にお墨付きを与える度合いが強まっている、という事態です。お墨付きは馬鹿げた状況を生むこともあります。科学的とされる規範に効果がなく、場合によっては規範が詐欺師集団に操作されていることが明らかでも、科学的であるからとにかく従うわけです。サルコジが経済のことなどなにも知らなかった、ということは誰にでもわかる。一〇年前には不朽と信じられていたけれども、その後破綻してしまった経済的真理に彼が依拠していたこと、相当堕落した金融屋たちからなる組織がつける格付けを守ろうと彼が必死になっていたことは、誰でも知っている。「認識支配」とは、権力が動作するうえで必要な権力表象です。プラトン的モデルにもとづいた、一部のテクノクラートがいまだ夢想するような科学による統治が実際に行われているわけではない。

——「ポリス」は権利、平等、調整されたアクセス権などを尺度に、いわば「測る」ことも可能ですよね。あなたはよくこう言ったり、書いたりしています。ポリスには、いわばよい時代と悪い時代があった。だとすると、住民にとってあるポリスのほうが別のポリスよりも好ましいと言える基準があることになりませんか。

そうです。ただししつこいようですが、ポリスと政治を実体化しないことが条件です。ポリスと政治の関係にはそのときどきの状態がある。進んだと言える政治の状態もあります。状態によっては、生活諸条件が相対的によい状況にあることもあるわけです。きわめて単純な基準が存在します。腐敗を考えてみればいいでしょう。警官や担当役人に金を払わなければなにもできない国があります。行政の末端が組織的に腐敗していない国で暮らすことは、きわめて重要な基準だと言える。でも、それが「よい」ポリスというわけではない。対立する論理の関係がそれなりに望ましい状態にあって、政府の行動を制約するシステムが存在する、と意味しているにすぎない。街頭に出た人々に対する通常の反応がデモ隊への発砲なのか、反対に発砲を避けることなのかは関係の状態を見定める基準の一つですね。一九八六年の大学改革法案のときのことは記憶に新しい。反対運動で一人が亡くなり、法案が廃案になりました。[*3] 大統領官邸に請願をもっていったのを覚えています。シラク政権のときでしたね。私たちは横の小さな入口から入り、奥に進んで閣僚の一人に会いました。誰に会ったか、私たちの誓願がどうなったかはどうでもいい。重要な判断基準は、国の最高権力者の本拠地に行こうと考えて恐怖しないかどうかです。繰り返しますが、ポリスの状態と政治的な力の状態は切り離せないのです。

切断、革命、反乱

――二〇一一年にアラブ地域で起きた出来事を指して「革命」という語がよく用いられます。歴史的切断をどういう言葉で語るかは、本質的に政治的な争点を含んでいます。あなたとしては、どんな言葉がふさわしいと思いますか。あなたは何度か「集団的能力」という表現を用いて、こうした契機を捉えようとしてきた。フーコーは「革命」より「蜂起」を好んだように思います。ドゥルーズは、革命を目的論的な表象に結びつける考え方を打破しようとして、「革命的になること」という言い方を好んだ……。

現時点における切断を名指すうまい言葉は、ちょっと思いつきません。とくに「アラブの春」以降についてはね。革命という言葉を使うことに異存はありません。ただし、個々の革命と「革命」理念のつながりを切っておかねばならない。出来事や革命的状況と、歴史的必然の成就としての「革命」、マルクス主義的に言えば生産様式の根底的な移行としての「革命」とを分けることが重要です。現代史上の革命には、三日と続かなかったもの、数ヶ月続いたもの、数年は続いたものもある。

私にとって革命とはなにか。可視的なもの、思考可能なもの、可能なものの秩序全体が不意に放逐され、置き換えられる瞬間です。語の具体的な意味を考えてみると、革命は現代世界におい

＊3　訳注——一九八六年三月に成立した第二次シラク政権が、アラン・ドゥヴァケ高等教育・研究相を担当大臣として提案した大学改革法案（通称ドゥヴァケ法）のこと。大学ごとの入学者選抜や授業料設定などが提起され、大規模な反対運動が起きた。一二月六日にパリで学生マリク・ウセキンが警官隊に撲殺される事件が起きた後、ドゥヴァケは辞任し、法案は撤回された。

て、世界が逆回転しはじめる瞬間を意味するようになりましたが、もともとは振り出しに戻ることでした。私は一八三〇年、一八四八年、一八七一年についてかなり研究してきましたが、それを踏まえると、革命と呼べるのは次のような瞬間であるはず。既存の象徴秩序が不意にまるごと中断され、それまで思いも寄らなかった事態が可能なものとして登場する瞬間、それまでのシーンには出番がなかった人民というアクターが登場する瞬間です。発言という契機は、こうしたアクターがそれまで欄外に置かれていた「自由」「平等」といった言葉を奪い返して名乗り出るやり方です。まさにこのようなことが、チュニジアやエジプトで起きた。国家権力を転覆させたわけでも資本主義を終わらせたわけでもないのだから、革命ではなかった、という議論は拒否しなければなりません。この手の主張は、過去の多くの革命についてもなされます。一時的な中断では不十分だ、最後の決定的な革命に向けて組織化を持続的に行うべきだ、というふうにも言われる。けれども革命とは、権威をめぐる諸関係と、われわれの住む感覚可能で思考可能な世界の構造全体が不意に覆される時間のシークエンスです。これは実際の期間はいろいろであっても、長く持続する時間であり、プロセスの一部始終を革命と呼ぶことができます。蜂起は人々が立ち上がることを指すけれども、可能なもののシーンの変容という肝心かなめのプロセスのことではない。転覆をあらためて革命と名づけることができるためには、一定の時間的シークエンスを基礎にしなければならない。権威をめぐる諸関係、人々を共同体の一員にする表象関係そのものの転覆を、短期、中期、長期でその結果がまったく異なるものと考えねばならないのです。

――フーコーはそれに関連して、知識人の役割は「今日、革命のイメージを一九世紀と同じくらい好ましいものとして復活させることにあるべきだ」と述べたことがあります。*4 あなたの役割はどのようなものでしょう。新聞のオピニオン欄に寄稿することはどう思いますか。

知識人の役割ではなく、研究者と物書きとしての私の役割について話しましょう。書くことを通して、私はとにもかくにも、権威関係とそれを受け入れ可能で規範的で致し方ないものにする表象システムとが全面的に転覆された状態はよいものだ、と言い続けてきました。それが知識人の仕事かどうかは与《あずか》り知らぬところ。〔『アルチュセールの教え』を初の単著として出版した〕三五年前から、解放という言い方で自分がなにをどう理解するかを考える思考空間――それは情動の力が働く場でもあれば欲望可能性の空間でもある――を閉じないよう努めてきました。こうした仕事は、状況によっては論説のかたちをとることもある。ただし、できることがあるときに発言するという条件でね。チュニジア人に向けて「あなたたちがやっているのは、実はこういうことですよ」と言うために寄稿する気にはなれない。非正規滞在者《サン・パピエ》やロマをめぐって起きているかもしれないこと、つまり、事態を別様に見る可能性が私にも言えるのであれば、やろうという気になります。

＊4　Foucault, « Le savoir comme crime », *Dits et écrits*, t. 3, p. 86.〔寺山修司との対話「犯罪としての知識」『ミシェル・フーコー思考集成Ⅵ』筑摩書房、二〇〇〇年、一〇七頁〕

仕事と状況介入的発言は違います。別の世界の可能性を感覚的に紡ぐような作業が仕事であり、状況を記述し直そうとするのが発言です。根本的にはこの二面を抱えて仕事をしているわけです。理論的とされる概念分析の次元と現在のポリス的スローガンを剔抉する次元の両方で同じように、共通観念を破壊しようとしている。秩序の信奉者と、それに異議を唱えているつもりの人々がたいていの場合分かちあっている観念を、です。しかし、状況介入的発言には一定の基礎があって、それが仕事の領域です。解放を口にする人々はまともであって、望ましい提案をしていると考えさせてくれる感覚の織物を紡ぐことです。

——政治的主体化プロセスの効果についてあなたがどう考えているか、詳しく聞かせてください。主体になってなんの得があるのかという基準によって、それらの効果を区別することはできるのでしょうか。言い方を変えると、主体化を通じて社会的なものの分有や分割のあり方が再定義されるという事実を超えたところで、主体化の効果を考えることはできるのか。たとえば権利、福祉、不平等といった点にかかわる効果です。政治的主体化の有効性に基準を設けることは重要だと思われますか。もっともそうした基準は、『不和』にも、あなたの政治思想が展開されている代表的なテキストにも見当たりません。

私にとって、政治活動が効果を発揮したかどうかを判断する根本基準は、政治が実践される条件そのものを作り出し、拡大し、制度化したかどうかです。つまり、有効性はいつでもまず主体にかかわっている。政治活動が効果をもつとは、政治的主体の主体としての力が増大する、ということ。そうした力の増大は、国家機構や社会制度内の力関係が再編される際にも生じます。政治運動や蜂起や政治革命――どう呼んでもよいでしょう――が結果として、人々の集まる力、デモをする力を生み、組織的不正のない選挙を可能にしたとすれば、それは効果があったということ。たとえその効果が選挙システム内で理解され、寡頭制にお墨付きを与える結果になってもね。むろんあらゆる権利は、それを行使するうえでの物質的可能性に制約されています。しかし根本的な権利は、恐怖を感じずに政治的アクターでいられることでしょう。街頭に出るときに、発砲されるかもしれないと恐れるのではなく、もみくちゃにされて拘束されるのがせいぜいだろうと考えることができるのは、とても重要なことです。純粋に物質的な側面を除けば、民衆が民衆として、つまり国家に体現される国民とは違う存在として現れることができるための諸条件を作り出すことが、政治的有効性を判断する根本基準です。

　他にも基準は存在します。生存様態における平等という観点から政治的争いの結果を判断する。この結果は現在のＥＵにはっきり見てとれるでしょう。連帯を担う共同機構として存在していたものを、ことごとく破壊しようとしている。貧乏人が金持ちと同じ病院に行けるとか、どのような生活を送っていても、教育、ケア、交通機関に平等にアクセスできるといったことを否定しようとしている。これは、政治的争いの計測可能な直接的結果ですが、残念ながら、政治的なものが潰走したことの直接的に計測可能な結果でもあります。「そんなものはことごとく罠にほかならない。社会権や社会保障の最大の目的は、労働者階級を洗脳して抵抗を粉砕することだ」という意見がある。これにはまったく賛成できませんね。くだらない議論です。それに結局のところ、寡頭制が現在行う攻撃に棹さしている。実際は逆でしょう。相対的平等の諸制度が拡大することと、誰でもよい誰かの能力が行使される諸形態が広がることのあいだには、いつでも相関関係があります。政治的争いの効果は、主体的力量の拡大と権利の平等の諸条件の両方に見てとれる。生存に必要ないくつかの最低条件にも。

新たなインターナショナリズム？

——『不和』の最後は、世界レベルでの「ポリス」の話になっています。人道主義が重要な役割を果たすこのグローバルな「ポリス」を語りつつ、あなたは、しかし「グローバル政治」なるものはありえない、と論じている。「『世界』は拡大するかもしれないが、普遍的なものは拡大しない」と書いておられます。[*5] これはつまり、あなたの言う政治には、規模としての世界も、独自の場としての世界もありえないということでしょう。けれども世界とはしばしば、多種多様なインターナショナリズムが成立する前提条件の一つです。マルクス主義や新たなインターナショナリズムでは、プロセスとしての歴史の終わりに見いだされるべきものとして、本来的な共通の人間性がしばしば想定される。だからこそ今日のグローバリゼーションも、解放のプロセスに真のレベルやスケールを与えるものとして歓迎されている。解放という最終目標については措くとします。問題は、いずれにせよ政治的シーンの構成をどう解釈するかです。事実としてポストナショナルであり、制度においてスーパーナショナルでありえ、社会運動を貫くトランスナショナルでありうる政治のシーンのあり方が問われているわけです。たとえば、労働者インターナショナルの退潮と冷戦終結のあと、三〇年かけて闘争空間がとにかく再構築されつつあるわけですが、これはポリスと政治の関係にかんするあなたの概念枠組みに組み入れることが可能なのでしょうか。

その問いには二つの側面があります。政治的主体化にかんするものと、そこにかかわっての人類という地平です（「大地は人間のものである」と言いますね）*6。二つを結びつけるかもしれない理念であるインターナショナリズムから考えてみましょう。労働者インターナショナルは、ソ連国家とスターリン権力が用いる道具に成り下がる前は、「インター」とは言いながらも、まずもってナショナルな社会運動の集合体でした。ナショナルな運動というのは、ナショナリスティックな運動とは違います。階級闘争のある限定された状況のなかに実際に存在する社会集団をもとに、具体的情勢を普遍化する形態を構築しうる運動のことです。局所《ローカル》的なものとそれが可能にする普遍《ユニバーサル》化能力とのつながりこそ、私にとっては政治的なものを定義するうえで鍵となる。普遍化のプロセスは、支配秩序を自らのサイズに合わせようとする国民国家と対峙することで展開されてきました。ご承知のとおり、今日ではこうしたタイプのインターナショナルな運動はありませ

＊5　*La Mésentente, op. cit.*, p. 188.〔前掲『不和』二二五頁〕
＊6　訳注――フランス語版「インターナショナル」の歌詞の一節。

ん。その代わりに、資本主義インターナショナルが存在している。資本主義の法を課すべく、それがうまく組織されている。いわゆる「ヨーロッパ」をはじめ、現存する超国家的機構は、資本主義インターナショナルによって作り出された資本主義インターナショナルの道具です。それらの機構は一方では国家を媒介に自らの法を人々に課す。他方では、政治的争いの成立を困難にします。というのも、それらは不在の敵であるから。敵と対峙することで局所的なものが普遍的なものになるプロセスが、不在の敵を前にしては働かないのです。以前は国家や経営者との対峙を通して構築可能であったプロセスが、構築されない。敵がいないという事態を補うものを、反グローバリゼーション運動とシアトルやジェノヴァなどのデモが提供するわけではありません。こうした運動は、シーンがグローバルなのだからアクションもグローバルであるべきだと主張します。けれども、このアクションは本質的に象徴的なものです。グローバルな統治機構をターゲットにしていても、機構の定期会合の場を非難するだけ。統治機構がそれぞれの国の雇用や社会組織に破壊的影響を与える場に攻撃をかけるわけではないのです。なおかつ、そうした統治機構はわれわれの国や社会に秩序を敷く機構ではありません。この作業分担のせいで、ローカル・レベルでの闘争と象徴的グローバルアクションが乖離させられるのです。後者は国際問題専門家のアクションになっていく。

　専門家によるアクションと解放された人類という地平との隔たりは、今日では人道問題が専門家の仕事である事実によく表れています。ＮＧＯが登場し、グローバル秩序のもたらす苦しみに最前線で直接かかわるさまざまな組織が生まれている。こうした組織は、グローバル秩序が相対的に耐えがたい状況だと判断するところにはどこにでも出ていきます。難民、飢餓に苦しむ人々、迫害を受ける人々がいるところにはどこにでも。それは慈善であって政治ではない、という意見に与して言っているのではありません。そんな意見はあまりに単純すぎる。ＮＧＯ活動家がグローバル統治を行う勢力と現場で闘い、その犠牲者たる人々の意識化や組織化を助けているケースがとても多いことは周知でしょう。自分たちの活動を広めようとする、たとえば〔世界的な署名集めサイトの〕Ａｖａａｚのような運動のおかげで、「国際世論」を通じてシリアやアフリカなどで起きている耐えがたいことに対して圧力をかける努力があることもわかる。こうしたことは、政治的なものに対する感覚のありようを再定義して新たなインターナショナル精神を作るうえで重要です。それでもしかし、こうした運動のどれひとつとして、特異なものを普遍的なものに構築する力をもたない。実際、新たなインターナショナルを呼びかけた哲学者、つまりデリダが行った呼びかけは、人類が苦しんでいるという認識をベースにしており、生成しつつある人類を基礎にしているのではない。デリダはまた政治を主権と同一視したうえで、それを他者という形象から分離する。他者とはわれわれの賓客であると同時に、われわれを人質にとる存在です。つまりデリダにとっては、主権的主体の次元にいる同一者とまったき他者としての人間が存在していて、後者は非人間的な力に取り憑かれている。こうなると、アイデンティティ秩序を変える力としての政治的主体という人間像そのものが排除されてしまいます。私にとっては、そこかしこで具体的に結集し、やはり同じく具体的に現れる敵と闘う社会運動を再建することによってのみ、人間の解放のほんとうの意味を再構築する希望は見えてきます。

移住する身体、苦しむ身体

――非正規滞在者《サン・パピエ》問題について、よく発言を求められていますね。最近では、ヨーロッパのロマ問題についての発言もありました。フーコーはボートピープルを「未来の先触れ」と呼んだことがありました。[*7] あなたの仕事に移住者の流れはどう位置づけられますか。

話を広げていいかもしれません。移住者の流れをめぐる問題を、難民状態に向かう人類の悲壮な情熱のようなものからは区別したい。現代の人間は「キャンプ」〔収容所、避難所、一時滞在施設〕の人間である、という考え方からはね。難民やキャンプの人々を現代的実存のシニフィアンとみなそうとする悲壮な情熱があります。しかし次の事実に立ち戻るべきでしょう。移住者とは今日まず、よりよい生活の手段を求めて移動する人々です。もちろん別の現象もあります。虐殺を逃れたり住む場所を奪われたりして、キャンプに押し込められる人々はいる。けれども、移住者とは労働市場を移動するようにして移動する人々である、という事実から出発すべきです。かれらは、生活に必要な収入を得ることができ、家族を呼び寄せることができ、本国に送金する経路を確保できると考える場所に向かおうとする。移住者問題をまるごと「存在論的条件」で考えることも、まるごと政治的分割のシーンで考えることもしてはならない。移住者はなんらかの方法で国境を越えようとするわけですが、そうすると先ほど話になったシステムの二重の論理にぶつかります。すなわち、資本が自由に流通するためには人間は逆に自由に動けないようにしないといけない。一方では、仕事を失いたくないならマレーシアや中国に行くことが条件だと言われ、他方で、マレーシアや中国からではなく、クルド地方やエチオピア、ガーナなどアフリカ・中東諸国から来る者を国境で食い止めねばならない。ここではいわば、たんに生きるだけの可能性と現行の国際秩序が激しくぶつかっているのです。

移民を必要とするところですら、まずコントロールすることが必要だとされている。最近、シルヴァン・ジョルジュの映画『かれらが反乱のうちに眠らんことを』〔二〇一〇年〕を観ました。〔英仏海峡の街〕カレーにある「ジャングル」〔非正規滞在者が作るテント村の名前〕が舞台です。状況を政治的に構成するにはいたっていない、ということがよくわかります。支援活動はつねに空《くう》をつかむようなところがある。ジャングルの人々は、通過するためにだけそこにいるからです。警察との関係にしても行く手を阻む鉄条網を前にしても、状況全体のなかでかれらが求めているのは、どうやったらそこを通り過ぎることができるかです。かれらは政治的主体としてそこにいるのではない。滞在許可証が取得できないまま五年なり一〇年なりフランスなどで働く人々の状況とは違うわけです。こちらのほうは、まさに政治的な状況です。人々が包摂と排除の両方の対

＊7　訳注――Foucault, « "Le problème des réfugiés est un présage de la grande migration du XXIe siècle." Interview exclusive du philosophe français M. Foucault », *Dits et écrits*, t. 3, p.800.（「難民問題は21世紀・民族大移動の前兆だ」宇野邦一訳、『ミシェル・フーコー思考集成Ⅷ』筑摩書房、二〇〇一年、一〇八頁）

象となっており、かれらはよく知られた非正規滞在者《サン・パピエ》のさまざまな運動を通して、その排除と包摂の関係を主体化することができる。国境で起きていることと中心で起きていることのあいだには緊張があり、その緊張のなかで政治空間は引き裂かれています。移住者が同時に二つの存在になるんです。かれらは、通過を妨害するポリス的秩序とかかわるかぎりでは純粋に移住者です。しかし同時に、自分がいる場所で周りと同じように生活する権利があると主張した瞬間から、かれらは潜在的に政治的主体です。こうした緊張関係は解消がきわめて難しく、まさにそのことが、インターナショナリズムなどない、と理解させてくれます。その意味は、移住者の流れにおいてはポリスと個人が対峙するシーンと、「分け前なき者たち」が自己主張する固有に政治的なシーンがたえず分割されてしまう、ということ。

——そう考えると、シーンの布置を変更するうえでは外国人参政権がきわめて重要ですね。

移住者という「分け前なき者たち」をより大きな政治的普遍に包摂するうえでは、実際とても重要ですね。外国人参政権問題に対する公式左翼の態度は間違いなく犯罪的です。冷淡な態度を取り続け、有権者には理解できない問題であろうなどという忌むべき主張を受け入れてきたわけですから。政党と言われる諸党が明らかに、まさに政治的シーンの可能性を作り上げるものを排除する反政治を実践している。外国人が地方自治体選挙に参加すれば事態が大きく変わるだろうと言いたいのではありません。問題はそこではありません。この参政権問題に賭けられているのは〈共〉空間の再編だ、という点です。アイデンティティの概念そのもの――フランス人であること、ある国家の公民であることの意味――を変える問題でもあります。二つの問題を結びつけるのは、限定された帰属を包括的に構築する作業です。理想的な政治的シーンを立ち上げるには、いくつかのことがらを結合させる必要があります。移住者の権利、定住移民の権利、そして生活の全般的不安定化ですね。不安定さを経済の次元でしか捉えない人たちがいます。不安定さは底辺労働から、三〇-四〇代の博士号取得者でも就職できないヨーロッパのポスドク問題にまでつきまとっている。不安定が全般的状況と化しているわけです。それは経済的な周縁化にはじまり、権利の否認、さらに移動そのものの不可能性にまで及んでいる。今日ではおそらくこの包括的不安定状況が、可能な主体化の基盤でしょう。普遍化することがもっとも容易なもの。しかし同時に、別々の箱に入れられてもいます。だから、はじまった途端に「こんなのは紐付きプチブルの幼児的運動だ」と言われる無職ポスドクの集会と、ヨーロッパの警察に身元を特定されないよう指先を焼いて指紋を消す〔『かれらが反乱のうちに眠らんことを』に出てくる〕移住者の状況とが依然隔たっているのです。

人間、人間でないもの：政治的エコロジーについて

——政治的エコロジーが一つの思想潮流となっています。広範な支持を集め、発展し、多様化もしてきている。あなたの概念装置を使って政治的エコロジーを読み直すことができるのではないでしょうか。いささか強引なところがあるので賛同してはいただけないでしょうが。ディープ・エコロジーには種を差別することに反対する思想があります。その系列には、「モノの議会」で「人間でないもの」を発言させるというブルーノ・ラトゥールのエコロジー思想を加えてもよいでしょう。この反種差別思想は、政治についてあなたが考えるのと似た基準を暗に用いています。政治とは畢竟、当事者と取り分の布置を描き直すこと、不可視の主体や対象を可視化することだ、という基準です。それはたとえば動物であったり、日常生活の一部をなすモノであったりする。要は、雑音でしかないようなものに発言させるという基準です。しかしこうした拡張は、可能であっても難点を抱えていると思います。事実、政治的なものをあなたが定義するときには、ほぼ間違いなく言語をめぐる思考がついてまわる。政治的動物とはあなたにとって「文学的動物」です。あなたの考え方によるならば、「非人間的なもの」に政治的主体化の可能性を認めることはできないでしょう。ラディカルな政治的エコロジーの思考様式とあなたの思想との若干分裂気味のこうした緊張関係や両立可能性について、どう思われますか。

私から見れば決定的な隔たりがあります。私は政治をつねに論争という観点から定義してきた。

人間をめぐる論争、人間集団とそこに認められる能力との配分をめぐる論争、人間集団に付与される発言能力をめぐる論争です。私にとって政治は、つねにいくつかの問いを中心に演じられる。その人間たちは本当に人間なのか、かれらは人間に属すのか、半人間もしくは偽人間ではないのか。口から雑音を発する人たちは話しているのか、それとも話していないのか。政治はつねに、人間のあいだの所与の分割を問い直す政治的関係のただなかで定義されます。問い直しを始動させるのは、人間の数に入っていない人間が自らを人間に数え入れる能力です。かれらが自分は人間に属す、自分には能力があると宣言することから、それははじまる。私は、「分け前なき者の分け前＝部分に入らない部分」が主体化する可能性を欠いた政治は存在しないと考えています。主体化は人間どうしの分割のあり方を再編する宣言を経て起きるのです。主体化の先にはなにがあるのか。もちろん、人間の能力を承認ないし肯定し、その再配分を行う政治的シーンの彼方にまで平等を推し進めようという平等思想はありうるでしょう。あらゆる生きものを等しく顧慮すべし、優れた人間的共同体とは自らに限界を設け、「なんでもやっていいわけではない」と宣言する共同体である、と語るような平等の受け取り方もあるでしょう。

しかしそんなことを言い出せば、ラ・フォンテーヌの寓話が提出する問題に戻ってしまう。狼と子羊のどちらを代表するのか。生物多様性をめぐる馬鹿げた激論は周知のとおりです。狼を山に戻すのが好ましいとしても、子羊にしてみればそうでもなかろう。子羊に代わって発言するのは羊飼いである……。かくて問題の根本に戻ります。動物、自然、大地、モノを代表するのはつねに人間です。すなわち人間の利害。羊飼いや畜産家も別の職業についていれば、子羊の保護にそれほど関心をもたないでしょう。これが第一の問題です。

第二の問題は、狼は生物多様性保護に有益であり、生物多様性は地球環境保護に有益であると考えるのが、地球的ヴィジョンの専門家を自任する人々だという点です。かれらは、土地や家畜の世話に手いっぱいの人々がもたない知をもっていると思っている。漠然とエコロジー潮流をなすもののなかにはさまざまな緊張関係があるでしょうが、それでもエコロジーに配慮するという前提は、政治についての一つのモデルにわれわれを連れ戻します。科学の助けを借りて共通利害を守ろう、というモデルです。政治が存在するには地球と天然資源の管理が必要だが、それは誰にでもできることではない、という考え方にまたしても出会う。エコロジー思想のなかには、ラディカルな平等主義と呼べるような立場と、テクノクラシーと科学者統治をよしとする立場の緊張があります。違うラディカル・エコロジーもあるとおっしゃるかもしれませんが、エコロジーと科学による統治は、含意を含めて深いところで絡まり合っています。もっとも広まっているエコロジー的言説はこう言っているでしょう。貧乏人は運転の仕方も服の着方も、家の建て方も環境保護の仕方もなっちゃいない、奴らが地球をめちゃくちゃにしている元凶だ、と。私の思うに、われわれ人間には人間でないものの主体化を定義することはできない。それができてしまえば必然的に、人々にモノを代理する能力が与えられるでしょう。ラトゥールは「人間は代表されるのだから、モノも代表されてしかるべきだ」と言いますが、人間には代表者に異議を唱えることができるという違いがある。「あなたがたはわれわれの代表者ではない」と言っているマドリードの「怒れる者たち」のようにね。モノにせよ狼にせよ子羊にせよ、人間を代表の座から引きずりおろすことはけっしてできないでしょう。その座は人間が自分で自分に与えただけですから。

——いま言われた代表の問題は、人間だけの世界にもやはり存在します。委任や代弁の問題、そこに付随する権力問題、能力の非対称性問題は相変わらず続いています。

一般的に言ってなにが政治を可能にするのか、という問題ですね。それは、「誰でもよい誰か」の能力として自分の能力を宣言できる可能性です。こうした自己申告はしかし、あらゆるかたちの代表制に最終的に正当性を与えるものでもある。この能力がないところでは、代表制そのものがたいへん怪しくなります。選挙では代表者を打ち負かせないという経験則は、取るに足らないように思えるかもしれませんが、もっと根本的な問題を参照しているのです。自分の声で意見表明しうる能力が分有されている、という前提が確保されているかどうか。

——エコロジーが科学による統治に傾きがちだという点には同意できます。しかし、アルネ・ネスやイザベル・スタンジェールのエコロジー思想には、ラディカル・デモクラシー的傾向も含まれています。かれらには、科学にもとづく権威は疑わしいというあなたの思想と共通する発想があるのではないでしょうか。

科学の民主化という主張は二つのことを含んでいます。実験室はいたるところにあるという考え方と、科学は分有されているという考え方です。しかしくどいようですが、分有は人間のあいだでのこと。科学の民主化の中心には、患者と医者による能力の分有という発想があります。ここでもやはり、議論は人間的能力の枠内のものです。科学の民主化は、話し、考える人間的能力によって規定されており、その能力が動物にまで拡張されたとしても、動物はあくまで気遣いの対象であって、人間のやることを妨げる審級ではない。

脱現実化した世界：どのように情報を得るか？

——『解放された観客』で、あなたは強力なテーゼを提出しています。〔ポール・〕ヴィリリオやボードリヤールの議論にさまざまなかたちで見いだされる、イメージが無差別に氾濫して世界を脱現実化するという考えを逆立ちさせている。あなたは書いておられます。われわれはイメージの洪水に苦しめられているのではなく、反対に情報の減算戦略に直面している。それは「情報の意味をただ冗長に説明する以上のことをするものすべて[*8]」を選別し、ランクづけし、削除する戦略である。支配的な反メディア的言説からこのようにずれることで、あなたはどのようなプロトコルを提示されているのでしょうか。情報を解読するプロトコルという意味ではありません。スクリーン、活字メディア、インターネットを経由する莫大なイメージやデータのただなかで進路を定め、情報を得るためのプロトコルという意味です。

情報についてこれといった戦略があるわけではありません。インターネットで収集できる情報はあります。しかし情報はあちこちからも直接入ってきます。誰の知り合いのなかにも、自分よりタハリール広場の抗議行動やアメリカの大学や大都市のオキュパイ運動でなにが起きているか、国境地帯でどういうことが起きかねないか、ロンドン郊外で起きたばかりのことに通じている人たちがいるでしょう。活動家ネットワークを経由して伝えられる情報もある。知り合いのなかにはスクウォッティングや非正規滞在者《サン・パピエ》支援団体の関係者がいるかもしれない。さらに、Cimade[9]やRESF[10]〔国境なき教育ネットワーク〕を通して非正規滞在者《サン・パピエ》の状況、行政留置施設や強制送還の問題にかかわる人がいるかもしれない。誰でも多少はパレスチナやマグレブ諸国の出身者を知っているでしょうし、かれらがもたらす独自の視点や情報もあるでしょう。大勢のアーティストが数十年来、政治情報をもたらしてくれています。「超法規的な身体拘束・移送」というアメリカ流手続き[11]をはじめて耳にしたのは、ベイルートでワリッド・ラードが行ったパフォーマンスとカンファレンスでした。それまではまったく知らなかった。アーティストたちはほとんど

＊8 *Le spectateur émancipé*, La Fabrique, 2008, p. 106.〔前掲『解放された観客』一二四頁〕

＊9 訳注――移住者や難民、難民申請者を支援する、フランスの全国組織。

＊10 訳注――本書第Ⅲ章二一六頁参照。

＊11 訳注――extraordinary rendition。いわゆる対テロ戦争で、ブッシュ政権時代にCIAが行った、「テロ容疑者」への違法な身体拘束と、拷問が可能な第三国への移送を指す。

こにでも出かけていきます。活動家的で記録映画的な手法や、より洗練されたやり方を駆使して、マスコミが伝えるのとは違ったふうに状況を描き出してくれる。マスコミがカバーしないことを語ってくれることもある。

こうしたチャンネルを使って情報を流そうという取り組みもあります。伝えられる情報にはつねにフィルターがかかっており、代弁者経由だということを承知のうえで。YouTubeにはタハリール広場をはじめ、さまざまな場所で語る人々の映像が上がっている。かれらの発言の重みを測ることなどできないし、かれらがなにを代表しているのか、誠実に話しているのか、誰に向けて話しているのか、といったこともわからない。実にさまざまな材料があるので、それらを使って、最初から限定されていると同時に過剰に解釈されてもいる情報にはめられた枷を多少は壊すことができます。けれどもよい戦略を立てるのは難しい。情報をもたらす側も同時に分析を加えています。分析はマルクス主義的だったり、ネグリ的だったり、アガンベン的だったり、ときにはランシエール的だったりさえします。問題は、われわれがその情報を使ってなにをしたいのかです。情報を総合して徹底的に検証してみたところで、結局のところ政治判断の土台にはならないと、われわれは知っている。政治判断は、とにかく態度を決めなければならない情勢をどう描くかにかかっています。〔二〇一〇年までチュニジア大統領だった〕ベン・アリや〔父を引き継いで二〇〇〇年にシリア大統領になった〕アサドを世俗性と女性の権利の擁護者と見なすのか、残虐な暴君と見なすのか。かれらに反対して街頭に結集した人々を自由の闘士と見なすのか、イスラム主義者と見なすのか。あるいは踊らされた貧乏人と見なすのか。

——アーティストの作品作りが情報を媒介したり、情報の一般的な伝えられ方を批判する媒介になったりするのはたまたまではないわけですね。

もちろん、アーティストがわれわれに提供してくれるのは訂正情報ではなく、表象の枠組みそのものを壊すさまざまな感覚的提示法です。中東問題に関連して何度も語ってきましたが、被害者イメージを壊そうと熱心に取り組むアーティストの役割は重要です。たとえばレバノンには、〔ワリッド・ラードの〕アトラス・グループが製作したフィクションや架空のアーカイヴがあり、ジョアナ・ハッジトマスとハリール・ジョレイジュの映画がある。この映画群は、戦争の恐怖を映像にする代わりに、消滅について語ることで視界を変えようとします。人々の、場所の、イメージの消滅です。リナ・サーネーとラビア・ムルエのパフォーマンスは、どうやったら状況を笑い飛ばすことができるのかを示している。他にもいろいろあります。肝心なのはこうした再構築作業です。それまで見えていなかったものを見せること、身体がわれわれの前に提示され、描かれる仕方をずらすこと、身体の力強さや無力さがシーン化される仕方をずらすこと。

三面記事、ありふれた生、調査

——情報とニュースが話題になったので、あなたが何度か考察の対象とされた三面記事のことをうかがいます。三面記事の登場によって「因果関係はありふれた生の世界に沈んだ」とおっしゃっていますね。[*12]『アイステーシス』でのスタンダール『赤と黒』論では、スタンダールが『判決日報』を読んで、「民衆の子どもたちがもつ危険な知性とエネルギー」をつかもうとした様子が論じられています。[*13]現在の三面記事を注意して見ておられますか。メディアの取材力には相当のものがあり、あなたが三面記事に認める力を奪っているようにも思われますが。ありふれた生がもつエネルギーや知性を再発見するような仕事を、あなたは現在やっておられるのでしょうか。

三面記事の栄光は過去のものだと思います。三面記事を論じたのは、『ヴェルティゴ』誌の特集号に寄稿を求められたから。それがきっかけで、三面記事の噴出という事態について考えるようになりました。この噴出は、民衆の知的かつ情動的なエネルギーが出現すると同時に、伝統的な因果の連鎖が切断されるという二重の現象です。「三面記事」が出現する時期を、庶民という存在がおぞましい犯罪、突拍子もない願望、理解不能な行動という形式で出現する時期として分析しました。民衆がなんでもやりかねない者として登場する時期です。『判決日報』の創刊は一八二七年です。[*14]多くの人に判決を知らせるものでしたが、出訴状やビラの文体とはかなり違っていた。スタンダールが同紙を熱心に読んでいたかどうかはわかりませんが、創刊から三年後に出版されるジュリアン・ソレルの犯罪物語は、実際に二つの三面記事をミックスしてできあがっています。私は以前、『ボヴァリー夫人』と労働者インターナショナルの結成のあいだにはつながりがある、両者は発話の出来事が民衆生活に登場する二つのかたちなのだと論じました[*13]。スタンダールの作品はもっと直接的に、一八三〇年革命が画することになる庶民の出現と結びついています。犯罪に費消された庶民のエネルギーへの新たな関心とも。『判決日報』で興味深いのは、庶民の扱い方が二重である点です。一方には事件の紹介があって、日常生活でのもめごとや異常な行動が取り上げられる。事件を引き起こしたはいいが、自分になにが起きたのかを言葉で説明できず、理解もしていない痴れ者が出てきます。他方にあるのは複雑で周到な犯罪です。庶民の話ではあるものの、喜劇に出てくるような滑稽な田舎者としてではなく、なんでもやりかねない危険人物が現れた、というふうに扱われる。三面記事の時代とは、革命と小説の時代でもあったのです。

もちろんわれわれはもはやこの強力なパラダイムのなかにはおらず、スタンダールから五〇年

＊12 « Poétique du fait divers » (2004), entretien réalisé par H. Aubron et C. Neyrat, repris dans *Et tant pis pour les gens fatigués*, *op. cit.*, p. 398.〔未邦訳、「三面記事の詩学」『疲れた人々にはお気の毒さま』所収〕

＊13 « Le ciel du plébéien », *Aisthesis*, *op. cit.*, p. 66.〔未邦訳、「平民の空」『アイステーシス』所収〕

＊14 訳注――実際は一八二五年のこと。

＊15 訳注――本書第I章注51参照。

後にはじまった三面記事の新たな段階にいます。『赤と黒』を参照点にすると、一八八〇年代でこれに相当するのはモーパッサンの作品で、とくに『ロックの娘』（一八八五年）でしょう。村の名士が少女を強姦する話です。庶民の危険なエネルギーのシニフィアンであった三面記事が、別のものを意味しはじめる。進歩を奉じる文明の底にある獣性、非人間性です。文明の外見の下に野蛮な獣が隠れている。ニーチェとロンブローゾの時代の三面記事です。

三面記事には二つの伝統があります。民衆がもつ能力を語る伝統と、けっして眠らない獣性を語る伝統です。しかしある時期に、三面記事の症例表示機能が変化して、異なる価値基準を備えるようになります。三面記事は相変わらず文明の病として受け取られるものの、病は子どもをクローズアップするものであったり、単純に、正常な秩序の裏面にぴったり張りつく悪であったりする。こうして三面記事は病理学化の道具になります。今では性犯罪、とくに小児性愛者の記事が三面記事の中心になっているでしょう。私が子どもだった一九五〇年代には、三面記事的な事件は「情痴犯罪」と呼ばれていました。夫や妻が嫉妬に駆られて恋人や愛人を殺し、重罪裁判所で大弁論が繰り広げられていた。現在の三面記事のメインは、少年少女に対する強姦です。犯罪者は総じて病人になった。つまり、ありふれた人生はもはやさほど創造的広がりをもたないわけです。モーパッサンの時代以来、医者、精神医学者、精神分析家、教育者がこぞってそこに殺到している。ありふれた生のあり方が変化し、もうありふれたものでなくなり、先回りして解釈をほどこされ、医学化されています。

これは先ほどの話と結びつきます。今日の世界における不服従は、異常行動、個人的逸脱、テロ行為、犯罪行為というかたちを取っている。とりわけ、根絶不可能な残留犯罪というかたちです。よく知られているように、あらゆる再教育と刑罰戦略がまったく功を奏さない犯罪といえば、性犯罪です。それが前面に出てきていることは、人民による転覆が消滅したことのしるしでしょう。転覆はたんなる治癒不可能な文明の病の背後に消えてしまった。

——一九世紀といえば、三面記事もそうですが、推理小説の創生期でもあります。三面記事と推理小説の背後には、調査がある。推理小説はどのような構造をしているのか、三面記事を鮮明にするにはなにが必要か、その答えとなるのが調査でしょう。あなたが先ほどアーティストに認めた、情報を解体する力もまた調査はもっている。ここで調査という主題にこだわるのは、政治的主体化の問題に戻って議論を広げたいからです。哲学者のなかには、民主主義を調査実践の拡大と考える人がいる。たとえば〔ジョン・〕デューイです。マルクスを受け継いで、解放とは集団調査への参加だと考える人もいる。つまり、民主主義革命、あなたに繰り返し現れるテーマである共通感覚の解明、そして調査実践のあいだにはつながりがあるのではないか。このつながりをどう位置づけますか。もう一つ別のテーマも念頭に置いてうかがっています。それほど遠くないテーマですが、フーコーの扱ったパレーシア、「ほんとうのことを言う」です[*16]。そこでは、政治的主体化は権力に対して真理を述べることにある。この要素は、あなたの定義する政治や民主主義にそのまま持ち込める

＊16　訳注——パレーシアは、ミシェル・フーコーのコレージュ・ド・フランス講義録『主体の解釈学』、『自己と他者の統治』、『真理の勇気』（邦訳は筑摩書房刊）等に登場する。

ものではない。けれども平等の主張は布置にかかわるだけでなく、「ほんとうのことを言う」ことでもあり、調査にもかかわるのではないでしょうか。こうした実践をどう位置づけますか。

調査はまったく別の話です。まずここからはじめましょう。推理小説の伝統における調査は、三面記事の論理とは対極にあります。推理小説は文学の時代に因果性を救済する一大作戦だったからです。推理小説的調査は再合理化、超合理化の試みであり、小説の論理はもとより、先ほど述べた病理学的論理とさえ衝突するものでした。ドストエフスキーはある意味、推理小説的調査が崩壊することを先回りして示している。〔『罪と罰』の予審判事〕ポルフィーリーは調査をしません。犯罪者の病の結果が彼を犯罪者へと導いてくれるのを待っている。つまり三面記事の合理性は、推理小説が発達させヘンリー・ジェイムズやボルヘスが懐かしがるような合理性とはまったく別物なのです。あなたの言う調査ともかなり違う。あなたの言う調査は民衆運動の専門技術が発達したものでしょう。それは民主主義の一部として、ある種の専門領域を構成する。権力が抱える専門家装置や、権力に囲まれた科学者装置との関係で言えば「対抗専門技術」です。

パレーシアというテーマのインフレ状態にはあまり感心しませんでした。フーコーの貢献の本質的部分をなすとはとうてい思えない。彼がある段階で真理の問題をあらためて自分のものにする必要に駆られたことは理解できます。おそらく、自分が多少なりとも後継者となったニーチェ的伝統によって、道を誤らされたと感じたのでしょう。真理に再び注目することに異存はない。けれども、ディオゲネスがアレクサンダー大王に面と向かって述べる真理が政治的な力に転じる、とはあまり思えないですね。政治において「ほんとうのことを言う」が、一九八〇年代以降は評判が悪いわけではないという事情もある。「真理を述べる」は左右両方のスローガンになっています。透明性を取り戻せ、ものごとを直視せよ。それは結局、権力の論理と公式経済の論理でものごとを見よ、ということでしょう。「存在するもの」をコンセンサスどおりに見よ、と言っている。とりわけ、「権力に対して」真理を「言う」ことなど求められていないわけです。しかし、権力が課す編成とは別様に状況を描き直すための調査、情報、知のさまざまな形態はずいぶん発達してきている。権力がかかわるのは真理ではなく、状況を構築する方法群であって、構築された状況が「ほんとうのことを言う」さまざまな形式を定めるのです。真理は相対的であるという意味ではないですよ。問題はいつでも同じところに戻ってきます。知はどのように編まれるのか、どのように流通するのか、どのようにして共同組織と〈共〉的世界の構造を作るのか。このとき調査は、状況に属するものの範囲を広げようとし、状況について語り、知をもたらすことのできる人々の世界もまた広げようとする。

不安定で庶民的な生の技法

――「ありふれた生」について議論を続けましょう。それを『アイステーシス』最終章であなたが

「生の技法《アート》」と呼んでいるものと関連させてみたい。歴史上のアヴァンギャルドたちの地平と結びついた「アートを超えるアート」のことですね。その点についてあなたは、『アイステーシス』は『プロレタリアの夜』と対をなすものとして読めると言っておられます。[*17] この庶民的な生の技法は、今日どのように表れているのでしょうか。あなたの周りではそれについてどのように語られていますか。

はっきりしていることが一つあります。『プロレタリアの夜』は、生の技法あるいは生のスタイルについて語っています。それを発見することが労働者解放のダイナミズムにおいて重要な契機をなす、と。『アイステーシス』のその章では、ジェームズ・エイジーが感じた身を裂かれる思いに触れています。彼がアメリカ・アラバマ州の小作人たちの住居、暮らしぶり、振る舞いに発見することのできた生の技法は、小作人たちが自分の力として領有できるようなものではないのです。[*18] 今日『プロレタリアの夜』の職人やアメリカのディープサウスの小作人のような立場にある人々の生の技法がどのようなものであるかについて、私にはたいしたことは言えません。それについて語るためには調査というかたちの仕事が必要でしょうが、今の私には『プロレタリアの夜』と同じだけの強度を持ち、自分にとって同じだけの意義をもつ調査形式を見つけだす力はありません。年齢的にも不可能です。

ですからこの場では、先ほど話題になった、文化のさまざまなレベルを貫通する不安定さにかかわる経験的考察を二つだけ行ってみましょう。教師をやるなかで、「終身学生」的な人々に少なからず出会いました。複数の世界を行き来して暮らしている。研究の世界、夜警や人工や庭師など収入を得る労働の世界、さらにアーティスト活動をする世界にも参加している。複数の世界にまたがって展開される生、不安定だけれども思想的なぜいたくさをもって生きる技法を作り出す生が、たくさん存在している。二つめですが、ブリュッセル〔ベルギーの首都〕にいたとき、『無知な教師』をクロアチア語に翻訳した男性に会いました。この友人はザグレブ〔クロアチアの首都〕出身で、ザグレブではラジオかなにかの仕事をパートタイムでこなして暮らしている。彼がブリュッセルに着いて最初にしたことは『アイステーシス』を買うことだった。ザグレブには売ってなかったのでね。稼ぎはわずかとはいえ、文字通り不安定な生活と思想的ものごとへの支出とのあいだに折り合いをつけることが、彼なりのぜいたくなのです。翻訳のないテキストを（いくつやってくれているのかわかりませんが）訳してくれています。自分が翻訳できてうれしいそうです。でも、それで儲ける気はまったくない。息子の周辺のミュージシャンの世界にも似たようなものを感じます。かれらなりの生きる技法を、経済的なこともしっかり考えて作り出そうと

＊17 « La rupture, c'est de cesser de vivre dans le monde de l'ennemi », entretien réalisé par E. Loret, *Libération*, 17 novembre 2011.〔「切断とは、敵の世界に住まうことをやめることなのです」『リベラシオン』紙、二〇一一年一一月一七日〕

＊18 訳注—— エイジーは一九三六年夏、『フォーチュン』の依頼を受けて、アメリカ最貧層の暮らしを取材するため、写真家のウォーカー・エヴァンスをともない、現地に八週間滞在した。James Agee and Walker Evans, *Let Us Now Praise Famous Men*, 1941を参照。

している。金になるかは別として、やると決めた仕事にはすごくこだわっている。よく生きたいという思いがとても強い。その点はシェア、連帯、仲間付き合いのあり方に現れるのですが、それらは私の世代のマルクス主義者にかつてあったような人との付き合い方とはかなり違っています。生の政策のようなものが組み立てられている。ゴニを通して私が語った「共住修道士家政学」の現代版です。ある「バディウ派」の学生のことも思い出されますね。当時パリ第八大学は大学人の権利拡大をめぐってスト中でした。この学生は、闘争を論拠づける人たちの討論をイライラした調子でさえぎってこう言った。「問題は金じゃない、哲学することだ。生活する金ぐらいはある（だから、ほんとうにたいした問題ではない）。とにかくそんなことに興味はないんだ。俺に関心があるのは、哲学することだ」。

　身の周りで感じる生の技法だけでなく、「民衆」世界に存在して、アーティストたちが感じさせてくれる生の技法もあります。先ほども話したペドロ・コスタのことを思い浮かべています。彼は移民や元薬物常習者に密着し、まずはスラムに入り込み、かれらが引っ越した真新しいアパートにもついていく。あの撮り方を見ていると、彼がなにを捉えようとしているのかがよくわかる。貧困と、心理的な面も含めた不安定さのなかで生きる人々の力です。自らの物語を語る力であり、自らの境遇に伍して身を持すための表現法を見つける力ですね。先ほどカレーを舞台にしたシルヴァン・ジョルジュの映画が話題になりましたが、そこに出てくる人たちは、何年ものあいだ路上で暮らし、最悪の暴力、貧困、屈辱に晒されている。こうした人々は、やることはすべてやるという力をもっている。自分の境遇をきちんと考え、人生設計をし、兄弟や子どものことまで考えることができる。指先を焼いて指紋を消し、身元が特定されないようにすることは、それ自体がポリスの秩序において自分が生きる技法です。しかし同時に、あとからやってくる人たちによりよい生を用意する技法でもある。私が今話せるのはこれくらいでしょうか。この二〇年来、身の周りで見てきたことや、何人かのアーティストが再現してくれたことについての印象批評の域を出ませんが。かれらは、一般的にはもっとも苦しみ、もっとも悲惨である人々に備わった、考え、話し、生きる能力を捉えようとしている。

——今の話はあなたの思想のある層にかかわります。先ほど話題になった倫理の層です。これがあなたの思想的建造物全体のなかで占める位置は、完全にクリアだとは思えません。いまはアートをめぐる問題からこの層が現れたわけですが、倫理の次元はあなたにおいて政治的両義性をもっているように見えます。ここで念頭に置いているのは、あなたがいくつかのテキストで「政治の倫理的転回」「美的なものの倫理的転回」と呼んでいるものではありません。倫理の層そのものがあなたにおいて二重の意味をもっているように見えるのです。つまり、この層は政治的主体化の障害物として働くこともあれば、政治的主体化の一つの条件として働くこともあるわけです。不安定さをめぐってあなたが強調されたばかりのことは後者の働きです。先ほどパレーシアの話をしましたが、パレーシアにおいて問題にされているのは言説と「ほんとうのことを言う」だけではない。「真理の勇気」もまた問題にされています。フーコーの関心は、「ほんとうのことを言う」を可能にする倫理面での準備や霊的修練のほうにより大きく向いている。同じように、あなたが理解するような政治的主体化への準備はどのようなものであるべきか、どのようなものでありうるかを考えるべきではないでしょうか。政治的主体化は象徴化や形象化、あるいは先ほど話題になった調査だけではなく、「生の技法」にも依存しているでしょう。政治的主体化の可能性は倫理《エートス》への働きかけにかかっている。こうして見ると、いまお話しになった不安定な人々は、われわれがよく知っている歴史的人物像に比肩すべき状況にいるのではないかと問うこともできます。一九世紀の芸術的・文学的ボヘミアンです。かれらの反ブルジョワ的エートスからは、しかし、政治的にたいしたものは生まれなかった。

私がお話ししたタイプの態度は、不安定状況と、倫理的かつ活動家的な情熱の両方にかかわっています。一九世紀のボヘミアンとは無関係です。ブルジョワジーへの挑発に類するようなものではありません。職業的哲学者になる可能性がないとわかっている人たちに長いあいだ哲学を教えていると、かれらのうちにある、尊厳をもちつつ連帯して生きる意思に気づきます。支配秩序が課す諸条件からあたうかぎり独立して生きる意思です。一八三〇−四〇年代のボヘミアンとはかなり違う。そうした意思はむしろ、労働者解放のさまざまなあり方に私が感じえたことと似ています。

解放とはまず、生存戦略を用いてある種の独立状態を作り上げることです。ゴニの「共住修道士家政学」はそうした戦略の一つ。農民ネットワークを通じて食料を集める運動体もそうでしょう。出費を抑えたり、何人かで暮らしたりする方法はいろいろあります。経済的制約や、支配秩序に付随するイデオロギー的制約から外れて生きるやり方もいろいろある。もちろんそうした生活は往々にして政治的主体化の予備的条件のようなものでしょう。けれども、それが解放の両義性でもあるのです。解放とはつねに、現にある世界で別様に生きることです。言ってみれば、私が研究した一九世紀の労働者解放のプロセスには、その場の解放に満足する可能性がつねにある。システムが処方するのとは別の生き方ができればそれでよし、ということになりかねない。システムに抗して闘うことができるための条件は、システムを支持し、甘受するようになる条件と同じなのです。ここにこそ、私の興味を引く倫理的なものと政治的なものの錯綜した関係があります。政治をサイボーグや亡霊や死者の事業として再考するヴィジョンには、その錯綜がない。

感覚的なものの分割と現代アート

――話題を変えます。あなたが現在を特徴づける仕方です。この現在は単数形でも複数形でもかまいません。『感覚的なものの分割』の冒頭の一節に考え込んでしまいました。そこであなたはある歴史的な移行に注意を促しておられる。美的領域と政治領域の交代です。「美学の領域は今日、かつて解放の約束と歴史のまやかし、歴史への幻滅をめぐって争われた闘いを引き継いでいる[*10]」。こ

＊19　*Le partage du sensible: ésthétique et politique*, Paris, La Fabrique, 2000, p. 8.〔前掲『感性的なもののパルタージュ』一二頁〕

の一節をさらに展開してもらえないでしょうか。なぜここで「今日」と「かつて」が対比されるのか。一九世紀には解放と果たされなかった歴史の約束の次元にあったものを美的なものが引き継ぐ、と明言されるのはなぜか。これは、政治的なものから美的なものへ、一種の「バトンタッチ」が行われているということでしょうか。だとすると、他の本での議論と齟齬をきたすように感じられるのですが。

その定式は多義的かもしれませんね。テキストは一九九〇年代末に書いたものですが、近代性や美学革命と政治革命の関係にかんする包括的理解のようなものを目指していたわけではありません。はるかに特殊な状況にかかわっていました。革命と解放の歴史にではなく、革命の時代が清算される歴史というはるかに限定された歴史にかかわっていた。八〇‐九〇年代に謳われた歴史です。私は単純な指摘を行ったにすぎません。アートについて、ポストアート的あり方やアートの終焉、アートの「陰謀」を語ることが当時のフランスでは流行っていました。しかしそういうことは、その一〇年前に政治の領域で聞いた話の焼き直しだったのです。マルクス主義もユートピア思想も、政治も歴史も終わったと、さかんに言われた。歴史の運動に解放的意味合いを与えようなんてもうだめだ、と。九〇年代末の「芸術の終焉」論争に見てとることができたのは、こうした嘆きや攻撃の続きでした。グリュックスマン流の「思想の首領たち」の告発、つまり全体主義の父親たちが遺したものへの批判が、前衛絵画は全体主義と共謀していたというジャン・クレールの告発や、ボードリヤールによる「芸術の陰謀」論[*20]に移行するのです。私のテキストは美学革命と政治革命の関係総体ではなく、革命を清算する二つの言明の関係を分析したのです。

ただそうなると、この視点からしてもなお、さっきのフレーズは不正確でした。最近私は、純粋に美的な領域でモダニズムのパラダイムがどう変容していったかを勉強し直したのですが、それでわかったのは、〔クレメント・〕グリーンバーグが、消費者民主主義をめぐって今日行われている政治的議論のパイオニアだったということ。グリーンバーグこそ、大芸術と革命を脅かすのは大衆文化である、消費から生まれる文化である、と言った最初の人物なのです。農民と労働者の息子がプチブルになり、自分たちの文化を欲しがったのが悪いと言っている。消費者民主主義、大衆型個人主義をめぐる言説を、グリーンバーグとアドルノはそれぞれのやり方で、一九八〇年代に互いのライバルとなったボードリヤール、〔ギイ・〕ドゥボール、クリストファー・ラッシュたちよりもずっと早く、まるごと展開しています。

——現代アートの世界、とくにキュレーターのあいだでは、あなたの仕事がよく援用されますが、そのなかには「不和 dissensus」のカテゴリーを絶対化する傾向も見られます。どんな作品が「不和

*20 訳注——たとえば、Jean Clair, *Du surréalisme considéré dans ses rapports au totalitarisme et aux tables tournantes*, Mille et une nuits, 2003（未邦訳、『全体主義と降霊円卓の関係における全体主義』）、Jean Baudrillard, *Le complot de l'art Illusion et désillusion esthétiques, puis Le complot de l'art, suivi d' entrevues à propos du "Complot de l'art"*, Sens & Tonka, 2005（『芸術の陰謀　消費社会と現代アート』塚原史訳、紀伊國屋書店、二〇一一年〔ただし原著の初版は一九九六年〕）を参照。

dissensus」を生み出して現代アートにかんするあなたの診断に適うかを前もって知ろうとする。「不和dissensus」概念を応用的に使うわけです。あなたが言う非決定の原理とはあべこべです。同じように、あなたが「感覚的なもののパルタージュ〔＝分割〕」と呼ぶものは、隔たりや切断に一方的に結びつけられてしまう。共通の場やコンセンサスに見られる紋切り型も「感覚的なもののパルタージュ〔＝分有〕」であるのに。先ほど指摘された通り、コンセンサスとは確立された「感覚的なものの分有」でしょう。こういうわけで「感覚的なもののパルタージュ」が、現代アートの世界で好奇心をそそるスローガンになっている印象を受けます。

答えに窮しますね。『感覚的なものの分割』を読み、引用し、利用する人が、この本でほんとうのところなにを理解しているのか、わたしにはよくわからない。いく通りにも解釈されていると思いますよ。この本には感覚的なものに対する一種の叙情があるので、それが現象学的な教養に響くことはあるでしょう。現象学は業界の人たちに強いですからね。政治はとにかく感覚的なもののなかにあるのだから、アートは直接的に政治を行っている、という読み方も時折見られる。あの本がどう読まれ、どう解釈され、どんな効果を生むのか、私にはもううまくコントロールできないと言うべきでしょう。各地の芸術祭のオーガナイザーからひっきりなしに手紙をもらいます。「あなたの原理によって全体を組み立てたので、ぜひお越しください」と書いてある。全部の場所に行けるわけはないので、どうなっているのか知るよしもない。あの本の解釈は山ほどあるでしょう。人はとにかく政治をやるものだという読み方もあれば、アートには政治的任務があるとあらためて証明されたという読み方もある。後者はつまり、批判的芸術やアート・アクティヴィズムの古典的なかたちでも政治ができる、と言っている。

次のような託宣が出てくることさえあります。政治に奉仕するアートという見方も、アートは政治的効果を生む仕掛けであるという見方も、ともに考え直すべきだ、と語る。非決定の原理は〔政治への〕無関心のことではないのに。この原理は、展覧会のディレクターやキュレーターが展示スペースの順路を構想する努力を指しています。順路はそれ自体が何通りにも受け取れる物語としてシンプルに存在し、鑑賞者がそこからオリジナルな物語を作る余地を残しておかねばならない。私の本を読み、話を聞いた人たちのなかには、この原理にピンとくる人もいるように感じています。マニュエル・ボルハビジェルはマドリードのソフィア王妃芸術センター館長をしていますが、あの美術館の空間構想にそのことを感じましたね。ボルハビジェルとは、ストックホルム近代美術館で対談したこともあります。そこの館長のダニエル・バーンバウムは、「世界を構築する」をテーマにした二〇〇九年のヴェネチア・ビエンナーレの総合ディレクターでした。バーンバウムは、美術館鑑賞者をめぐる政治と教育のあり方を問い直そうとしている。展示空間の再構成と物語の再読のために、いくつもの可能なものからなる空間を開き、後は鑑賞者に委ねようとする。

きわめて重要とは言いませんが、私もなにがしかの貢献をしたように思います。「感覚的なものの分割」という主題がアートの世界に役だった点の一つは、やはり、ある種の閉塞感から脱出させたことでしょう。「とどのつまり、アートとはアート市場であるのだから、できることはなにもない」とか「アートとは制度がアートと呼ぶものであるのだから、なんでもありだ」といった息苦しさからのね。この手の言説がちまたに溢れており、ほんとうに重苦しい。『感覚的なものの分割』は、人々に空間を考える力を取り戻させるという貢献はしたでしょう。アートと制度と市場のあいだにある所与の動かせない関係によってあらかじめ決定されるのではない空間を、です。アートと市場と政治の関係に「遊びしろ」を設けることは重要です。制度と市場についてなにを知っているにせよ、現代世界を構成するいろいろ違ったやり方を提案することはできると言うべきです。少し慎ましくやるべきでしょうが。これは、いろんな制約があっても比較的理解してもらえている点です。制約というのは主に、美術館のような施設は市場法則に従って大きくなるほかないし、公権力と論壇に近いところでわが身を守らねばならない、ということ。文化と市場は根本的に対立するのだという理屈を総動員しなくてはいけない。わかりきったことですが、美術館関係者は相当きつい制約を受ける世界に暮らしており、かれらの「遊びしろ」はかぎられています。やや調整されすぎの「遊び」部分のなかにちょっとしたフリースペースをどうにかこうにか作ろうとする努力は、関心に値しないわけがないでしょう。しかしむろん、一つのことしか考えていないアーティストやキュレーターは無数にいます。「通」だとされる哲学者をカタログに使うことです。正当性探しをするキュレーターやディレクターは、いつでもそれを見つけてくる。ランシエールなり、ディディ゠ユベルマンなり、ヴィリリオなりが書いたものからね。こうした些末な結果からは、個人的に身を守るしかない。

社会主義の未来

——「社会主義」という言葉についてうかがいます。あなたは初期の著作でこの語の意味を深め、新たな解釈をほどこしている。この語には今なお意味があるとお考えですか。「社会主義」が象徴的価値を再充塡されることはあるのでしょうか。もしそうなら、社会主義という語をどう定義し直して取り戻すのか。それこそが必要だとして、「平等原理」は社会主義の定義として十分なものでしょうか。あるいはこの原理にいくつか補足条項を加えるべきでしょうか。原理そのものを説明したり——先ほど議論した実践原則はそのためであったかもしれません——、反対に、活動領域ごとに原理を補完したりするような。それともむしろ、「アソシエーション」——あなたも関心をもたれたことがある——や私有財産廃止といった、社会主義の長年の歴史に由来するスローガンを掲げるべきでしょうか。

社会主義という理念の中心部分をどう理解するかについては、いく通りもやり方があるでしょう。もっとも包括的な意味における社会主義の理念は、私的利害を組織原理としない世界です。よく言われるように、私的利害とはすべての個人の利害ではなく、小集団の利害です。だとすれば社会主義の理念は、資本利潤の最大化原理をもとに組み立てられた世界ではない。これは二つのことを意味していると思います。まず社会主義の理念とは、全員の生存に必要な共有財産が最大限、共同体に所有され、最大多数の利益に照らして用いられる世界です。水、土地、生産手段、教育、健康、交通手段、通信手段などが可能なかぎり最大多数のために用いられる世界です。つまり、結局は経験の示す通り、最大多数による所有制です。この第一原理は過去二〇－三〇年の経験的反対推論によって、実感されるようになっています。かつて最大多数の所有物とされたすべてのものが、例外なしにどんどん私有化され、利潤の論理に服している。社会主義の理念の第二の核は、アソシエーションでしょう。共有物の管理はできるかぎり、「誰でもよい誰か」の、ないし最大多数の権力が行使される諸形態によってなされるべき、という理念です。こうして社会主義は一つの社会的編成を定義することになる。工業生産の諸形態ばかりか、教育、健康、コミュニケーションにかかわる経済と生の諸形態も同じように、アソシエーションによって最大限民主的に管理される編成です。社会主義の理念には、言ってみれば、万人に必要なものを共有するという理念と、「誰でもよい誰か」の力をアソシエーション形式のもとで最適に行使するという理念がある。

　最小限の社会主義と最大限の社会主義を考えることができるでしょう。一切を生産者の手に委ねる無階級社会が最大限ヴィジョンだとすると、最小限ヴィジョンは「福祉国家」として知られるシステムに近いでしょう。この呼び名は悪意を込めて、またそのシステムを破壊するために用いられていますが、「福祉国家」が意味するのは実際には「平等主義的社会編成」でしょう。もちろん両者はまったく同じではありません。「社会主義」と呼べるものには二つの側面がある。最大多数にかかわるものの共同所有と、最大多数がその管理に参加することです。この二重の規定はまだアクチュアリティを失っていません。しかし現実には、そこからどんどん遠ざかっている。ヴィンケルマンが『古代美術史』〔中山典夫訳、中央公論美術出版、二〇〇四年。原著一七六四年〕の最後で語った、共同体の愛しい姿を運び去る船のようなもの。それでも社会主義という語にはまだ意味が残っています。もちろん「社会主義者」とは、社会主義の理念に含まれているものをさまざまに裏切り続けてきた人々の総称であるわけですが。われわれの置かれている状況では、「社会主義」の語は共同所有と共通能力を掲げる強固な思想を指すこともあれば、政治家の集まりを指すこともある。社会主義という理念のかつての中身を果てしなく裏切り続けるためだけに存在する人々の集まりをね。

政治経済学

――あなたはいくつかの場所で、先ほども話に出たゴニとセットにして「対抗エコノミー」という考え方を提示しておられます。しかしこの「対抗エコノミー」は、詳述されるとすぐに平等原理に取り込まれます。あなたは別のところで、社会経済的な闘争において、経済の流れを中断したり妨害したりする戦略的発想を批判していました。また現在起きているのは一つのシステムの崩壊だと言い切り、経済領域の新たな組織化のかたちを予見してもいる[*21]。経済の次元はあなたの政治観にどう接合されるのでしょうか。経済をめぐる問いは、すべて平等に吸収されるのでしょうか。

「エコノミー」という語は近代において複数の意味を併せもつ、というところから出発すべきです。「エコノミー」は生活手段の生産部門を指すと同時に、世界についての特定の見方、階層関係を指してきた。たとえば「あなたは経済ではなく政治の話をしている」と誰かがあなたに言ったとすれば、それは明らかに、あなたが経済メカニズムにさほど関心を払っていないという意味ではなく、あなたの関心は深層ではなく表層に向いているという意味です。「エコノミー」は最終原因、最終審級の名となった。なにかが変わるためにはそれを変えなくてはならないものの名となった。ですから「経済に手をつけなければなにも変わらない」とは、「最終原因に手をつけなければなにも変わらない」と言っているに等しい。そして、手の届かない最終原因が存在することに心穏やかでいられる人々は、永遠に非難の言葉を吐き続けることができる。経済の優位とは、つまり支配の永続性のことです。経済をめぐるこうした言説は、民主主義イコール資本主義イコール経済イコール消費、と語る先ほど述べた言説とつながりますね。こうしてみると、エコノミーとはわれわれの住むニーチェ的「末人」文明状態の類でしょう。エコノミーをエコロジーで置き換えようとするアプローチもあります。生産手段と生存手段の背後には大地があるのだから、この大地のレベルで問いを立てるべきだ、と語る。こういう置き換えをやっても、エコノミーの観念は必然性の認識という観念に結びついています。

私が反対するのはまず、最終原因という経済の位置づけです。そこに到達すべきだと言いながらけっして到達できない最終原因。経済的なものと政治的なものをマルチチュードという形式のもとで同一視することにも反対です。マルチチュードとは、同時かつ直接的に経済的かつ政治的な、グローバル規模の主体性のようなものでしょう。ではなにが残るのか。もはや経済を、政治の下にある真理の世界として論じることはできないという重々しい事実です。経済の法則と政治的な法は一体化しつつある。わかりきったことですが、政府が自由競争を受け入れるべきかいなかという問いはもう失効しています。政府は自由競争を受け入れるのではなく、押しつけているのですから。かつては、お馴染みの〔ラサールの〕「賃金鉄則」[*22]が存在し、政府はこれを組み入れるか修正しなければならなかった。しかし今日では、こうした経済法則のいくつかは憲法に組み込まれています。政治的支配と経済的支配の絡まり合いが、かつてない程度に進んでいるのです。マルクスは、統治者は資本の代理人であると言いました。しかし当時の政府が資本のために行ったのは、なかんずく、狭義の「ポリス」によって秩序を尊重させること、秩序の動揺を防ぐこと

*21 「金融経済と実体経済の議論は明らかに不十分です。しかし議論を通じて、経済に対する一つのイメージ、社会進化の全体と一体化したイメージが、混乱に陥っていることが明らかになっている。金融危機には、一義的な現実かつ抗いがたい法則としての『経済』から、われわれを自由にするという利点があったのです」（« Construire les lieux du politique » (2009), entretien réalisé par *Le Sabot*, repris dans *Et tant pis pour les gens fatigués*, *op. cit.*, p. 674〔未邦訳、「政治の場をつくること」『疲れた人々にはお気の毒さま』所収〕）。

*22 訳注――労働の自然価格は労働者の生存費に等しいとするリカードの賃金生存費説を受けてラサールが主張。賃金は労働者と家族の生存最低費に帰着するという彼の論は、ドイツ社民党ゴーダ綱領（一八七五年）に採用された。

でした。今日では、政府は秩序が揺らぐのを防ぐ以上のことをしている。経済学の特定のドグマを法そのものとして押しつけているのです。国家的なものによる支配と経済的なものによる支配とが融合して、一体化する傾向にある。二重のゲームをやっているわけです。政府が融合を推進しておきながら、必然に従っているのだと言う。これは全員に対し無力、無能を宣告する一つのやり方でしょう。われらの政府はグローバルな経済的必然の代理人となることで、無能力を全般化する条件を生み出す担い手となっている。巨大労働組合のようなかつての経済的対抗勢力が壊滅状態に陥って、いっそうその傾向は強まっています。

　ではどうすればいいのか。重要な問いが一つ残っています。なにかできることはあるのか、それともなにもできないのか、できることがあるとすれば、それはいかなるかたちをとるのか。そして、かつてないほどはっきりしていることも一つあります。経済問題は、「誰でもよい誰か」の能力と権力をあらゆる水準で再確認するにはどうすればよいのか、という問題と切り離せない。「誰でもよい誰か」の権力は、労働とその組織形態、公共空間でのデモといったレベルばかりか、エコロジーの話だとみなされているレベルでもまったく同じように行使されねばなりませんが、そのことが経済問題と切り離せないのです。一方では、経済に働きかけるにあたっては、民衆が実質的に行使できる力を再構成しなければならない。また他方では、明らかにそうした力は、経済的支配が作用しているあらゆる場に働きかける能力を前提にする。この働きかけは、御用経済学が唱える法則を国家の法にすることに反対する公共闘争、労働搾取の新たな形態への抵抗、オルタナティヴな経済組織の創設といったかたちで行われるでしょう。民主主義や社会主義が存在するためにはさまざまな経済組織が不可欠だということは明らかですが、そうした経済組織の形態は、それらが組み入れられる空間において、全員の権力が行使されるような形態でなければなりません。

残念ながらこの点についてまだたいしたことは言えませんが、これだけは言えるでしょう。経済問題を考え直すには、国家権力と経済権力が最高度に絡み合っているという事実から出発しなければならない。この絡み合いは、経済的なものを政治的なものからもはや区別しない民衆の力をグローバルに再構築するうえでの前提でしょう。現在ではもう「工場を占拠しよう。あとはどうにかなる」などとは言えない。工場はつぶれてよそに移ってしまいますからね。今やかつてない状況が訪れているのです。おそらく、先ほど述べたようなインターナショナルの結成が求められている。ただし長期の射程で。言わば、ここフランスで職を失った人々の運動と、工場生産がもたらす諸条件のもとで生活させられているよその国の人々の運動とが出会うのを待たねばならない。いまのところ、予言や予告としてたいしたことが言えるような時期ではありません。民衆の力がグローバルな経済－国家権力とグローバルに隔絶している、と再確認するのがせいぜいです。

インタビューと対話

──これまでさまざまな人からのインタビューに応じてこられました。その媒体も、知る人ぞ知る運動体のものから、大手の雑誌、こうして準備しているようなインタビュー本まで多岐にわたります。ものを書く仕事と話をする仕事のバランスをどう保っておられるのでしょうか。書くこととの関係は別にして、インタビューに答えることには考えをまとめるうえでよいところがありますか。インタビュー以外の形式で対話して哲学を伝えるのとはまた違ったよいところ、という意味でお聞きしています。たとえばジャコトという人物を通してあなたが考えてこられた形式や、哲学の基本的あり方としての対話形式とはまた違ったよいところが、インタビューにはあるだろうか。

経験的事実からお話ししましょう。かなり長いあいだインタビューを受けてこなかった。そんなことは頼まれもしなかったからです。だから長いあいだ、書く時間とインタビューに応じる時間を分ける必要はありませんでした。とはいえ、状況のなせる不思議というのか、あるときを境にインタビューの申し込みを多く受けるようになりました。インタビューをもとに作られた本、『感覚的なものの分割』が出版されてからです。これが質問に対する答えの第一点。インタビューは私の仕事のコンスタントな要素ではありません。よかれあしかれ有名になってしまったときから、次々に依頼が舞い込むようになったのです。答えの第一点はつまり、そもそも私にとってインタビューは仕事のうちではない、ということ。インタビューされるとは、次のように求められるということです。調べることと書くことを絡み合わせて組み立ててきたことを言い直してくれませんか。あなたの仕事を、知が伝達される空間、情報が伝達される空間、もっとはっきり言えばオピニオン間の論争空間に書き入れるにふさわしい形式に直してくれませんか。変形操作をほどこさなくてはいけないわけです。探求という仕事は考えとそれが考えるもの、つまり思考可能なものとを関係づける操作ですから、それを一般的な命題に変換するというのは嫌なものです。あなたの考えを、それが考えようとしているもの、働きかけようとしているものとの直接的関係のそとに出して説明してくれ、と突然求められる。そこには自分で自分を通俗化する、あるいは、自分自身のジャーナリストに変える、という大きなリスクがあります。

　答えの第二点ですが、もちろん、あなたがものを書いているのであれば、つまり研究を行って思索過程を自分のために書き写しておくことに甘んじないのであれば、またつまり、なんらかのかたちで研究成果を公開するのであれば、自分が公にしたものについて人が説明を求めるのは当然だとあなたも感じるでしょう。しばしば多大な労力を要するとしても、求めに応じるのも自然でしょう。説明を求める人は、あなたや私が言ったことに頭を悩ませるのをやめてすっきりしたいと思っているのだから。思考の次元にあるとされていることと、描写、語り、経験の領域に属すとおぼしきことのあいだのつねに錯綜する関係を解きほぐそうと努めているのだから。

　第三点です。言い直すことはそれ自体で、それまでと違うやり方で考えるという効果をもたらすことがあります。インタビュー形式であるがゆえに、それまでの自分の思考の展開軸となった定式が浮かび上がってくることがあるんです。うまくいったインタビューの例が、『感覚的なものの分割』のもとになったインタビューです。簡潔な質問をもらい、それを手がかりにして自分の考えをまとめることができました。その後はしかしやっかいです。インタビューについてインタビューを求められ、一冊の本になったインタビューで言ったことを言い直し、平易にするよう求められる。けれども、言葉にできていなかったことを言葉にできたり、考えていなかったことを考える機会になったりするのも事実です。挑発に応じることでね。インタビューを読み直していると、「あ、こんなことを言っている」と思うことがある。自分で言ったことを忘れているんですね。前もってコントロールしていなかったこと、自分でも予期していなかったことが出現している。ジャック・ランシエールが自身の美学なり政治について質問されたときの答えとしてはね。ときにそうしたよいことがあるわけですが、これは主として挑発のおかげ。よいインタビューというのは、予想外のことをつい言ってしまうインタビューです。たんに新しいこと、それまで言ったことのないことを言うだけではなく、そんな挑発がなかったら言わなかったであろうことを言ってしまうインタビュー。ある種の挑発に応じてものを書くこともあります。研究対象から挑発されるのと変わらない。そうして生まれるタイプの文章がありますし、ことによっては、過去に自分が書いたことが戻ってくるような挑発もあります。

「対話」という観念には別の問題もあります。思想家が向かい合えば議論するだろう、議論すればなにか出てくるだろう、と考えて生まれる対話の力など信じていません。思うに、対話を行うのはまずいつも作品どうしであって、人ではない。だから他人が自分に対して言わせたいことへの応答は、書いているのと同じです。つまり対話はいつも後から起きるのです。あなたが私に質問するなら、それはインタビュー。でもインタビューには対象があって、それはあなたの対象であって、独立した特別の関心の対象であるのだから、その対象は挑発の役回りを演じることができ、事後的な対話をもたらします。私にとって対話とは、一般にそう見えるもの、つまり、出会いなり生《なま》の会話が放つ閃光のようなものではありません。そうではなくて、対話はいつでも時間とともに、時間のずれとともに訪れる。作品と作品が対話するのであって、人々と人々、個人と個人が対話するのではない。こういう場合もあります。話をしているときには隠れていて、後から考え直そうというときに行われる対話。インタビュアーへの最初の応答というのはいつでも、いやいつでもということはないでしょうけど、一種の防衛ですから。自分を守る応答です。そのあとで、すぐのこともありますがたいていはあとで、対話という性格が現れる。まだ答えておらず、答えなければならないことが言われた、という意味の対話です。

――時々ラジオに出演されていますね。テレビでは一度しかお見かけしたことがありません。発言の外的条件については、発言したい内容にそって検討されているのでしょうか。つねに潜在的に公衆に向かって語りかけることになりますが、かれらは出演のたびごとに違う人々です。

質問はいくつかの次元にまたがっています。まず言っておくべきは、私には話す場所を思い通りに選んだりはできないということ。荘厳な階段教室のこともあれば現代アートの小さい展示スペースのこともある。英米人講演者たちに交じって演台から話すこともあれば、ソファに座ってリラックスした議論をすることもある。場に合わせるだけです。裏を返せば、公の場で発言するとき、自分の発案でということは滅多にありません。しゃべったり書いたりして公共空間に介入するわけですが、それには時事問題についての記事やラジオやテレビでのコメントのほか、カンファレンスや討論会、座談会、会議といったさまざまなかたちがある。大半は頼まれたもので、自分でイニシアチブを取ることは滅多にないですね。自分の意思で筆を執り、書いたものを刊行してくれる人を探すことはあります。それは、いろいろな理由から誰もなにも言いそうにないけれど、自分には言うべきことがあると感じるときです。勝ちを収めそうな気配の知的コンセンサスを感じることがあります。誰も反応せず、反応してメンツを潰すことを恐れ、反応したいとも思っていない。そういうときには、発言を決断することもあります。『民主主義への憎悪』がそう。発言しなければならないと思った。どうも誰もある種のことを指摘する力も意欲ももっていないように見えたからです。自分にはそれが言えると思い、言った。人種差別や極右の問題についても、そんなふうに自分から発言したのですが、それはしかし、誰もそれを議論したがらなかったからではありません。問題への反応が、敵の前提を受け入れているように見えたからです。でもそういう自発的介入はまれですね。ほとんどの場合はどこかから頼まれている。だから依頼に合わせて書こうとしますし、哲学者の役を断ることもありますよ。政治家やジャーナリスト等々と対話する哲学者、状況を鑑定する哲学者、しかじかの主題について哲学が言うべきことを職権により述べる哲学者の役はお断り。その点にもかかわりますが、二番目の原則として、自分の話す相手が誰であるかには実質的にこだわらないようにしています。この原則はかなり前から採用しています。

——質問するジャーナリストについてですか、それとも聴衆についてですか。

聴衆についてですね。ジャーナリストの場合は少し違ってきます。私は知性の平等という原則を適用しようとする。つまり、あらゆる人に私の発言からなにかを理解し、それを使ってなにかをする力がある、と前提するのです。地方の小都市で文化講演会を企画するＮＰＯから招かれても、私は「一流」大学の場合と同じことを話します。思うに、基本的な問題は自分に言うべきことがあるかどうかであり、それをできるだけうまく言うことです。聴衆はいつでも、出てくる人に言いたいことがあるかどうかを感じ取る。あると感じれば、それについて時間を使って考えるでしょう。ジャーナリストが相手だと話はもっと複雑です。フランス社会では、ジャーナリストは愚鈍化する教育者になってしまった。究極の教育者ですよ。こっちがやってくるのを目にするや、興奮気味に言ってくる。「いいですか、インテリ相手じゃないですからね。話は長すぎないように。なるべく簡単な言葉遣いでお願いします」。職業とリンクした態度です。高等師範学校生や教授資格者なんかの態度とそっくり。馬鹿な奴に話しかけていると想定するのが、かれらの職業原理そのものです。私は主義として、私が話しかけているのは馬鹿な奴ではなく、自分と同じ知性をもつ存在であると思っている。そして話すべきことを話す。それだけです。だいたいのところ、ラジオやテレビの討論番組は断ってきました。そういう番組では出演者は役割を演じ、立場を引き受けるためにいる。私の場合だと、左翼主義者の立場で〔アラン・〕フィンケルクロートや〔マルセル・〕ゴーシェと論争するとか。以前、収録に行ってみると極右が二人いたことがありました。呼ばれるまでフロアに行かなかった。言うべきことを一挙に全部言って、あとは黙っていました。

――つまり、いずれにせよ条件をコントロールしているということですね。

メディアが相手なら条件をコントロールしようとしますよ。でもそれはラジオやテレビで顔を突き合わせる場合。哲学者の役なり、左翼主義者の役なりを演じないといけない場合。でもそう多くないですね。そういうときには条件をコントロールしようとします。

――このインタビューは、あなたの思想を違ったかたちでまとめなおす機会になったでしょうか。条件ということで言いたかったのは、もちろんジャーナリストや放送メディアとの関係における外的諸条件ですが、発話を創造してくれるかもしれない諸条件のことでもあります。インタビューでのように、本や論文におけるのとはまた違った作用をする発話です。

つねに守っているわけではないのですが、自分に課している義務が一つあります。退屈しないようにすること。とにかく、すでにさんざん話したり書いたりしたことについて話してくれ、と頼まれることが多いのです。パンク寸前です。だから自分が退屈してしまわないよう、従来とは違った語り方をさせてくれそうな言葉や問いを捉えようとしています。退屈しないというのは非常にきつい要求です。自分としてもつねに果たせているわけではない。書店での討論会は、その点、やりやすいところがあります。カンファレンスの使い回しをすることがほとんどできないし、目の前に原稿を置かず、きまった形式もないので、別様に語るための余地がはるかに見つけやすい。自分の発言を移動させていくための余地も。私にとってそれは本当に重要なことです。それがなければ、パンクしてしまいます。

訳者あとがき

市田良彦

編者たちによる「はじめに」にもあるように、本書はランシエールの思想への包括的な入門書である。そのような書物が本人へのインタビューのかたちで刊行されること自体に、ジャック・ランシエールという人物への注目の高まりが端的に示されているだろう。「はじめに」で触れられ、本文中でも語られている（三三〇頁）ように、彼は現在、次から次にインタビューの申し込みを受ける思想家となっている。一九七〇年代から様々な媒体で行われたインタビューだけを集めた別の書物を見ても、[*1]一九九九年以降のものが大半を占めている（七〇〇頁のうち六〇〇頁）。師であるはずのアルチュセールを公然と断罪した[*2]ことにより、その名は七〇年代から広く知られていたのに。インタビューの主題も、哲学、政治、教育、文学、映画、現代美術と多岐にわたり、もはや彼をどこの「業界」の人と呼んでいいかわからないほどだ。なにを語ってもサルトルが「文学」の人であり、映画を論じてもドゥルーズはあくまで「哲学」の人であったのとは異なり、ランシエールにはわかりやすい専門性がない。というか、なにについて書き、語っても、彼は

「ジャック・ランシエール」なのである。一人の同じ視点から多くの素材を眺めることができる。

しかし、その「同じ視点」には実に捉えがたいところがある。たとえばネグリなら、ヴェネチア・ビエンナーレにも「マルチチュードの力能」の現在形を見るのだが、[*3]ランシエールの文学論に、政治論では「おはこ」と言っていい「知性の平等」テーゼを探してもまず無駄である。ただテクニカルなことを論じているだけのような映画論と、プラトンやアリストテレスにどっぷり浸かった『不和あるいは了解なき了解』が同じ人の書いたものとは、著者の名前がなければ誰も思わないだろう。文体まで違う。「解放の公理」を唱える点でアラン・バディウの同志かと思ってみても、彼とランシエールは、本書からもその一端が窺えるように（一〇六頁、一一〇－一一一頁、二二八頁）、今や相当に仲が悪く、互いを強く批判する論文も書いている。[*4]捉えがたいという点では、博士論文をもとにした主著『プロレタリアの夜』が最たるものだろう。学術出版の老舗から史料集の体裁にしろと言われるくらい（六二頁）地道な労働運動史の本であるのだが、一九世

＊1　『疲れた人々にはお気の毒さま』本書はじめに注2参照。
＊2　『アルチュセールの教え』市田良彦ほか訳、航思社、二〇一三年、原著一九七四年。
＊3　『芸術とマルチチュード』廣瀬純ほか訳、月曜社、二〇〇七年、原著二〇〇五年。
＊4　バディウからの批判としては、後出（注9）の論文がもっとも詳しく二人の差異を論じ、ランシエールからの批判としては、次がもっとも手厳しい。« Le poète chez le philosophe : Mallarmé et Badiou », *Politique de la littérature*, Galilée, 2007.（未邦訳、「哲学者における詩人　マラルメとバディウ」『文学の政治』所収）

紀の労働者が残した文書の「分析」であると同時に、その「文学的」な再提示、再編成であり、「エクリチュールの実験」をやっていると言うはたやすいが、読みにくいことこのうえなく、翻訳しようという人には頭が下がる。なにしろ扱う史料と同時代のオペラまで、プロットの構成に取り入れているというのだ（六八頁）。単語の選択にも現れるとんでもない衒学趣味と、労働者を愚鈍視する知識人へのほとんど生理的な嫌悪がないまぜになっている。

だから本書のような企画が生まれた、と言っていい。捉えがたい人を捉えるために、知的形成期から修行遍歴時代を経て現在にいたる全道程を、本人に問いただそう。さまざまな領域の「専門家」からばらばらに注目される諸「概念」のあいだに、本人の口により一貫性をつけさせよう。「根本的には、概念という言い方でなにを言わんとしているのか、よくわからないのですよ」（一六五頁）と述べる類の人であることが、いわば最初からわかっているから、こちらから質問攻めにして一人の同じ「ジャック・ランシエール」を浮かび上がらせよう。つまり彼は、本や論文を読んだあとに直に話を聞いてみたくなる人なのである。どうなんですか、この点とあの点のつながりは。なぜあんな書き方をしているのですか。そんな読者代表であるインタビュアーに、本書においてランシエールは嚙み砕くように丁寧に答えている。本書を読めば、思想家ランシエールの全体像は、おぼろげながら強烈に読者に迫ってくるはずだ。「おぼろげ」となお言わねばならないのは、彼の思想を捉えがたくしている知的分業の意味を問い直すよう、こちらが逆に迫られるからである。歴史学は、哲学は、文学研究は、自らをどう定義して、この「ジャック・ランシエール」についてどう語りうるだろうか。本書を読んでいるうちに彼を「哲学者」と呼ぶことに次第に抵抗を覚えるようになるものの、では彼を「思想家」と呼んで「その他のジャンル」に括ることに、どんな意味や効果が付随するのだろうか。彼を捉えがたくしている七〇年代から今日までの諸学の歴史は、なんだったのだろう。

かつて「領域横断的」あるいは「脱領域的」という言葉が流行した。構造主義の全盛期には、学の境界を越えて考察対象を広げることがほとんど当然であり、また実際、レヴィ＝ストロースもバルトも人類学や文学のそとの人々に読まれることで、固有の「知」としての力量を証明した。ランシエールも間違いなく、そんな時代に育ち、その息吹を今に伝える人である。科学史の大家カンギレームは当時、哲学者ブランシュヴィックの次の言葉をよく引いたという。「哲学とは、どれほど自らと縁遠い素材であっても自らのよい素材にできる学問である」[*5]。その意味においては、あるいはその意味においてのみ、ランシエールは構造主義的な「哲学者」である。けれども、彼の領域横断性には構造主義のそれとはどこか決定的に違うところがある。早い話、考察の歩みをどこにでも踏み入れることを可能にした「構造」に相当する大きな「概念」や問題設定が、彼には見当たらないのである。彼の術語である「芸術の美学体制」や「不和」は、それぞれ美学や政治にのみ「概念」として有効な範囲を限定されている。ドゥルーズは「哲学」を「概念を作ること」と定義した[*6]。そして自らの創出した「概念」（欲望機械、リゾーム、襞……）によって、ブ

＊5　エティエンヌ・バリバールの証言による。Étienne Balibar, « Le structuralisme : une destitution du sujet ? », *Revue de métaphysique et de morale*, n°45, 2005.

ランシュヴィックの言葉を文字通り実証した。ところがランシエールは、いわば「概念」の助けを借りずに、扱う「素材」を今日まで持続的に広げてきたように見える。横断性に近い「脱アイデンティティ」は、たしかにランシエールがよく用いる「概念」だ。けれども彼は「政治」や「哲学」にまで「脱アイデンティティ」を強いるし、そういう点ではポスト構造主義的な「脱構築」に似たところもあるのだが、デリダが「脱構築不可能なもの」として残した「正義」など、ランシエールにとっては「政治の倫理化」や「コンセンサス政治」として簡単に「脱構築」できてしまうものにすぎない。深淵へのおののきなど彼にはもっとも縁遠い。おまけに、彼においてたしかに「脱構築不可能」なものである「知性の平等」は、最後に残るものではなく、「不平等」さえそれがなければ成立不可能な、いっさいのはじまりである。とはいえ彼は「平等哲学大系」などまったく組み立てようとしないのだが。つまりランシエールの思想／思考の広がりを束ねているものは、「概念」の凝集力ではないのである。また、そうした力を「脱構築」しようとする使命感や意思（普遍への抵抗？）でもない。

　しかし本書からは、様々な「脱アイデンティティ」の焦点も浮かび上がってくるように思えてならない。それはやはり、彼が『資本論を読む』への寄稿論文[*7]以来問い続けてきた「政治」である。彼の「政治」は「階級闘争」にも「抵抗」にも「政治体制」にも、さらには理念や思想にも還元することができない。街頭に「発話 parole」が響き渡った六八年の経験を深化‐純化させたその政治観は、政治に政治としての「アイデンティティ」を壊すよう求める。人々が自らの社会的アイデンティティを脱して「発話」したのと同じように。そのものとしての、つまり政治学の対象になるような領域としての政治は存在しない、したがって「政治哲学」（政治についての哲学）もありえない、という強固な確信が、ランシエールにはほぼ最初からある。その確信が、人はおろか概念一般にまで「脱アイデンティティ」を促す。姿を正確に提示しようとすれば、『プロレタリアの夜』のように描くほかない政治。実践しようとすれば、同時に「オペラ」や「教育」でなければならない政治。その中心に、誰がなにを感じ、語ることができるかをめぐる分割線（「不和」を招く前提である）があって、その中心線を舞台にのせて見えるようにし（それが「不和」の演劇的かつ教育的な効果である）、揺るがすことに帰着する政治。捉えがたくて当然なのである。概念の網で捉えた瞬間、分割線はまた別様に、概念のまわりに確定され、語られないものが新たに生産されて、この政治は終わってしまうのだから。

この捉えがたさは、ランシエールが言うところの「芸術の美学体制」と微妙に交差し、かつ決定的にすれ違う。この体制にとっては、芸術の境界線を崩すこと、広げることが芸術である。芸術のそとをなかに取り込むものが芸術作品である。なにが「美しい」かは、「美しい」と感じることのできる範囲を拡大するものが「美しい」と言うほかない。「芸術の美学体制」は「政治」

---

*6　ジル・ドゥルーズ、フェリックス・ガタリ『哲学とは何か』財津理訳、河出書房新社、一九九七年。とりわけ「I-1　ひとつの概念とは何か」を参照。

*7　「『一八四四年の草稿』から『資本論』までの批判の概念と経済学批判」、『資本論を読む』上巻、今村仁司訳、ちくま学芸文庫、一九九六年。

と同じように、「感覚的なものの分割」を問題にするのである。すべては芸術的でありうる、それが「芸術の美学体制」だ。だから芸術は潜在的にすでに政治的であると受け取って、ランシエール「美学」を社会派芸術に使おうとするアート関係者は多い。彼のインタビューや寄稿が増える所以である。ところが、いくら男性用小便器が作品になっても、コヨーテと画廊で一週間過ごすことがアートになっても、政治的な分割線のほうは揺るがない。こちらの土俵では、アーティストならぬ人がその越境行為の主体とならねばならないからである。越える人が「アーティスト」になってしまえば、政治は「芸術の美学体制」にむしろ消されたと言うべきである。感覚の「鋭い」人と「鈍い」人の階層秩序が生産されたのであるから。啓蒙家と一般大衆の区分として。そんな区分はない、と政治は主張する。政治はそんな区分の愚鈍さを、区分が生産されたその箇所で感じ取らせようとする。芸術は自らのそとに出ていこうとするが、政治的行為のほうは、階層秩序のあるところに「侵入」しなければ、自らの政治性を主張しえないのである。ランシエールを「哲学者」と呼びにくい理由もまた、ここで明らかになるだろう。ブランシュヴィックが語り、ドゥルーズが実践した哲学は、その自己拡張する本性によって、「芸術の美学体制」における「芸術」にこそ近い。「芸術」の時代の哲学[*8]？　少なくとも、ランシエールが見ようとする「政治」とは、運動の方向が正反対である。

　だからこう言えるだろうか。今日においては「芸術の美学体制」が政治を代替しているからいっそう、政治は捉えにくい。同じように「感覚的なものの分割」を問題にしながら、問題にした結果の働く方向を逆転させてしまうから、政治はいっそうまれになる。平等の侵入・浸透・拡大という政治の成果を、「芸術の美学体制」は片端からだいなしにしていくのである。この体制を成立させた美学革命は、ゆえに反革命でもあったわけである。ちょうど、革命思想のなかに忍び込んだプラトニズムのように、それは囁く。政治はエリートにまかせるべし、芸術もまた。捉えにくいものを捉えにくくしている仕組み、装置を、ランシエールの「政治」は読者の感覚の表面に引きずり出す。私たちが分有する「感覚的なものの分割」線を、そんなものが引かれていない平等の無底から揺るがす。揺るがせて、そのあとどうする？　そんなことは、平等の方法、解放の公理に照らせば、聞いても言ってもいけないのである。それを口にしたとたん、思想は「哲学」に堕する。政治は芸術に屈服する。そのように思い定めた潔さ、覚悟もまた、本書からは読み取れるだろう。そこから生まれる分析射程の長さ、広がりとともに。平等の方法が現に可能にしている思考対象の拡大は、本書を通して眺めるだけでもほとんどオセロゲームの趣がある。不平等から平等へ、すべてが徐々に、最後は瞬時にひっくり返るのである。

　彼の思想が現にさまざまな領域の人々に大きな刺激を与えているとすれば、そのことは裏を返せば、かくも確信犯的に捉えがたい「政治」に改めて注目すべき、と告げているのではないだろ

＊8　実際、それがランシエールによるドゥルーズ批判の要点であるように思える。前掲『疲れた人々にはお気の毒さま』所収の次のインタビューを参照。« Deleuze accomplit le destin de l'esthétique »（「ドゥルーズは美学の運命を成就させる」）。日本語で読めるものとしては、『言葉の肉』（芳川泰久監訳、せりか書房、二〇一三年）所収の「ドゥルーズ、バートルビーと文学的決まり文句」を参照。

うか。六八年以降の左翼的な政治思想は、少なくともフランスにおいて、ランシエールとバディウのおかげで生き延びてきたところがある。かつてハンナ・アーレントが「貧困から解放される」という思想からの解放にアメリカ独立革命の意義を認めた以上に、彼らは「解放」理念を遠くに解放しようとしてきた。社会主義圏が消滅しようと、歴史が「自由主義」の勝利に終わったように見えようと、「条件の平等」などとはまったく異質な「平等」にもとづく「解放」思想がありうる、ということを、彼らは身をもって示してきた。彼らのそうした主張は、それとしては頑固な極左マイナー思想として受容されてきた――「その他」に分類されて――ところも大きいが、思想が言説の公共空間にもたらした効果のほうは、マイナーどころではない。ここ数年のあいだにいったい何冊の書物、いくつのコロックが、彼らとその周辺から出現したろうか。発話をめぐる有形無形の規則、また彼らを公衆の「教師」にする効果とともにあるそんな空間の存続自体を、「解放」思想は許容しないだろうが。しかし「無知な教師」は確実にそこへの「侵入」を果たしている。バディウの「プロレタリア貴族主義[*9]」さえ、もはや孤高の反時代的思想ではない。そうした現状を皮肉るまえに、細々と生き延びる以上のことをなしえた思想の核にある「政治」に改めて目をとめてもよいのではないか。

本書がその点において示唆に富むのは、ランシエールが「私の仕事の弱点」を率直に認めているからでもある。「解放を考えるときに、自己変容の諸形態から出発したこと」（二二四頁）である。平等の方法が前提にする解放観においては、最終的に、個人の解放しかありえない。もちろん、ランシエールは解放の集団的形態をさまざまに描き、語ってきたし（ある種の労働者「アソシエーション」として――たとえば本書九三頁、三二四頁を参照）、「不和」の政治は集団的に発現しなければどこまで政治的であるかさえ疑わしい。一人で行う「感覚的なものの再分割」はいつでも芸術行為に転じる――ドン・キホーテ！――可能性があるのだから。それでもあくまで、解放されるのが個々の人間、「誰でもよい誰か」でないかぎり、不平等が再生産されるだろう。そのことを、ランシエールは『無知な教師』[*10]や『哲学者とその貧者たち』[*11]を通じて強調してきた。解放の可能性を集団の「アイデンティティ」に結びつけると、解放の約束は約束をいつまでも延期する口実、今ここで果たされていないことを正当化する理由に反転する。あなたたちは解放されねばならない。そのように社会は構造化され、あなたたちに「アイデンティティ」を与えているのだから。ゆえにまた、解放が今ここにないのは社会的必然である、それを受け入れよ。ランシエールがジャコト[*12]から取り出した平等の方法は、「誰でもよい誰か」から出発すれば、そんな約束の弁証法から身をかわすことができる、というところに鍵があり、そこにランシエールによる

＊9　バディウが自らの立場をランシエールの「民主主義」と対比させて特徴づけた表現。ランシエールについてのコロックの席上、述べられた。Alain Badiou, « Jacques Rancière. Savoir et pouvoir après la tempête » (2005), *L'aventure de la philosophie française*, La fabrique, 2012.（未邦訳、「ジャック・ランシエール　嵐のあとの知と権力」『フランス哲学の冒険』所収）

＊10　邦訳『無知な教師』梶田裕・堀容子訳、法政大学出版局、二〇一一年。

＊11　邦訳『哲学者とその貧者たち』航思社、近刊。

＊12　『無知な教師』の主人公。同書については第Ⅱ章で詳しく述べられている。

継承の根本動機もあった（一二一頁）。約束の嘘を見破る可能性を、「解放を考えるときに、自己変容の諸形態から出発すること」が与えるのである。解放された人間に、解放の約束はもはやいらない。では解放の可能性は、どのように伝播していくのか。ランシエールのあるテキストは、それを次のように描写している。「［解放の］イニシエーションは、解放されたプロレタリアの友愛を通して鎖状に拡大していく。あるいは、風まかせ、足のおもむくままに種をまく博愛主義者の散歩を通して。プロパガンダは一人から多数への関係ではない。それは個人から個人に受け渡される対話と約束だ[*13]」。解放の約束は「個人」のあいだをリレーのバトンのように、約束をその都度果たしながら受け渡されていくのである。解放の可能性は、伝播することがその実現だ。だから本書において、ランシエールはこう述べねばならなかった。「私が研究した一九世紀の労働者解放のプロセスには、その場の解放に満足する可能性がつねにある」（三一七頁）。普遍的知性のバトンが次の人に渡ればそれでよし。ではいかにして、個人の解放を集団的解放の「アソシエーション」――解放されたアスリートたちのチームだ――ではなく「シーン」に、社会的階層秩序へと「侵入」してその全体性、包括性を揺るがす「演出」に、ジャンプさせるか。そもそもそんなジャンプを方法論的に考えることは平等の方法に許されるのだろうか。さらに、いかなる「アソシエーション」もなしに生起した反乱――「シーン」としての政治のプロトタイプだ――は、歴史上多々存在したのではないか。ランシエールに答えはない。

けれども答えの不在が、本書から私たち読者に手渡されたバトンであるのだろう。ランシエールの政治思想はいまだ閉じていない、と「私の仕事の弱点」は語る。それだけで十分ではないだろうか、バトンを受け取ることで解放された読者としては。普遍的知性への絶対的信頼の裏側には、約束への不信が貼りついている。その約束は、いつか無理して解放の政治などやらなくてもよい時代が来る、という約束であった。つまり解放の政治そのものの消滅を約束していた。それに対する不信が、「解放されること」を政治のゴールではなくはじまりにするとすれば、幸か不幸か、解放はまだはじまったばかりである。政治があるかぎり、私は解放されても私たちは解放されていない。この落差、距離がいつか埋まるだろうと言ってしまっては、またしても約束の弁証法がはたらきはじめる。ならばすっぱり、けっして埋まらないと見定めるところからはじまる政治を、本書をバトンとして受け取った私たちは構想すべきではないだろうか。

　本書の翻訳は、第Ⅰ章と第Ⅳ章を箱田徹、第Ⅱ章を上尾真道、第Ⅲ章を信友建志が分担して行い、市田が全体に手を入れて訳語や文体の統一を図った。人名索引に付された説明も同じ分担である。また、本書の刊行自体が、京都大学人文科学研究所において現在行われている共同研究「現代思想と政治」の一つの成果であると言っていい。翻訳者の四名はいずれも共同研究のメンバーであり、他のメンバーを含む研究会全体での議論が、翻訳の「精神」を支えてくれた。記して謝意を表したい。

＊13　« Savoirs hérétiques et émancipation du pauvre », *Les Scènes du peuple*, Horlieu, 2003, p.45.（未邦訳、「異端の知と貧者の解放」『民衆のシーン』所収。同書は雑誌『論理的反乱』に発表されたランシエールの論考を集めたもの。同誌については本書第Ⅰ章八二頁以下を参照）

『民衆の国への短い旅』　197, *197*
『民衆のシーン』　*87*
民主主義　27, 114, 152, 158, 182, 197, 202, 203, 210, *239*, 276-278, 309, 310, 319, 326, 328
──革命　156, 309
『民主主義への憎悪』　*129*, *183*, 334
無意識　198, 200, 204, 205
無知な教師　8, 199, 201, 202
『無知な教師』　139, *139*, 144, 145, *145*, 168, 197, 201, 203, *213*, 313
メタポリティーク　165, 236
毛沢東主義／毛沢東派　36, 38, 39, 44, *45*, 47, 54, 88, 90, 94
モダニズム　23, 111, 152, 155, 319

ラ

ラカン派　44, 198, 199, 201
力能　116, 128, 130, 131, 136, 140-142, 144, 145, *149*, 217, 227
倫理体制　241
『歴史の名』(『歴史の言葉』)　116, *117*, 146
労働　43, 45, 62, 90, *121*, 123, 131, 136, 148, 190, 207-209, 211, 214-216, 237, 280, 294, 297, 313, *327*, 328
　認知──　207, 235, 238
──運動　34, 40, 52, 56, 58, 61, *61*, 63, 65, 73, 89, 108, 209, 222, 224, 226, *227*
労働者　16, 34, 39, 42, 45, 48, 51-58, 63, 65-69, 71-73, 75, 77, 78, 84, 90, 92, 93, *93*, 95, 96, 98, 104, 107, 114, 121, *121*, 125, 137, 138, 140, 152, 168, 171, 194, 200, 205-211, 220, 223, 224, 228, *229*, 235, 237, 238, 258, 265, 289, 291, 307, 312, 316, 317, 319, *327*
──の発話　→発話
──文化　54, 57, 68
『労働者の発話』　60
『論理的反乱』　82, 84, 87, *87*, 88, 89, 92-95, 97, 276

ワ

267, 270, 317, 332
美的なもの　70, 315, 318
——革命　116, 117, 152, 155-157, 318, 319
——体制　74, 133, 240-243, 253, 255-257, 262, 264, 266
『美学的無意識』　*199*, 201
『美学における居心地の悪さ』　*149*, 238, 254, 256, 257
美術館　245, 246, 249, 254, 258-262, 264, 267, 321, 322
非正規滞在者（サン・パピエ）　216, 287, 294-296, 303
美の分析論　113, *115*, 149, 151, 152, 154, 155
批判概念　24, 28, 182, 185, 186, 272
表象　25, 64, 98, 170, 240, 241, 245, 255, 256, 283, 285, 286, 305
——体制　240, 242, 278, 287
——不可能なもの　170, 256, 257
平等　70, 115, 137, 145, 158, 174, 176-178, 191, 196, 203, 213, *213*, 214-218, 222, 224, 233, 283, 286, 288-290, 299, 300, 310, 324, 325
知性の——　196, 213, *213*, 219, 335
——の原理　172, 205, 323, 325
——の大義　191, 214, 215
——の方法　7, 8, *9*, 137, 223
フィクション　85, 94, 96-98, 134, 138, 139, 234, 263, 305
フェミニズム　88, 90, 93
物神崇拝　24, 77
プレカリアート／不安定労働者　207, 235
プロット　61, 64, 66-68, 70, 71, 74, 163, 166
プロレタリア／プロレタリアート　67, 94, 111, 123, 147, 192, 195, 205, 207, 209, 211, 226, 234, 235
プロレタリア左派　41, 44, 48-50, 52, 91, 92
『プロレタリアの夜』　8, 9, 14, 58, 61, 63-65, 67, 68, 70-72, 75, 76, 107, 111, 119, 123-125, 131, 134, 140, 146-148, 166-168, 197, 205-209, *209*, 222, *223*, 225, 234, 312
『不和』　*59*, 63, *63*, 74, 106, 144, 145, *145*, 158, *159*, 163, 165, 191, 197, 217, 228-231, *235*, 236, 288, 290, *291*
不和 dissensus　8, 58, *59*, 132, 145, *149*, 151, 165, 187, 319, 320
不和 mésentente　8, 58, *59*, 128, 164
『文学の政治』　*75*, 97, *97*, 128
蜂起　59, *251*, 274, 275, 285, 286, 289
ポピュラーカルチャー　265, 266, 268
ポリス　74, 116, 191, 192, 217, 233, *235*, 276-280, 282-284, 288, 290, 291, 296, 315, 327

マ

『マラルメ』　*75*
マルクス主義　9, 27, 34, 35, 37-39, *39*, 40, 42, 44, 46, 51, 55, 59, 63, 77, 94, 95, 118, 122, 123, 155, 182, 184, 185, 203, 222, 250, 285, 290, 304, 314, 318
『マルクスのために』　*27*
『マルクス - レーニン主義手帖』　36, 37, 88
ミクロ出来事　103, 130
民衆　57, 66, 73, 90, 99, 118, 123, 126, 147, 148, 156, 158, 185, 186, 193, 216, 247-249, 251, *251*, 252, 253, 265, 289, 306-308, 310, 314, 328, 329
——の記憶　94, 95, 97, 98

200, 204
——体制　248, 250
——様式　105, 158, 212
知識人　9, 38, *49*, 52, 86, 173, 178, 182, *185*, 192, 194, 220-222, 238, 270, 281, 287
地図作成　169, 272, 273, 275, 276
地勢的　108, 118, 148
『疲れた人々にはお気の毒さま』　*9*, *95*, *227*, *307*, *327*
抵抗　83, 84, 112, 114, 126, 175, 282, 289, 328
出来事　33, 42, 43, 57, 66, 71, 92, 103, 104, 111, 126, 130-135, 140, 141, 143, 160, 173, 211, 242-245, 251, 274, 281, 284, 285, 307
『哲学者とその貧者たち』　*121*, 182
デモ　21, 42, 65, *93*, 142, 143, 163, 193, 216, *217*, 231, 237, 238, 284, 289, 292, 328
転覆　113, 114, 147, 154, 286, 287, 309
『ドイツ・イデオロギー』　28, 30, 46
闘争　15, 36, 37, *37*, 43, 44, 68, 77, 79, 83, 92, 93, *93*, 187, 191-194, 205, 215, 216, 234, 236, 237, 291, 292, 314, 325, 328
リップ——　92
動的編成 agencement　218, 220-222
特異性　102, 107, 126, 130, 135
独学　22, 61, 116, 151, 206, 214
トロツキズム／トロツキスト　35, 39, *39*, 54, 88, 91

ナ

難民　293, 294, *303*
『人間の美的教育について』　104, 149, 151, 234
認識支配　276, 282, 283
認識論的切断　28, 29
ヌーヴェル・ヴァーグ　24, 99
ヌーヴォー・ロマン　23, 24
能力／権限／権能（compétence）　8, 117, 148, 193, 216-222, 235, 236, 267
能力／力／無能力（capacité ／ incapacité）　8, 108, *113*, 114, 116, 118, 119, 124, 126, 138, 141, 143, 145, 146, 148, 151, 155, 157, 158, 162, 163, 169, 177, 178, 189, 218, 219, 223, 226, 230, 241, 252, 264, 270, 284, 285, 290, 291, 293, 299-302, 308, 314, 315, 322, 324, 325, 328
能力（faculté）　108, 148-151, 155, 236

ハ

発話　53-55, 57, 65, 66, 67, 70, 76-78, 80, 83, 92, 141-143, 146-148, 151, 159, 163, 164, 190, 194, 195, 210, 212, 227, 231, 232, 263, 307, 336
さまよえる——　146
無言の——　146-148
労働者の——　54-56, 68, 88, 92, 146, 210
——体制　146, 147
パフォーマンス／パフォーマティヴ　56, 67, 68, 75, 76, 110, 303, 305
場面／シーン　68, 70, 74, 76, 108, 110, 111, 118-120, 123, 126, 130-132, 135-148, 162-165, 184, 185, 191, 215, 220, 221, 223, 235, 236, 249, 274, 279, 286, 290-292, 294, 296, 297, 299, 305
パラポリティーク　165
『判断力批判』　113, *115*, 149, 161
美学　8, 47, 107, 108, 111, 115, 133, 149, 151, 152, *153*, 154, 155, 171, 172, 195, 228, 234, 247, 256, 257, 264,

自然発生　36, 231, 233, 250
シニフィアン　78, 197, 199, 209, 211, 212, 294, 308
支配　69, *69*, 72, 83, 84, 93, 118, 124, 126, 176, 179, 185, 186, 190, 191, 197, 198, 201, 214, 215, 237, 242, 243, 257, 270, 274, 276, 278, 280-283, 302, 326-328
　──階級　215, 237
　──秩序　291, 316
『資本論』　28, 29, 32, 77, 137, 184
『資本論を読む』　8, 26, *29*, 31, 32, *33*, 34, 74
社会学　*11*, 44, 97, 103, 123, 154, 209, 210, 281
社会主義　*39*, 52, 205, 212, 222, 323-325, 328
「社会主義か野蛮か」　39, 47
社会的なもの　65, 73, 116, 212, 233-236, 288
囚人　48, 49, 52, 83, 87, 104, 220
主体化　145, 146, 148, 224-227, *227*, 228, 288, 291, 296-300, 309, 315-317
象徴　68, 96, 119, 123, 136
　脱──　277, 282
　──化　136, 225-227, *227*, 278, 282, 316
　──秩序　203, 211, 286
　──的　61, 68, 72, 130, 137, 211, 216, 226, 227, *227*, 292, 323
　──関係　139
人種差別　185, 186, 334
崇高　113, *115*, 149, *149*, 152, *153*, 154, 155, 176
ヒト／ストライキ　16, *49*, 60, 61, 74, 96, 173, *173*, 183, 184, 186, 193, *193*, 194, 208, 209, 216, 220, 314
『政治的的局面』　*173*
政治的なもの　65, 73, 226, 236, 255, 278, 289, 291, 293, 298, 317, 318, 326, 329
『政治的なものの縁で』　127, *165*, 172, *237*, 279
政治哲学　165, 174, 229, 230
「政治についての一〇のテーゼ」　127, *127*, *129*, 164, *165*, 172-174, 236
精神分析　*31*, 44, *121*, 198, 199, *199*, 201-205, 308
想像力／構想力　73, 132, *149*, 150, 151, 218, 234-236, 248, 249, 273, 274
疎外　24, 27, 37
　──論　17, 27
組織性／組織化　92, 110, 111, 156, 193, 205, 222, 233, *235*, 250, 278, 286, 293, 325
存在論　108, 116, 126, 128, 129, 294

タ

第三世界　38, 208
代弁　52, 53, 133, 301, 304
多数性　103, 125, 128, 130, 138
脱アイデンティティ　55, 225, 226
脱構築　182, 185, 186, 190, 196, 279
脱神秘化　169, 170, 182, 183, 185, 186
『タル・ベーラ』　*261*
誰でもよい誰か／誰もがもつ──　114, 196, 217, 218, 232, 233, 290, 301, 324, 328
知 savoir　9, 15, 40, 52, 73, 103, 111, 198, 199, 201-203, 220, 222, 281, 300, 311, 331
知覚　17, 72, 104, 118, 130, 150, 152, 156, 165, 171, 200, 204, 240
　──可能なもの　150, 187, 189, 190,

事項索引

144, 145, 152, 171, 176, 192, 202, 206, 209, 214, 218, 221-224, 229, 245, 250, 263, 287, 288, 290, 292, 293, 309, 312, 316-318
『解放された観客』　*255*, 256, 257, 302, *303*
科学　11, 15, 29, 34, 40, 41, 43, 52-55, 64, 77, 78, 80, 83, 109, 248, 283, 300-302
革命　38, 51, 59, 63, 65, 66, 79, 92, 93, 98, 117, 122, 143, 154, 156, 157, 170, 171, 178, 222, 234, 245, 247, 284-287, 289, 307, 309, 318, 319
　フランス——　116, 147, 156, 245, 248, *251*
可視　123, 217
　——性　108, 131, 246, 248, 251, 262
　——的なもの　134, 187, 249, 256, 257, 285
過剰　126-128, 151, 155, 274, 304
寡頭制　276, 289, 290
可能なもの／可能性　10, 42, 58, 61, 68, 80, 93, 114, 115, 120, 123-125, 130-132, 134, 135, 137, 146, 148, 150, 151, 155, 160, 164, 176, 180, 183, 187, 193, 217, 218, 221, 222, 227, 249, 263, 269, 272-275, 281, 285-288, 295, 296, 298, 299, 301, 316, 317, 321
　言語化——　187
　言表——　132, 256, 257
　思考——　103, 104, 109, 132, 150, 174, 183, 187-189, 200, 204, 212, 213, 249, 285, 286, 331
　知覚——　150, 187, 189, 190, 200, 204
　理解——　115, 116, 130, 144, 150, 167, 174
感覚的なもの／感覚的なものの分割　8, 66, 68, 103, 104, 114, 115, 117, 123, 138, 145, 149, 150, 160, 166, 167, 170, 187, 195, 200, 206, 207, 223, 251, 266, 274, 278, 281, 317, 320, 321
『感覚的なものの分割』（『感性的なもののパルタージュ』）　238, *239*, 317, 320, 322, 330, 331
〈共〉　55, 110, 218, 220, 221, 223, 225, 226, 278-282, 297, 311
共産主義　46, 59, 72, 77, 86, 192, 228
共住修道士家政学　223, 314, 316
共和主義　18, 62, 147, 250
愚鈍　188-190, 281, 335
言表　103, 104, 143, 159, 162, 172, 174, 175
　——可能なもの　132, 256, 257
　——行為　10, 221, 222
権力　66, 83, 86, 87, 92, 123-125, 127, 131, 156, 216, 217, 219, 228, 232, 233, *235*, 246, 248, 251, 252, *255*, 277, 283, 284, 286, 291, 301, 309-311, 322, 324, 328, 329
　人民——　192, 232
　——関係　46, 86
　——技術　83, 84, 88
構造主義　23, 30, 32, 38, 44, 150, 199, 238
『言葉の肉』　72, *73*, 111, *113*, 116
コンセンサス　*59*, 163, 182-185, 188-190, 196, 242, 248, 276, 277, 279-282, 311, 320, 334
『コンセンサス時代のクロニクル』　183, *187*

サ

【事項索引】

※数字のイタリック体は注釈のページ数を示す。

数字

『一八四四年の草稿』 27, 29, 58
六八年五月 9, 35, 40–42, 90, *93*, 274

ア

アーカイヴ 50, 51, 71, 72, 104, 107, 168, 223, 224, 305
『アイステーシス』 *75*, 238, *239*, 306, *307*, 311–313
アウェンティヌス（の丘） 74, 137, *139*, 141, 144, 145, 163
（労働者）アソシエーション 78, 93, 323, 324
アナキズム 59
アラブの春 131, 274, 285
　エジプト 252, 286
　タハリール広場 237, 303, 304
　チュニジア 65, 228, 252, 286, 287
アルシポリティーク 165
アルチュセール主義／アルチュセール派 17, *31*, 34, 35, 40, 43, 44, *45*, 52, 54, 64, 75, 77, 91, 191, 199
『アルチュセールの教え』 9, 33, *33*, *37*, 43, *43*, 94, 95, *193*, 276, 287
アレゴリー 128, 138, 139
「怒れる者たち」 237, 238, *239*, 252, 300
異種性 115, 155, 192
イデオロギー 15, 25, 34, 36, 39, 43, 52, 57, 77–79, 89, 98, 104, 111, 118, 170, 197, 234, 255, 276, 279, 280, 316
　——的なもの 41, 65, 77
　——論 43, 46, 55, 199
移民 185, 187, 295, 297, 314
因果（性）／原因‐結果 64, 65, 67, 69, 70, 78, 130, 195, 206, 274, 275, 306, 310
映画館 99, 258, 261, 264
『映画的寓話』 265, *265*
『映画の隔たり』 175, *177*, 265
エクリチュール 70, 113, 114, 138, 143, 144, 158–160, 162–164, 195–197, 212
エコロジー 298, 300, 301, 326, 328
　——思想 298, 300, 301
　政治的—— 298
　ラディカル—— 300
エピステモロジー 43, 46, 164
演劇 56, 64, 75, 240, 241, 244, 245, 259, 265
横断 61, 71, 73, 116, 136, 138
オキュパイ運動 *239*, 303

カ

階級 35, 42, 52, 54, 78, 138, 144, 170, 207, 215, 220, 233, 234, 237, 244, *251*, 289, 324
　——闘争 68, 77, 192, 205, 215, 236, 237, 291
階層 66, 67, 70, 71, 73, 74, 136, 137, 151, 158, 190, 212, 251, 264, 268, 326
　——化 70, 147, 206, 267
　——性 69, 267
　——秩序 248, 251, 274
　——的 11, 65, 66, 130, 136, 151, 156, 234
解放 11, 34, 63, 72, 91, 106, 113, 124, 136,

(M-L)）に参加。プロレタリア左派（GP）結成後は指導者となる。活動家時代はピエール・ヴィクトールと名乗っていた。その後『リベラシオン』の創刊にもかかわる。サルトルの個人秘書になると同時に、エマニュエル・レヴィナスを介してユダヤ神秘主義に傾倒。最終的にイスラエルに渡り、2000年にアラン・フィンケルクロートやベルナール＝アンリ・レヴィとともにレヴィナス研究所を作る。

レッシング、ゴットホルト・エフライム（Gotthold Ephraim Lessing）262

ドイツの思想家（1729－81）。批評家として近代ドイツの文芸運動を主導し、ドイツ文学の基礎のひとつを築いた。また自身も『賢者ナータン』（大庭米治郎訳、岩波文庫、2006年、原著1779年）のような作品を手がけている。

レンブラント・ファン・レイン（Rembrandt van Rijn）249

オランダの画家（1606－69）。強烈な明暗のコントラストに浮かび上がる生命感に満ちた肖像画で知られる、17世紀を代表する画家。代表作に『夜警』（1642年）がある。

ローゼンツヴァイク、フランツ（Franz Rosenzweig）*157*

ドイツの哲学者（1886－1929）。第1次大戦前のドイツで、ヘーゲルにかんする博士論文を提出。その後はユダヤ思想に深く傾倒していくようになる。主な著作として『ヘーゲルと国家』（未邦訳）。また戦火の塹壕での霊感をもとに書かれた『救済の星』（村岡晋一ほか訳、みすず書房、2009年）など。

ロカール、ミシェル（Michel Rocard）279

フランスの政治家（1930－）。若手時代は統一社会党創設（1960年）に参加するなど左派的な政治姿勢をとり、70年代には自主管理社会主義に強い関心を示す。ミッテラン時代に閣僚を歴任。首相（1988－91年）も務めた。

ロダン、オーギュスト（François-Auguste-René Rodin）244

フランスの彫刻家（1840－1917）。写実性と生気を融合させた表現性や象徴性を特徴とし、近代彫刻最大の作家として知られる。代表作『考える人』（1902年）はあまりにも有名。

ロッセリーニ、ロベルト（Roberto Rossellini）99

イタリアの映画監督（1906－77）。第2次大戦直後にネオレアリズモを代表する人物として登場。フランス・ヌーヴェルヴァーグに大きな影響を与えた。作品に『ドイツ零年』（1947年）、『ヨーロッパ1951年』（1952年）など。

ロンブローゾ、チェーザレ（Cesare Lombroso）308

イタリアの精神医学者・法医学者（1835－1909）。遺伝学や人体計測・頭蓋骨計測などを根拠にした生来性犯罪者説を展開した。ナチスによる「退廃芸術」排除の論拠ともなる。日本でも1914年に辻潤が『天才論』を邦訳して大流行し、小栗虫太郎や夢野久作の犯罪小説に影響を与えたと言われる。

ジ支持に至る。著書に『モンタイユー』（井上幸治ほか訳、刀水書房刊、1990－91年、原著1975年）など。

ルービン、ジェリー（Jerry Rubin）92

ベトナム反戦運動で名をはせた米国の活動家、後に富豪となる（1938－94）。

ルソー、ジャン＝ジャック（Jean-Jacques Rousseau）240, 244, 245, 254

スイス出身の哲学者（1712－78）。ジュネーヴ出身だが、活躍の舞台をフランスに求め、哲学、政治、文学、音楽など広範にわたる業績を残した。なかでも『社会契約論』（作田啓一訳、白水社、2010年、原著1762年）は政治哲学における最重要著作の一つという地位を今日も失わない。

ルディネスコ、エリザベート（Elisabeth Roudinesco）*31*

フランスの歴史家・精神科医（1944－）。著書に『ジャック・ラカン伝』（藤野邦夫訳、河出書房新社、2001年、原著1993年）、『ラカン、すべてに抗って』（信友建志訳、河出書房新社、2012年、原著2011年）など。

ルニョー、フランソワ（François Regnault）44

フランスの哲学者・舞台演出家（1938－）。高等師範学校（ENS）ではミレールらとともに『分析手帖』編集部を担い、次第にラカン派精神分析に傾倒する。パリ大学ヴァンセンヌ校哲学科新設時にランシエールらとともに着任した。非常勤講師解雇問題で精神分析学科に移籍。後にはパトリス・シェローやブリジット・ジャックとともに舞台演出を行った。著書に *Dieu est inconscient*, Navaran, 1981（未邦訳、『神は無意識』）など。

ルフェーヴル、アンリ（Henri Lefebvre）27

フランスの哲学者・社会学者（1901－91）。青年期は共産党員だったが、50年代に入ってスターリン批判を強め、58年に除名されて以降は非共産党系マルクス主義を代表する人物となった。都市の日常生活を疎外論的に批判し（『日常生活批判』３部作、一部未邦訳）、ギイ・ドゥボールらの状況主義（シチュアシオニズム）に直接的影響を与えるとともに、68年５月の渦中でその著作が広く読まれた。著書に『「五月革命」論　突入・ナンテールから絶頂へ』（森本和夫訳、筑摩書房、1969年、原著1968年）、『都市への権利』（森本和夫訳、ちくま学芸文庫、2011年、原著1968年）など。

ルフォール、クロード（Claude Lefort）*39*

フランスの哲学者（1924－2010）。師であるメルロ＝ポンティの影響でトロツキズムに接近。「社会主義か野蛮か」を脱退後、全体主義批判と政治的なものの概念の考察に向かう。フランスにおける左派リベラルを代表する。著書に『エクリール』（宇京頼三訳、法政大学出版局、1995年、原著1992年）など。

レヴィ、ベニー（Benny Levy）*45*, 50

フランスの作家（1945－2003）。高等師範学校（ENS）入学後に共産党系学生組織（UEC）を経て毛沢東派の青年共産主義者連合マルクス－レーニン主義派（UJC

件』（小林康夫訳、水声社、1989年、原著1979年）。

リクール、ポール（Paul Ricœur）24, 28

フランスの哲学者（1913－2005）。現象学から出発し、フランスにおいて解釈学を代表する哲学者となった。博士論文の副論文がフッサール『イデーン』の仏訳。学生時代のランシエールが会った当時はソルボンヌの教授（1956－64年）だったが、64年以降はナンテールで教え、70年代にはアメリカでも教鞭をとっている。アルチュセール－ラカン派は60年代半ばに彼の解釈学的フロイト読解を激しく批判した。68年5月とその後の騒乱のなかで「講壇哲学者」と揶揄される。

リステルユベール、ソフィー（Sophie Ristelhueber）256

フランスの写真家（1949－）。湾岸戦争や旧ユーゴ内戦、イラク戦争を題材にした作品で知られる。近作にブルーノ・ラトゥール（本索引参照）他との共著がある。Sophie Ristelhueber, Bruno Latour, David Mellor, *Operations*, Thames & Hudson Ltd, 2009.（未邦訳、『オペレーションズ』）

リナール、ロベール（Robert Linhart）30, *31*, 36, *45*

フランスの社会学者（1944－）。高等師範学校（ENS）入学直後から共産党系フラクションで活動し、毛沢東派政治集団「青年共産主義者連合（マルクス－レーニン主義派）」（UJC（M-L））結成後も中心人物となる。同派を中心に学生訪中団を組織し、文化大革命時代の中国を訪れている。1969年の同派解散命令後はプロレタリア左派の指導者となるが、同時にシトロエンのパリ工場で「工場潜入」として活動。1978年に同名の著作を刊行する。アルチュセールと同じく躁鬱病に苦しみ、アルチュセールが妻を殺害した直後の81年に自殺未遂。長く療養生活を送っていたが、その後復帰し、パリ第8大学で教える。

リルケ、R・M（Rainer Maria Rilke）23, 73, 104, 200

プラハ生まれのドイツの詩人（1875－1926）。20世紀前半を代表する詩人の一人。1950年代には実存主義文学と関連させて論じられることもあった。作品に『マルテの手記』（大山定一訳、新潮社、1953年、原著1910年）など。

ル・ボン、ギュスターヴ（Gustave Le Bon）185

フランスの社会心理学者（1841－1931）。アマチュアの物理学者でもあった。1895年の『群衆心理』（桜井成夫訳、講談社、1993年）などで知られ、群衆心理における衆愚性、知性や倫理性の低下についての指摘はフロイトらに大きな影響を与えた。その否定的群衆観はパリ・コミューンやドレフュス事件に立ちあって形成された（それらを衆愚性の現れと捉える）こともあり、今日では大衆社会を嫌う保守主義、エリート主義に援用されることも多い。

ル・ロワ・ラデュリ、エマニュエル（Emmanuel Le Roy Ladurie）56

フランスの歴史家（1929－）。アナール派第3世代の代表的人物。共産党の熱心な学生活動家だったが、ハンガリー侵攻で脱退。70年代以降は右傾化し、サルコ

ラブルース、エルネスト（Ernest Labrousse）65

フランスの歴史家（1895－1988）。アナール派第2世代に属し、社会経済史を専門とした。社会党や共産党の党員経験もあるマルクス主義者だったため、唯物史観を強く退けるアナール派主流とは一線を画すが、第1世代のマルク・ブロックからソルボンヌの教授職を引き継ぎ、多くの歴史家を育てた。主著は *La Crise de l'économie française à la fin de l'Ancien Régime et au début de la Révolution*, PUF, 1944.（未邦訳、『旧体制末期と大革命初期のフランス経済の危機』）

ラング、フリッツ（Friedrich Christian Anton Fritz Lang）265, 266

ドイツの映画監督（1890－1976）。20世紀前半のドイツ映画黄金時代の代表的監督。ナチス政権下でアメリカに亡命、ハリウッドで制作を続けた。代表作に『メトロポリス』（1927年）がある。

ランシエール、ダニエル（Danielle Rancière）49, 86, *87*

ランシエールの妻。監獄情報グループで事務局を務める。その後『論理的叛乱』に寄稿。1977年には制度としての哲学にかんする研究の一環で、ヴィクトール・クザン『大学と哲学の擁護』（未邦訳、1844年）を再刊。

ランズマン、クロード（Claude Lanzmann）256, 257

フランスの映画監督（1925－）。ホロコーストを主題とする9時間以上にも及ぶ大作『ショアー』（1985年）で知られる。関係する人物の証言を、あくまで各個人の1人称の証言として丹念に拾うことで逆に表象不可能な出来事を浮き彫りにするスタイルは、芸術の枠を超えて大きな影響を与えた。次作の『イスラエル国防軍』ではしかし、現代のイスラエル国家を支持する姿勢を鮮明に示した。サルトルのあとを受けて雑誌『レ・タン・モデルヌ』の編集長を現在も務めている。

ランボー、アルチュール（Arthur Rimbaud）72

フランスの詩人（1854－91）。詩集に『地獄の季節』（1873年）、邦訳書に『ランボー全詩集』（鈴木創士訳、河出文庫、2011年）など。ランシエールらの雑誌『論理的反乱』の誌名は、パリ・コミューンを詠んだ詩「民主主義」の一節に由来。

リウィウス、ティトゥス（Titus Livius）137

古代ローマの歴史家（前59頃－17）。都市国家ローマの歴史をその起源から紀元前9年までにわたってつづった大著『ローマ建国以来の歴史 *Ab Urbe condita libri*』（邦訳が全14冊で京都大学学術出版会より刊行中）の著者として知られる。同書はヨーロッパにおいて近世まで歴史書のモデルとなった。

リオタール、ジャン＝フランソワ（Jean-François Lyotard）*39*, 46, 48, *49*, 92, 152, *153*, 154, 155, 246

フランスの哲学者（1924－98）。ランシエールとはパリ第8大学で同僚。一時期、「社会主義か野蛮か」グループに属していた。著作に『言説、形象』（三浦直希訳・合田正人監修、法政大学出版局、2011年、原著1971年）、『ポスト・モダンの条デンマークの映画監督（1956−）。歌手のビョーク主演の『ダンサー・イン・ザ・ダーク』（2000年）は日本でも大ヒットとなった。独自の運命論や暴力、性描写を実験的手法で描くスタイルはしばしば物議を醸している。集団的暴力の無垢な犠牲者が虐殺者に反転する『ドッグヴィル』（2003年）について、ランシエールはアメリカの対テロ戦争と絡ませながら論じたことがある（「政治と美学の倫理的転回」、『美学における居心地の悪さ』所収、インスクリプト近刊、原著2004年）。

ラード、ワリッド（Walid Ra'ad）303, 305
レバノン生まれのアーティスト（1967−）。レバノン内戦を主題にした作品で国際的に知られる。

ラカン、ジャック（Jacques Lacan）30, *31*, 38, 44, 106, 199, 202, 203
フランスの精神分析家（1901−81）。ラカン派と呼ばれる学派の創設者。主著に『エクリ』（佐々木孝次ほか訳、弘文堂、1972−81年、原著1966年）など。ゼミの記録の刊行は今も続いている。その特異な講述スタイルは、固有の精神分析への関心を超える関心を呼び、臨床家以外にも大きな影響力をもった。

ラクラウ、エルネスト（Ernesto laclau）228, *229*
アルゼンチン出身の政治哲学者（1935−2014）。イギリスで活動。シャンタル・ムフとの共著『民主主義の革命 —— ヘゲモニーとポスト・マルクス主義』（西永亮・千葉眞訳、ちくま学芸文庫、2012年、原著1985年）で展開した「ヘゲモニー論」のほか、クロード・ルフォールからジャック・ラカンにいたるまでの広汎な読解により、左派民主主義論を代表する。

ラシニエ、ポール（Paul Rassinier）163
フランスの政治運動家（1906−67）。第2次大戦時にレジスタンスに参加し、強制収容所に送られる。戦後、平和活動家としての活動の傍ら、「ガス室」の存在を否認する発言をヨーロッパで初めて行い、歴史修正主義の祖とみなされるようになる。主な著作に『ユリシーズの嘘』、『ヨーロッパユダヤ人のドラマ』など。

ラッシュ、クリストファー（Christopher Lasch）319
アメリカの歴史家（1932−94）。書評などのエッセイを数多く手がけた社会批評家の一面も大きく、「社会批評としての歴史学」を唱えた。その背景には「知識人の使命」を強調する知識人論がある。ランシエールが踏まえているのは、著書『ナルシシズムの時代』（石川弘義訳、ナツメ社、1981年、原著1979年）での文明批判。

ラトゥール、ブルーノ（Bruno Latour）298, 300
フランスの科学社会学者（1947−）。民族誌的フィールドワークや科学者の実験室をめぐる考察から、「科学的事実の社会的構成」を強く主張し、今日ではしばしばディープ・エコロジーの思想的典拠となる。本書で言及されている「モノの議会」の着想は『虚構の「近代」 科学人類学は警告する』（川村久美子訳、新評論、2008年、原著1991年）などで提示されている。

に代わってナンテールで教えており、学生運動と接点をもった。当時の著作に、『学生コミューン』（コルネリュス・カストリアディス、クロード・ルフォールとの共著、西川一郎訳、合同出版、1969年、原著1968年）がある。他の著書として、『オルレアンのうわさ』（杉山光信訳、みすず書房、1997年、原著1969年）、『複雑性とはなにか』（吉田幸男、中村典子訳、国文社、1993年、原著1990年）など。

モレ、ギイ（Guy Mollet）20
フランスの政治家（1905－75）。現在のフランス社会党の前身である労働インターナショナル・フランス支部（SFIO）書記長（1946－69年）。1年ほど、第4共和制下において最も長い社会党政権を担った（56－57年）。アルジェリアにおける入植者と軍部の反乱をきっかけにド・ゴールが第5共和制を発足させる（58年）と、モレもそれに協力し、ド・ゴール内閣の閣僚となっている。しかし党内では左派の領袖であり、長く社会主義インターナショナルの副議長を務めた（51－69年）。

モンドリアン、ピエト（Piet Mondrian）170
オランダ出身の画家（1872－1944）。20世紀はじめの抽象絵画の先駆者の一人。「冷たい抽象」とも呼ばれ、垂直・水平な直線で区切られた画面に三原色を配置する作品でもっともよく知られる。代表作に『赤・青・黄のコンポジション』（1953年）、『ブロードウェイ・ブギウギ』（1942－43年）など。

ヤ

ユイレ、ダニエル（Danièle Huillet）96
フランス出身の映画監督（1936－2006）。夫ジャン＝マリ・ストローブと生涯共同製作を行う。作品に『アンナ・マクダレーナ・バッハの年代記』（1967年）、『アンチゴネー』（1992年）など。

ラ

ラ・アルプ、ジャン＝フランソワ・ドゥ（Jean-François La Harpe）242
フランスの文学者（1739－1803）。「リセ」と呼ばれた一種の自由学校（今日の中等教育機関としてのリセではない）で教鞭をとるかたわら多くの小説、劇作品を手がけた。そのほとんどは忘れられたが、12年間の講義をまとめた『文学講義』によって批評家として名を残している。作品を判断するときの基本的な立場は古典主義である。J.F. La Harpe, *Lycée, ou, Cours de littérature : ancienne et modern*, Chez Deterville, 1818.（未邦訳、『リセ、あるいは文学講義　古代と現代』）

ラ・フォンテーヌ、ジャン・ド（Jean de la Fontaine）299
フランスの詩人（1621－95）。イソップなどの寓話をフランス詩にした『寓話』（今野一雄訳、岩波文庫、1972年など、原著1668－93年）で広く知られる。

ラース・フォン・トリアー（Lars von Trier）267, 268

ミレール、ジュディット（Judith Miller）44, *47*

フランスの哲学者（1941－）。ジャック・ラカンとシルヴィ・バタイユ（ジョルジュ・バタイユの元妻）を父母に持つ。赴任先のパリ第8大学（ヴァンセンヌ）哲学科ではプロレタリア左派の活動家として毛沢東主義哲学を講じるが、1970年3月に『エクスプレス』誌掲載のインタビューで同校の単位認定のいい加減さを公言し、それがもとで当局の介入を招き、ヴァンセンヌ校の哲学学位授与権が剥奪された。本人は中学教師に降格された。

ムフ、シャンタル（Chantal Mouffe）228, *229*

ベルギー出身の政治哲学者（1943－）。エルネスト・ラクラウとの共著『民主主義の革命――ヘゲモニーとポスト・マルクス主義』（西永亮・千葉眞訳、ちくま学芸文庫、2012年、原著1985年）で展開した「ヘゲモニー論」で現代民主主義論に一石を投じる。近年では「闘技的民主主義」を唱えている。

村上隆（むらかみ たかし）243, *243*

日本の現代美術家（1962－）。アニメやフィギュアなどの日本のポップカルチャーを引用した作風で知られる。サザビーオークションでそのフィギュア作品が16億円で落札され、世界的に話題を呼んだ。2010年にヴェルサイユで個展を開催、「猥褻で冒瀆的」として中止を求める訴訟が起こされるなど、さらに大きなスキャンダルを引き起こした。

ムルエ、ラビア（Rabih Mroue）305

ベイルート出身の劇作家、映像作家、俳優（1967－）。

メトロン、ジャン（Jean Maitron）60, *61*

フランスの歴史家（1910－87）。労働運動史とアナキズム運動の歴史が専門。『フランス労働運動文献事典（DBMOF）』の編纂で知られる。著書に『フランス無政府主義運動の歴史（1880－1914）』（未邦訳、1951年）など。

モーツァルト、ヴォルフガング・アマデウス（Wolfgang Amadeus Mozart）269

オーストリアの作曲家（1719－87）。18世紀古典主義音楽を代表する天才として知られる。代表作に『フィガロの結婚』（1786年）がある。

モーパッサン（Henri René Albert Guy de Maupassant）308

フランスの小説家（1850－93）。フローベールに師事、自然主義の代表者。作品に『脂肪のかたまり』（高山鉄男訳、岩波文庫、2004年など、原著1880年）、『女の一生』（永田千奈訳、光文社文庫、2011年など、原著1883年）など。

モラン、エドガール（Edgar Morin）27, *39*

フランスの哲学者・社会学者（1921－）。第2次大戦中にレジスタンス運動に身を投じて共産党に加わり、51年に除名される。54年に雑誌*Arguments*を創刊（～62年）し、非共産党系左翼のなかで大きな影響力をもった。執筆活動以外に映画制作にも携わり、「脱領域的知性」の先駆けとなった。68年5月にはルフェーヴル

力を説得できず退陣に追い込まれた。56年1月の総選挙では中道左派の選挙協力（共和戦線）を実現させ、本人の大衆的な人気もあって共和戦線を勝利に導く。しかし首相に指名されたのは社会党のギイ・モレだった。

ミシュレ、ジュール（Jules Michelet）147

フランスの歴史家（1798－1874）。印刷工の父親のもとに生まれながら、文学者の道にすすみ、1827年には高等師範学校（ENS）の教授に就く。「人々の生活」を対象とする歴史学を目指し、近代歴史学の祖となった。その歴史観から民衆教育にも熱心で、フランス最高の知性が市民に講義することを理念とするコレージュ・ド・フランスを創設した。著書に『フランス史』（全6巻、大野一道・立川孝一監修、藤原書店、2010－11年、原著1833－67年）、『民衆』（大野一道訳、みすず書房、1978年、原著1846年）など。

溝口健二（みぞぐち けんじ）99, 175, 176, *177*, 269, 270

日本の映画監督（1898－1956）。戦前、戦後に活躍した日本映画の巨匠の一人。長回しによる演劇的なシーンを多用する作風で知られる。世界的評価も高く、ゴダールやトリュフォーなどにも影響を与えた。代表作に『祇園の姉妹』（1936年、松竹）、『雨月物語』（1953年、大映）など

ミネリ、ヴィンセント（Vincente Minnelli）99, 265, 266

アメリカの映画監督（1903－86）。女優ライザ・ミネリの父でもある。ハリウッドのミュージカル映画を代表する監督の一人。代表作に『巴里のアメリカ人』（1951年）。フランスのヌーヴェル・ヴァーグの映画作家たちに高く評価され、映画史上の大作家として扱われるようになった。ゴダールは『気狂いピエロ』のなかに、ミネリふうミュージカル・シーンを挿入している。

ミルネール、ジャン＝クロード（Jean-Claude Milner）36, 37, 44

フランスの言語学者（1941－）。高等師範学校（ENS）でユルム・サークルに参加し、ランシエール、ロベール・リナールと同時期に活動。認識論サークルを経てプロレタリア左派の活動家となる。その後は言語学者としてフランスに変形生成文法を導入。2000年代後半からは親ユダヤ的かつ共和主義的な政治的発言が目立つ。国際哲学コレージュの代表を務めたこともある。ランシエールが『民主主義への憎悪』（松葉祥一訳、インスクリプト、2008年）のなかで批判の俎上にのせた一人。邦訳書に『言語への愛』（平出和子・松岡新一郎訳、水声社、1997年、原著1978年）。

ミレール、ジャック＝アラン（Jacques-Alain Miller）30, *31*, 36, 37, 44

フランスの精神分析家（1944－）。高等師範学校（ENS）在学中にラカン理論に傾倒。本文中にあるユルム・サークルから発展した「認識論サークル」と会誌『分析手帖（*Cahiers pour l'Analyse*）』（1966－68年、全10号）に中心的メンバーとしてかかわった後、プロレタリア左派に参加する。ラカンの娘ジュディットと66年に結婚。精神分析家集団「フロイトの大義」を率い、ラカンのゼミ記録の刊行を続ける。

マ

マークレー、クリスチャン（Christian Marclay）260

アメリカのアーティスト（1955－）。1979年以来ターンテーブルを用い、レコード盤のノイズとそのメディウム性に着目したサウンド・アートを制作、多数のアーティストと共演するほか、ヴィデオ作品も手がけている。2011年ヴェネチア・ビエンナーレ金獅子賞を受賞した *The clock* は、映画史から時間の経過をあらわすシーンを中心に24時間分の箇所を引用、現実時間とリンクさせてモンタージュしたもの。

マシュレ、ピエール（Pierre Macherey）26

フランスの哲学者（1938－）。1960年代はアルチュセール派として『資本論を読む』に寄稿。スピノザ研究と文芸理論にかんする著作で知られる。著書に『ヘーゲルかスピノザか』（鈴木一策・桑田礼彰訳、1986年、原著1977年）など。

マラルメ、ステファヌ（Stéphane Mallarmé）73, 74, 170, 180

フランスの詩人（1842－98）。ランシエールやバディウが繰り返し論じる象徴主義の詩人の一人。代表作に『骰子一擲』（1897年）、邦訳書に『マラルメ全集』（渡邊守章ほか編・解説、筑摩書房、1989－2010年）など。

マルクス、カール（Karl Marx）16, 17, 24-30, 34, 58, 59, 75-78, 105, 147, 164, 172, 185, 194, 234, 309, 327

ドイツの哲学者・政治家（1818－83）。主著に『共産党宣言』（大内兵衛・向坂逸郎訳、岩波文庫、1971年、原著1848年）、『資本論』（資本論翻訳委員会訳、新日本出版社、1982－89年、原著1867－94年）など。

マレーヴィチ、カジミール（Kasimir Malevich）170

ウクライナ出身の画家（1878－1935）。20世紀はじめの帝政ロシア、および革命直後のソビエト連邦で、前衛芸術運動「ロシア・アバンギャルド」の一翼を担う。抽象絵画の先駆者の一人。代表作に『黒い正方形』（1915年）、『白のカンバスの上の白』（1918年）など。

マン、アンソニー（Anthony Mann）99

アメリカの映画監督（1906－67）。1950年代のハリウッドで西部劇を中心にヒット作を連発した。作品に『ウィンチェスター銃'73』（1950年）、『グレン・ミラー物語』（1953年）など。

マンデス＝フランス、ピエール（Pierre Mendès-France）20, *21*

フランス第４共和制を代表する政治家（1907－82）。首相を務めたこともある（54－55年）。学生時代から急進社会党（中道左派）に属し、第２次大戦中はド・ゴールの「自由フランス」に参加する。54年には首相としてインドシナ戦争を終結に導き、アルジェリア問題についても漸進的な改革を目指したが、党内と入植者勢

（浅井健二郎・久保哲司ほか訳、ちくま学芸文庫、1995－2014年）など。

ボードリヤール、ジャン（Jean Baudrillard）112, 302, 318, 319

フランスの哲学者、社会学者（1929－2007）。アンリ・ルフェーヴルの助手として1966年からナンテールの社会学部に勤務。リオタールとともにポストモダン思想を代表する。『物の体系　記号の消費』（宇波彰訳、法政大学出版局、1980年、原著1969年）と『消費社会の神話と構造』（今村仁司・塚原史訳、紀伊國屋書店、1979年、原著1970年）により注目されはじめ、その記号論的な現代社会論は80年代に入ると世界的流行となった。「シミュレーション」や「シミュラークル」といった用語の一般化も、彼の著作によるところが大きい（『シミュレーションとシミュラークル』、竹原あき子訳、法政大学出版局、1984年、原著1981年）。

ボードレール、シャルル（Charles-Pierre Baudelaire）152, *153*, 161

フランスの詩人（1821－67）。19世紀半ば、近代化の途上にあるパリでの暮らしのうちに新たな美的経験の可能性を見いだし、詩作品だけでなく、自身の生きざまにおいても追求した。その影響の大きさから「近代詩」の父と称される。代表作に詩集『悪の華』、『パリの憂鬱』（ともに『ボードレール全集』ちくま文庫所収）など。

ホメロス（Homerus, Homer）18, 174

古代ギリシアの詩人。英雄叙事詩『イリアス』（松平千秋訳、岩波文庫、1992年）『オデュッセイア』（同、1994年）の作者とされる。

ボルヌ、エティエンヌ（Étienne Borne）17

フランスの哲学者（1907－93）。高等師範学校（ENS）でアロン、サルトルらと同窓。アランの後を継いでアンリ4世校の哲学教師となる。哲学的にはキリスト教人格主義、政治的には進歩派カトリックに属する。著書に *Le problème du mal*, PUF, 1958（未邦訳、『悪の問題』）など。

ボルハビジェル、マニュエル（Manoel Borja-Villel）321

マドリードのソフィア王妃芸術センター館長。バルセロナ現代美術館館長としての手腕を評価されて2008年から現職。

ボルヘス、ホルヘ・ルイス（Jorge Luis Borges）310

アルゼンチンの作家（1899－1986）。該博な知識と独自の幻想的作風で知られる。作品に短篇集『伝奇集』（鼓直訳、岩波文庫、1993年、原著1944年）、『砂の本』（篠田一士訳、集英社文庫、原著1975年）など。

ボレイユ、ジャン（Jean Borreil）*49*, 88, 90

フランスの哲学者（1938－92）。パリ第8大学（ヴァンセンヌ）でランシエールと同僚だった。生前のテキストを集めた *La raison nomade*, Payot, 1993（未邦訳、『ノマド的理性』）でランシエールは編者の一人となり、序文を寄せている。同書その他で絵画と哲学の関係について論じるとともに、小説作品も発表している。国際哲学コレージュのプログラム・ディレクターも務めた。

ベック、アントワーヌ・ド（Antoine de Baecque）99
フランスの歴史家・映画批評家（1962－）。1996－98年まで『カイエ・デュ・シネマ』編集長。

ベラスケス、ディエゴ（Diego Rodríguez de Silva y Velázquez）249
スペインの画家（1599－1660）。17世紀スペイン最大の画家として知られる。光と空気感を捉える独特の画風で知られ、その代表作『侍女たち』（1656年）はミシェル・フーコーの名著『言葉と物』の冒頭を飾る論考の主題となって現代思想にも大きな影響を残した。

ベルイマン、イングマール（Ingmar Bergman）98
スウェーデンの映画監督（1918－2007）。神と人間をテーマとした重厚な作風で知られ、1960年代にはアート系映画の代表的存在となる。作品に『第七の封印』（1957年）、『処女の泉』（1960年）など。

ベルール、レイモン（Raymond Bellour）259
フランスの批評家（1939－）。映像作品の分析を中心とした活動を続けており、映画における「見いだせないテキスト」の概念で知られる。1991年にはダネー（本索引参照）とともに雑誌『トラフィック』を創刊している。日本語で読めるものとしては、以下の著作に論文が所収されている。ジャン＝ルイ・ボワシエほか『ルソーの時　インタラクティヴィティの美学』（日本教文館、2003年）。

ヘルダーリン、フリードリヒ（Friedrich Hölderlin）*157*
ドイツの詩人（1770－1843）。ヘーゲルやシェリングと親交を結びつつ、カント、ライプニッツ、スピノザなどの哲学に親しむ。後にはとくにニーチェやハイデガーによってもその思想性が高く評価された。人生の後半は精神を病みひきこもって過ごした。代表作に書簡体小説で知られる『ヒューペリオン』（青木誠之訳、ちくま文庫、2010年）。ほか詩篇多数。

ペロー、ミシェル（Michelle Perrot）60
フランスの歴史家（1928－）。19世紀フランス社会史と労働運動史、女性史が専門。とくに『女の歴史』（杉村和子・志賀亮一監訳、藤原書店、1994－2001年、原著1990－91年、ジョルジュ・デュビュイとの共編）で知られる。社会運動家としても活躍し、カトリック進歩派から共産党（1955－58年）を経て、60年代後半からはフランス・フェミニズム運動の中心的担い手の一人となった。

ベン・アリ、ザイン・アル＝アービディーン（Zine El Abidine Ben Ali）304
チュニジアの政治家（1936－）。大統領（1987－2011年）として長期政権をしいたが、「アラブの春」の発端となった「ジャスミン革命」で失脚。

ベンヤミン、ヴァルター（Walter Benjamin）72, *73*, 172, 197
ドイツの哲学者（1892－1940）。著作に『ドイツ悲劇の根源』（浅井健二郎訳、ちくま学芸文庫、1999年、原著1928年）など。邦訳書に『ベンヤミン・コレクション』

フレス、ジュヌヴィエーヴ（Geneviève Fraisse）88, 90
フランスの哲学者、歴史家（1948−）。性差をめぐる思想史が専門。デリダとともに国際哲学コレージュ創設にかかわったほか、女性権利相の補佐官（1997−98年）、左翼統一会派のヨーロッパ議会議員を務めた経験もある（1999−2004年）。現在はフランス国立科学研究センター（CNRS）のディレクター。著書に『性の差異』（小野ゆり子訳、現代企画室、2000年、原著1996年）。

ブレッソン、ロベール（Robert Bresson）269, 270
フランスの映画監督（1901−99）。職業的俳優を排除し、抑制的な表現や切り詰められた繊細な表現により虚飾を排した人間性を描いた。代表作に『少女ムシェット』（1967年）がある。

ブレヒト、ベルトルト（Bertolt Brecht）96, 97, 179
ドイツの劇作家（1898−1956）。代表作に『三文オペラ』（谷川道子訳、光文社文庫、2014年、原著1928年）、『ガリレオの生涯』（同2013年、原著1938年）など。

フロイト、ジークムント（Sigmund Freud）198, *199*
オーストリアの精神分析家（1856−1939）。精神分析の創始者。ヒステリー研究などを通じて無意識の存在と機能を主張し、自由連想とその解釈を中心とした技法によって臨床にあたった。フランスではジャック・ラカンの貢献もあり、マルクスと並んで左翼主義者にも強い影響を与えた。主著に『夢解釈』（新宮一成訳、岩波書店、2011年、原著1900年）。

フローベール、ギュスターヴ（Gustave Flaubert）70, 102–104, 160, 161, 188, 189, *189*, 190, 266
フランスの作家（1821−80）。情熱と現実のあいだで苦悩する若い女主人公の姿を描いた『ボヴァリー夫人』や、二月革命前後のパリの民衆の生き様を自伝的に描き出した『感情教育』などの小説で知られる、近代フランス文学を代表する一人（ともに山田𣝣訳、河出文庫、2009年、原著1857、1869年）。写実主義文学の先駆とも見なされる。

ブロンテ、シャーロット（Charlotte Brontë）157
イギリスの作家（1816−55）。ビクトリア時代のイギリス社会を舞台に、当時の通念とは真っ向から対立する革新的女性の姿を描き出した小説『ジェーン・エア』（河島弘美訳、岩波文庫、2013年、原著1847年）の作者として知られる。同じく作家である２人の妹エミリ（『嵐が丘』）、アン（『ワイルドフェル屋敷の人々』）とともにブロンテ三姉妹と呼ばれる。

ヘーゲル、G・W・F（Georg Wilhelm Friedrich Hegel）78, 105, 106, 112, 120, *157*, 160–162, 168
ドイツの哲学者（1770−1831）。主著に『精神現象学』（長谷川宏訳、作品社、1998年、原著1807年）。『大論理学』（武市健人訳、岩波書店、1959−61年、原著1812−16年）など。

フランスの写真家（1947－）。著作としては本文中にあるランシエールとの共著『労働者の発話』（*La parole ouvrière 1830/1851*, Collection 10/18, 1976）があるのみである。写真家となったのは80年代のもよう。邦訳書もある歴史家アラン・フォールとは別人である。『労働者の発話』は2007年に、ランシエールの書物を数多く出版しているラ・ファブリック社（La fabrique）から再刊されている。

フュレ、フランソワ（François Furet）63

フランスの歴史家（1927－97）。社会科学高等研究院（EHESS）院長（1977－85年）。フランス革命史研究で修正主義史観を唱えた。『フランス革命を考える』（大津真作訳、岩波書店、1989年、原著1979年）などで示されたその史観は、旧体制との連続性を強調し、民衆蜂起や革命運動の意義を相対化する。著書に『フランス革命事典』（モナ・オズーフとの共編著、河野健二・阪上孝・富永茂樹監訳、みすず書房、1995年、原著1988年）など。熱心な共産党員から反共主義、「二つの全体主義」批判に転じるとともに、サン＝シモン財団設立にかかわるなど言論界のリベラル化・中道化を推進した。

プラトン（Plato）104, 106, 109, 127, *129*, 136, 137, 160, 161, 168, 200, 230

古代ギリシャの哲学者（前427－前347）。自らの師ソクラテスが行った対話の記録という形式で、政治から芸術まで数々の主題を論じた著作を残し、西洋哲学の源流とされる。主な著作として『国家』、『饗宴』、『ティマイオス』、『ソピステス』など（いずれも『プラトン全集』岩波書店に収録）。

フランシスコ、ルネ（René Francisco Rodriguez）*255*

キューバ出身のアーティスト（1960－）。インスタレーション、フィルム、絵画などさまざまな手法を駆使した、共同体をテーマとするコンセプチュアル・アートで知られている。2003年からはハバナのスラムの住民をテーマにした一連のフィルムを制作している。

ブランショ、モーリス（Maurice Blanchot）23, 111, 114, 164

フランスの作家・批評家（1907－2003）。哲学領域では、デリダ派に大きな影響を与える。著書に『文学空間』（粟津則雄・出口裕弘訳、現代思潮新社、1962年、原著1955年）、小説に『謎の男トマ』（篠沢秀夫訳、中央公論新社、2012年、原著1941年）など。

プルースト、マルセル（Marcel Proust）*269*

フランスの作家（1871－1922）。厳密な批評眼と緻密な観察眼、息の長い独自の文体などで知られる20世紀フランスの最大の作家の一人。代表作は『失われた時を求めて』（鈴木道彦訳、集英社文庫、2006－07年、原著1913－27年）。

ブルデュー、ピエール（Pierre Bourdieu）44, 150, 191, 195

フランスの社会学者（1930－2002）。コレージュ・ド・フランス教授。著作に『再生産』（宮島喬、藤原書店、1991年、原著1970年）、『ディスタンクシオン』（石井洋二郎訳、藤原書店、1989－90年、原著1979年）など。行動する知識人としても名高い。

フランスの作家、哲学者（1949-）。青年期は毛沢東主義者だったが、新哲学派のメディア知識人として1970年代末に頭角を現す。フーコーやドゥルーズ＝ガタリをニヒリズムとして断罪する「68年思想」という呼称を広めた一人である。トクヴィルやアーレントを現代フランスの政治・社会批評に導入しようとするほか、親イスラエル姿勢を早くから鮮明にし、ユダヤ神秘思想にも傾倒する。近年ではアラン・バディウらイスラエルに批判的な左翼知識人を「反ユダヤ主義」と攻撃する場面が目立つ。2005年の郊外暴動に際しては、暴動を起こした若者たちを「イスラム教徒」と呼び、政治的スキャンダルとなった。2014年6月、アカデミーフランセーズ会員に選ばれたが、「反動的」、「対立を煽りすぎる」という理由で大きな反発を招いた。著書に『20世紀は人類の役に立ったのか　大量殺戮と人間性』（川村英克訳、凱風社、1999年、原著1996年）など。

フーコー、ミシェル（Michel Foucault）24, 38, 43, 46, 48-50, 52, 75, 79, *79*, 82-87, 94, 95, 102, 103, 124, 132, 164, 166, 169, 216, 220, 223, 276, 285, 287, 294, 309, *309*, 310, 315

フランスの思想家（1926-84）。主著に『狂気の歴史』（田村俶訳、新潮社、1975年、原著1961年）、『監獄の誕生』（田村俶訳、新潮社、1977年、原著1975年）など。コレージュ・ド・フランスでの講義録の刊行が今も続いている。

ブーレーズ、ピエール（Pierre Boulez）*25*

フランスの作曲家・指揮者（1925-）。戦後世界を代表する現代音楽家の一人。セリー・アンテグラル、管理された偶然性といった作曲技法で知られる。作品に『主なき槌』（1954年）、『プリ・スロン・プリ』（1960年）など。

フェレ、ルネ（René Féret）56

フランスの映画監督（1945-）。作品に『ポールの物語』（1975年）。『ナンネル・モーツァルト』（2010年）など。フーコーが刊行したエルキュリーヌ・バルバンの手記の映画化（『女教師アレクシーナ』1985年）も行った。

フォイエルバッハ、ルートヴィヒ・アンドレアス（Ludwig Andreas Feuerbach）120, 275

ドイツの哲学者（1804-72）。ヘーゲルの直接の弟子筋のなかでも、革新的・批判的読解を試みた青年ヘーゲル派を代表する一人。しばしば、マルクスのヘーゲル読解の媒介役として評価される。主な著書に『キリスト教の本質』（船山信一訳、岩波文庫、1965年、原著1841年）、『唯心論と唯物論』（船山信一訳、岩波文庫、1977年、原著1866年）。

フォークナー、ウィリアム（William Faulkner）23

アメリカの作家（1897-1962）。作品に『響きと怒り』（平石貴樹・新納卓也訳、岩波文庫、2007年、原著1929年）、『アブサロム、アブサロム！』（藤平育子、岩波文庫、2011年、原著1936年）など。

フォール、アラン（Alain Faure）60, 88

74, 75

フランスの詩人、劇作家（1823－91）。1850年代のフランス詩壇をリードし、高踏派の先駆者となる。詩集『流刑者たち』（未邦訳、1867年）など。

ピカソ、パブロ（Pablo Picasso）244

スペイン出身の画家（1881－1973）。キュビズム、シュール・レアリズムとめまぐるしくスタイルを変えつつ、つねに現代絵画最大の巨匠であり続けた。代表作に『ゲルニカ』（1937年）など。

ビゴ、ピエール（Pierre Bigo）27

フランスのイエズス会司祭。ランシエールが念頭に置くのは、*Marxisme et humanisme : introduction à l'œuvre économique de Karl Marx*, PUF, 1953（未邦訳、『マルクス主義とヒューマニズム　カール・マルクス経済論入門』）であろう。キリスト教社会運動の理論家で、1990年代には「解放の神学」を擁護する。

ピタゴラス（Pythagoras）109

古代ギリシャの哲学者、数学者（前570－前495）。事物の根源は数であるとし、自らの教団を立ち上げて、数の原理の追究を行う。その発見のひとつは、ピタゴラスの定理として現在にも伝わる。またオルフェウス教の影響のもとに輪廻思想を唱えていたともされる。

ファノン、フランツ（Frantz Fanon）38

マルチニック出身の精神科医・思想家（1925－61）。第２次世界大戦での自由フランス軍への従軍経験が『黒い皮膚、白い仮面』（海老坂武・加藤晴久訳、みすず書房、1970年、原著1952年）での人種差別分析につながる。『地に呪われたる者』（鈴木道彦・浦野衣子訳、みすず書房、1969年、原著1961年）にはサルトルが序文を寄せ、その名は一躍世界的となった。戦後フランスで医学や文学、哲学を学んだ後、53年に赴任したアルジェリアで独立運動に参加する。現在ではポストコロニアル思想の原点として読み直されている。

ファラルド、クロード（Claude Faraldo）96

フランスの映画監督・俳優（1936－2008）。監督作品に『ボフ　ある配達人の解剖学』（1971年）、『タムロック』（1973年）。など。

ファルジュ、アルレット（Arlette Farge）90

フランスの歴史家（1941－）。18世紀の社会史・女性史を中心に研究。著書に『パリ1750　子供集団誘拐事件の謎』（三好信子訳、新曜社、1996年、原著1988年、ジャック・ルヴェルとの共著）。フーコーとの共著 *Le désordre des familles. Lettres de cachet des Archives de la Bastille*, Gallimard, 1982（未邦訳、『家族の騒動　バスチーユ文書館の封印礼状』）でも知られる。しかしその後、フランソワ・フュレが主導するフランス革命史をめぐる「修正主義」（→フュレ）潮流に加わった。

フィンケルクロート、アラン（Alain Finkielkraut）336

現在はニューヨーク市立大学教授。著書に『ベンヤミンとパサージュ論　見ることの弁証法』（高井宏子訳、勁草書房、2014年、原著1989年）、『夢の世界とカタストロフィ』（堀江則雄訳、岩波書店、2008年、原著2000年）。

ハッジトマス、ジョアナ（Joana Hadjithomas）305

レバノン出身の映像作家（1969－）。ハリール・ジョレイジュとの共同製作が多い。

バディウ、アラン（Alain Badiou）44, *45*, *49*, 106, 110, 228, *229*, 250

フランスの哲学者（1937－）。ランシエールとは高等師範学校以来の友人。アルチュセール派として出発し、ラカン理論や現代数学を吸収する一方、毛沢東主義派グループを組織。独自の政治哲学を展開しつつ、移民やパレスチナなど政治的論争の舞台にも登場する。主著に『存在と出来事』（未邦訳、1988年）、『諸世界の論理』（未邦訳、2006年）。

バランシュ、ピエール＝シモン（Pierre-Simon Ballanche）137

19世紀フランスの思想家（1776－1847）。カトリック系反フランス革命思想の論客で、復古王政期には明確に王党派の立場を取った。彼にとって革命とは「宇宙的カオス」にほかならず、摂理とキリストによってこそ、人類は運命の高みに到達することができる。著書に『文学と芸術の関係より考察されたる感情について』、『新観念との関連における社会制度についての試論』（ともに未邦訳）など。

バリバール、エティエンヌ（Étienne Balibar）26, 32, 38, 43, *45*

フランスの哲学者（1942－）。ランシエールとは高等師範学校の同窓で、ヴァンセンヌ校哲学科でも一時期同僚。アルチュセールと長年行動をともにした。スピノザ、マルクスのほか、移民やEUについての著作もある。著書に『市民権の哲学』（松葉祥一訳、青土社、2000年、原著1998年）など。女優ジャンヌ・バリバールの父親で、妻は科学史家のフランソワーズ・バリバール。

バルザック、オノレ・ド（Honoré de Balzac）161

フランスの作家（1799－1850）。19世紀はじめのパリの人々の暮らしの機微を鋭く切り取った小説が高く評価されているとともに、社交界での本人の華やかな私生活でもつとに知られる。代表作に『ゴリオ爺さん』（高山鉄男訳、岩波文庫、1997年、原著1835年）、『谷間のゆり』（宮崎嶺雄訳、岩波文庫、1994年、原著1835年）など。

ハルス、フランス（Frans Hals）249

オランダの画家（1580－1666）。一般市民の風俗や肖像画を得意とし、オランダ絵画の独自性の確立に貢献した。代表作に『ジプシーの少女』（1628頃－30年）ほか。

バルト、ロラン（Roland Barthes）23

フランスの思想家・文学者（1915－80）。構造主義を代表する著作家の一人。著書に『零度のエクリチュール』（石川美子訳、みすず書房、2008年、原著1953年）、『明るい部屋』（花輪光訳、みすず書房、1985年、原著1980年）など。

バンヴィル、テオドール・ド（Étienne Jean Baptiste Claude Théodore Faullain de Banville）

フランスの歴史家（1950－）。移民史研究のパイオニアで、社会科学高等研究院（EHESS）の研究ディレクター。労働運動史の仕事も多い。歴史研究誌『創世 *Genèses*』、『歴史と社会 *Histoire et Science*』の発刊と編纂に携わる。ブルデューの影響も受け、「社会的アイデンティティ」の形成問題などについて、歴史学と社会学の両方の視点から研究を続ける。著書に『歴史学の〈危機〉』（小田中直樹訳、木鐸社、1997年、原著1996年）など。

ハ

バーンバウム、ダニエル（Daniel Birnbaum）321

ストックホルム近代美術館館長。ヴェネチア・ビエンナーレの総合ディレクター（2009年）。ウィトゲンシュタイン、ハイデガー、デリダなどの翻訳・解説書もある。

ハイデガー、マルティン（Martin Heidegger）102, 106

ドイツの哲学者（1889－1976）。フッサールの師事のもとで修めた現象学を基礎に、独自の存在論哲学を確立し、20世紀のもっとも偉大な哲学者の一人と評される。他方、第２次大戦時にナチズムへ接近したことは大きなスキャンダルとなった。代表作に『存在と時間』、『カントと形而上学の問題』（ともに『ハイデガー全集』創文社に収録）など。

パウロ（paul）130

イエスの使徒（前５～10年頃－65～68年頃）。本名をタルススのサウロという。はじめ熱心なユダヤ教徒としてキリスト教徒を迫害していたが、あるときイエスの声を聞き馬上から落下。盲目となるが、キリスト教徒の祈りにより回復し、以降みずからもキリスト教徒となる（「サウロの回心」）。新約聖書の成立への貢献も指摘される、初期キリスト教理論家の一人。

パスカル、ブレーズ（Blaise Pascal）203

フランスの哲学者（1623－62）。その関心の範囲は数学、自然学、神学、哲学と広範にわたり、そのどれにおいてもきわめて高いレベルの業績を残している。天気予報の気圧単位「ヘクトパスカル」は一般にも馴染みが深い。主著に『パンセ』（前田陽一・由木康訳、中央公論新社、年、原著1670年）など。

バタイユ、ジョルジュ（Georges Bataille）23, 111

フランスの思想家・作家（1897－1962）。シュールレアリスムと袂を分かち、ブランショ、デリダなど現代思想に大きな影響を与える。著書に『無神学大全』３部作（出口裕弘・酒井健訳、現代思潮新社、1967－92年、原著1943－45年）、『眼球譚』（生田耕作訳、河出文庫、2003年、原著1928年）など。

バック＝モース、スーザン（Susan Buck-Morss）78, *79*

アメリカの政治哲学者。フランクフルト学派研究で知られるが、フェミニズム、ポストコロニアリズム、精神分析などについても論じる。コーネル大学を経て、

ドス・パソス、ジョン（John Dos Passos）23
　アメリカの小説家（1896-1970）。モダニズムの実験的手法を用いたロスト・ジェネレーションの作家の一人。代表作は『U.S.A.』（並河亮訳、改造社、1950-51年、原著1938年）など。

ドムナック、ジャン＝マリ（Jean-Marie Domenach）49
　フランスの作家（1922-97）。カトリック系左派の知識人として月刊誌『エスプリ』の編集長を務めた（1956-74年）。70年代からはフーコーとも近く、刑務所問題やボートピープル支援などの社会運動にもかかわる。

トリアッティ、パルミーロ（Palmiro Togliatti）37
　イタリアの政治家（1893-1964）。1956年のスターリン批判を受けて「社会主義へのイタリアの道」を提唱。議会制度を通じた社会の漸進的変革を目指す構造改革路線、ユーロコミュニズムを打ち出す。

ナ

ナケ、ピエール＝ヴィダル（Pierre Vidal-Naquet）49
　フランスの歴史家（1930-2006）。古代ギリシア研究が専門だが、アルジェリア反戦以降は行動する知識人としても知られる。著書に『記憶の暗殺者たち』（石田靖夫訳、人文書院、1995年、原著1987年）など。

ニーチェ、フリードリヒ（Friedrich Wilhelm Nietzsche）102, 188, 308
　ドイツの哲学者（1844-1900）。19世紀のドイツでアカデミズムの外の哲学者として批評、アフォリズムを執筆。生の運動と強度を直にまなざさんとする思想を展開し、近代哲学の大きな画期をなす。おもな著作に『悲劇の誕生』、『反時代的考察』、『ツァラトゥストラはかく語りき』（いずれも『ニーチェ全集』ちくま学芸文庫などに収録）など。

ネグリ、トニ（Toni Negri）227
　イタリアの哲学者（1933-）。イタリアのマルクス主義運動をリードする一人として活動していた一九七九年、首相暗殺に関与した疑いで逮捕、フランスに亡命する。獄中で著したスピノザ論『野生のアノマリー』（杉村昌昭・信友建志訳、河出書房新社、2008年、原著1981年）のほか、マイケル・ハートとの共著による『〈帝国〉』（水嶋一憲ほか訳、以文社、2003年、原著2000年）などがある。

ネス、アルネ（Arne Naess）301
　ノルウェーの哲学者（1912-2009）。ディープ・エコロジーとエコゾフィーの提唱で知られる。ガンジーの非暴力思想に影響を受けた社会運動家でもあった。著書に『ディープ・エコロジーとは何か』（斎藤直輔・開直美訳、文化書房博文社、1997年、原著1989年）など。

ノワリエル、ジェラール（Gérard Noiriel）65

ドゥサンティ、ジャン＝トゥーサン（Jean-Toussaint Desanti） 9, 62

フランスの数理哲学者（1914－2002）。対独レジスタンスにも参加し、その時代に共産党に加わっている（56年離党）。党員時代は「プロレタリア科学」の信奉者だった。高等師範学校（ENS）で教鞭をとり、アルチュセールやフーコーを教える。数理哲学者としては、数学的真理の基準をめぐる議論を脇に置き、「ナイーブ」な数学が高度に抽象化される際の「媒介」を重視した。

ドゥフェール、ダニエル（Daniel Defert） 49

プロレタリア左派の活動家を経て、エイズ・アクティヴィスト（1937－）。監獄情報グループの中心メンバーの一人である。私生活上の伴侶であったフーコーがHIV／エイズで死亡した1984年、フランス初のエイズ問題のNGOを設立し、代表も務めた。フーコーの遺言執行人として、講義録の編纂にも携わる。

ドゥボール、ギイ（Guy Debord） 319

フランスの作家（1931－94）。ダダイズムへの傾倒から出発し、シュールレアリスムを乗り越えるものとしての「状況主義」の思想家となった。著述のほかに映画制作、「ハプニング」（芸術的行為としての街頭パフォーマンス）なども手がける。本人の位置づけでは、「状況主義者」は存在しても「状況主義」という思想は存在しない。アンテルナシオナル・シチュアシオニスト（1957－72年。ソ連を中心とする第三インターやトロツキストの第四インターを意識した名前の国際組織で「状況主義者インター」と訳すべきか）の主要メンバー。著書『スペクタクルの社会』（木下誠訳、ちくま学芸文庫、2003年、原著1967年）で行った疎外論的な消費社会論批判で有名である。「状況の構築」というその政治思想は、ルフェーヴル（本索引参照）の「日常生活批判」とならび、68年5月に強い影響力をもった。

ドゥルーズ、ジル（Gilles Deleuze） 46, 48, *49*, 52, 83, 86, 91, 94, 102, 103, 111, 112, 126, 132, 149, 150, 155, 164, 166, 169, *189*, 220, 221, 223, 276, 285

フランスの哲学者（1925－95）。ランシエールとはパリ第8大学で同僚。著書に『差異と反復』（財津理訳、河出文庫、2007年、原著1968年）、『哲学とは何か』（財津理訳、河出書房新社、1997年、原著1991年）など多数。

トール、ミシェル（Michel Tort） 30

フランスのラカン派の精神分析家。著書に *Fin du dogme paternel*, Flammarion, 2005（未邦訳、『父のドグマの終わり』）など。1960年代後半はアルチュセールが組織した「スピノザ・グループ」のメンバーでもあった。現在も同性婚などの社会問題について活発な発言を続ける。

ドストエフスキー、フョードル・ミハイロヴィチ（Fedor Mikhailovich Dostoevskii） 310

ロシアの小説家（1821－81）。農奴制から資本制への過渡期にあるロシアの社会・時代状況を背景に自己の内面葛藤を描く。作品に『罪と罰』（亀山郁夫訳、光文社文庫、2008年、原著1866年）、『カラマーゾフの兄弟』（同2006年、原著1880年）など。

アメリカの哲学者、教育学者（1859−1952）。アメリカで生まれた独自の哲学潮流とされるプラグマティズムの旗手として知られる。著書に『学校と社会』（宮原誠一訳、岩波文庫、1957年など、原著1889年）など。現代では「脱構築」哲学との関連で再注目された。

デュヴェイリエ、シャルル（Charles Duveyrier） 68
フランスの劇作家・政治活動家（1803−66）。サン＝シモン主義の信奉者として知られる。脚本にヴェルディのオペラ『シチリアの晩鐘』（1855年）。

デュシャン、マルセル（Marcel Duchamp） 244
フランスの芸術家（1887−1968）。現代芸術の最重要人物の一人。男性用小便器に署名しただけの『泉』（1917年）は大きなスキャンダルとなったが、レディ・メイドといわれる既製品に手を加えただけの芸術作品ジャンルの代表作として知られている。

デュポン、ピエール（Pierre Dupont） 152, *153*, 161
19世紀フランスの詩人、シャンソン作家（1821−70）。共和主義者で、「労働者の歌」、「農民の歌」などを作っている。ボードレールが彼の選集『歌曲とシャンソン（*Chants et chansons*）』（1851年）に序文を寄せた。

デュルー、イヴ（Yves Duroux） *45*
フランスの哲学者（1941−）。1965年には『資本論を読む』の元になったアルチュセールのゼミに同窓のランシエールらと参加し、翌年にマシュレー、バリバール、バディウとともにアルチュセール派のコア・グループを形成。『分析手帖』第1号（1966年）に「心理学と論理学」を寄稿。

デリダ、ジャック（Jacques Derrida） 132, 197, 293
フランスの哲学者（1930−2004）。テキストの表面的なメッセージを、同じテキストの内在的な読解を通じて脱臼させ、組み立てなおすという「脱構築」の哲学を展開した。代表作に『声と現象』（林好雄訳、ちくま学芸文庫、2005年）、『エクリチュールと差異』（合田正人・谷口博史訳、法政大学出版局、2013年）など。

ド・ゴール、シャルル（Charles de Gaulle） *21*
フランスの軍人・政治家（1890−1970）。対独レジスタンスの英雄。解放直後に共和国臨時政府首相を務める（1944−46）。58年のアルジェリア独立反対派のクーデター未遂事件を機に成立した第5共和制で初代大統領となる。68年5月後の総選挙で圧勝するが、69年の国民投票に失敗し、大統領を辞任。

ドゥアイエ、ステファン（Stéphane Douailler） 90
フランスの哲学者（1949−）。パリ第8大学教授。博士論文（『無知な者たちの公共空間』未刊行）の指導教員がランシエールであり、同大学哲学科におけるランシエールの後任教授。著書に *Le philosophe et le grand nombre*, horslieu, 2006（未邦訳、『哲学者と大数』）。

ター・ハーモニー』(2000年) など。

ダンテ・アリギエーリ (Dante Alighieri) 137

イタリアの詩人 (1265－1321)。古代ローマの詩人ヴェルギリウスの導きのもとに、生きたまま、地獄、煉獄、天国をめぐる道中を描いた詩篇『神曲』(平川祐弘訳、河出書房新社、2008年) の作者として知られる。そのほかの著作に、詩文集『新生』、『饗宴』など。

デ・パルマ、ブライアン (Brian De Palma) 263

アメリカの映画監督 (1940－)。スティーブン・キング原作の『キャリー』(1976年) や往年のテレビドラマのリメイク作品『アンタッチャブル』(1987年)、その他『ミッション・インポッシブル』(1996年) などで知られる。本書で言及される『リダクテッド』(2007年) ではイラク戦争における米兵のレイプ事件を題材にして論争を招いた。自身が徴兵忌避者であることから、他にもいくつか反戦映画を手がけている。

ディオゲネス (Diogenes) 310

古代ギリシアの哲学者 (前412 ? －323)。犬儒 (キュニコス) 派の代表的人物。ソクラテスの弟子アンティスネスの学統を継ぎ、最低限の質素な生活こそが魂の自足を実現するとの哲学を展開・実践。ストア派の先駆となる。プラトン、アリストテレスの同時代人。

ティツィアーノ・ヴェチェッリオ (Tiziano Vecellio) 249

イタリアの画家 (1490頃－1576)。16世紀ヴェネツィア派の代表的な画家の一人。豊潤で自由な色彩美と独特の官能性で知られる。代表作に『聖母被昇天』(1516－17年) など。

ディディ＝ユベルマン、ジョルジュ (Georges Didi-Huberman) 322

フランスの美術史家 (1953－)。『残存するイメージ　アビ・ヴァールブルクによる美術史と幽霊たちの時間』(竹内孝宏・水野千依訳、人文書院、2005年、原著2002年) のほか、アウシュヴィッツの表象可能性論争にかかわる『イメージ、それでもなお』(橋本一径訳、平凡社、2006年、原著2004年) でも知られる。そのとき争われたのは、強制収容所から密かにもちだされた囚人撮影の写真をギャラリーで「作品」として展示することの是非であった。ランシエールはユベルマンとともに、展示を擁護する立場に立った。表象 (不) 可能性をめぐるランシエールの議論について日本語で読めるものとしては、『イメージの運命』(堀潤之訳、平凡社、2010年、原著2003年) の第5章を参照。

デカルト、ルネ (René Descartes) 17, *31*, 108

フランスの哲学者 (1596－1650)。主著に『方法序説』(谷川多佳子訳、岩波文庫、1997年、原著1637年)、『省察』(山田弘明訳、ちくま学芸文庫、2006年、原著1641年) など。

デューイ、ジョン (John Dewey) 309

オランダの哲学者（1632-77）。スペイン系ユダヤ人の家系に生まれるが、その哲学が伝統的ユダヤ教義に反するとされ、ユダヤ共同体から破門される。彼の汎神論的哲学は、ドイツ観念論からフランス現代思想に至るまで、その後の思想史に大きな影響を与えた。代表作に『エチカ』（畠中尚志訳、岩波文庫、1951年、原著1677年）、『神学・政治論』（吉田量彦訳、光文社文庫、2014年、原著1670年）、『知性改善論』（畠中尚志訳、岩波文庫、1992年、原著1660年）。

セール、ミシェル（Michel Serres）24
フランスの哲学者、科学史家（1930-）。著書に『ライプニッツのシステム』（竹内信夫ほか訳、朝日出版社、1985年、原著1969年）、『五感』（米山親能訳、法政大学出版局、1991年、原著1985年）など。

セザンヌ、ポール（Paul Cézanne）244
フランスの画家（1839-1906）。近代絵画最大の巨匠の一人。その技法は印象派に強い影響を受けつつもやがてそこから離れ、簡素化された色彩構築が強い印象を残す『サント・ヴィクトワール山』などの作品となって結実する。キュビズムをはじめとする現代絵画にも大きなインスピレーションを与えている。

タ

ターナー、ジャック（Jacques Tourneur）98
フランス出身のアメリカの映画監督（1904-77）。1940年代に低予算ホラー映画で有名になったが、西部劇やノワール、時代物も制作。作品に『キャット・ピープル』（1942年）、『過去を逃れて』（1947年）など。

タヴェルニエ、ベルトラン（Bertrand Tavernier）56, 96
フランスの映画監督（1941-）。往年のハリウッド映画に造詣が深いことで有名。作品に『田舎の日曜日』（1984年）、『ひとりぼっちの狩人たち』（1995年）など。

ダネー、セルジュ（Serge Daney）132, 133, 262
フランスの映画批評家（1944-92）。1964年に『カイエ・デュ・シネマ』に参加、81年からは『リベラシオン』紙、91年からは『トラフィック』でも批評活動を続けた。ドゥルーズ、フーコー、ランシエールらとも親交があり、フランス語圏での彼の批評の影響は今日でもなお大きなものがある。数冊の批評集があるほか、映画にかんするテレビのドキュメンタリー番組も手がけている。著書には『不屈の精神』（梅本洋一訳、フィルムアート社、1996年、原著1994年）がある。

タル・ベーラ（Tarr Béla）263, 267-269
ハンガリーの映画監督（1955-）。モノクロームの硬質な手触りの映像と長回しの多用によって、異様な密度で荒涼とした情景を描く作風で知られる。第61回ベルリン国際映画祭銀熊賞を受賞した『ニーチェと馬』（2011年）を最後に監督引退を表明している。他の作品に『サタン・タンゴ』（1994年）、『ヴェルクマイス集長をサルトルから74年に引き継ぎ、2006年まで務めた。同紙の左翼紙から一般紙への転換を主導した。

ジョルジュ、シルヴァン（Sylvain George）295, 314

フランスの映画作家。移民や社会問題に取材した実験的な映画を2000年代半ばから制作。作品に『かれらが反乱のうちに眠らんことを』（2010年）。

ジョレイジュ、ハリール（Khalil Joreige）305

レバノン出身の映像作家（1969－）。ジョアナ・ハッジトマスとの共同制作が多い。

シラー、フリードリヒ・フォン（Johann Christoph Friedrich von Schiller）102, 104, 149, 151, 152, 234, 240, 241

ドイツの詩人（1759－1805）。18世紀末のドイツで詩作から劇作、思想的散文まで幅広く活躍。ゲーテとならんでドイツ古典派の代表とされる。主な劇作品に『群盗』、『ヴィルヘルム・テル』など、詩作品に『潜水夫』など。また自身の美学哲学を示した論考として、『人間の美的教育について』（小栗孝則訳、法政大学出版局、2003年、原著1795年）など。

シラク、ジャック（Jacques René Chirac）284, *285*

フランスの政治家（1932－）。ド・ゴール、ジスカール・デスタン後の代表的保守政治家として、パリ市長（1977－95年）、首相（1974－76、86－88年）、大統領（1995－2007年）を歴任。

スタンジェール、イザベル（Isabelle Stengers）301

ベルギーの科学哲学者（1949－）。近代科学における専門家の権威を批判。近年は「実践のエコロジー」を提唱している。著書に『混沌からの秩序』（伏見康治・伏見譲・松枝秀明訳、みすず書房、1987年、原著1979年。イリヤ・プリゴジンとの共著）など。フェリクス・ガタリと親しく、フェミニズム活動家の一面ももつ。

スタンダール（Stendhal）306, 307

フランスの作家（1783－1842）。心理分析と社会批判で知られる。作品に『赤と黒』（野崎歓訳、光文社文庫、2007年など、原著1830年）、『パルムの僧院』（大岡昇平訳、新潮文庫、1951年など、原著1838年）など。

スティーグリッツ、アルフレッド（Alfred Stieglitz）244

アメリカの写真家（1864－1946）。近代写真の父と呼ばれるが、同時にヨーロッパ芸術、特に前衛芸術の熱心な紹介者でもあった。紛失したとされるデュシャンの『泉』のオリジナルを撮影した唯一の写真は彼の手になる。画家ジョージア・オキーフの夫である。

ストローブ、ジャン＝マリ（Jean-Marie Straub）96

フランス出身の映画監督（1933－）。1962年以降妻のダニエル・ユイレが亡くなるまで作品はすべて共同製作。厳密な理知的・観念的作風で知られる。

スピノザ、バルーフ・デ（Baruch de Spinoza）102, 172

あったため、復古王政期にベルギーに移り住み、ルーヴァン大学でフランス語教師となった。

シャトレ、フランソワ（François Châtelet）48, *49*

フランスの哲学者（1925－85）。ギリシャ哲学を専門としていたが、西洋哲学史全般にわたる歴史家として名高く、パリ第8大学（ヴァンセンヌ）開学時にフーコーが哲学科のまとめ役として呼び寄せた。著書に、彼が多くの著者を集めて編纂した『シャトレ哲学史』（全8巻、白水社、1975－76年、原著1969年）がある。

シャブロル、クロード（Claude Chabrol）*57*

フランスの映画監督（1930－2010）。ヌーヴェル・ヴァーグの代表的人物の一人。作品に『いとこ同志』（1959年）、『女鹿』（1968年）など。

シュー、ウージェーヌ（Eugène Sue）266

フランスの作家（1804－57）。新聞小説の開拓者として知られる。本書で言及される『パリの秘密』（江口清訳、集英社、1971年、原著1843年）は犯罪や社会の裏事情を描いたもので、当時大ヒットを飛ばした。またフーコーも彼を愛読したという。

シュヴェヌマン、ジャン＝ピエール（Jean-Pierre Chevènement）64

フランスの政治家（1939－）。70年代には社会党最左派の社会党研究調査教育センター（CERES）の指導者として活躍。CERESはイデオロギー面での頑なさから「隠れ共産党」とも言われたが、党内で一定の勢力を確保。80年代以降は社会党政権で閣僚を歴任。2000年代初めに社会党を離党し、共和主義の小政党を率いる。EU統合にも反対の立場を取った。著書に『「共和国」はグローバル化を超えられるか』（樋口陽一・三浦信孝訳、平凡社新書、2009年。来日時の講演と討論の書籍化）。

シュトラウス、レオ（Leo Strauss）173

ドイツ出身の哲学者（1899－1973）。第2次大戦以前、ドイツでカッシーラー、フッサール、ハイデガーに学び、その後、亡命したアメリカのシカゴ大学で政治哲学を教える。アメリカの新保守主義の思想的父とみなされることもある。代表作として『自然権と歴史』（塚崎智・石崎嘉彦訳、ちくま学芸文庫、2013年）など。

ジュペ、アラン（Alain Marie Juppé）184

フランスの政治家（1945－）。現在はフランスの保守政党国民運動連合（UMP）に所属。シラク、サルコジ政権でも主要閣僚職を歴任した重鎮政治家である。1995年当時はシラク大統領のもとで首相に就任していた。

ジュリー、セルジュ（Serge July）36, *45*

フランスのジャーナリスト（1942－）。高校生でアルジェリア反戦運動を経験。ソルボンヌ進学後は共産党系学生団体（UEC）の機関誌『クラルテ』の編集部で「イタリア派」（構改派）の中心人物となるが、UEC執行部からパージされる。68年5月はアナキスト系の「3月22日運動」に参加し、その後はプロレタリア左派（GP）で活動。73年にGPの活動の一環として創刊された『リベラシオン』の編

れる。代表作に『愛の妖精』（宮崎嶺雄訳、岩波文庫、2010年、原著1849年）がある。

ジェイムズ、ヘンリー（Henry James）310

イギリスの小説家（1843－1916）。アメリカ生まれ。英米心理主義小説の先駆。作品に『ある婦人の肖像』（行方昭夫訳、岩波文庫、1996年、原著1881年）、『ねじの回転』（土屋政雄訳、光文社文庫、2012年など、原著1898年）など。兄ウィリアムはプラグマティズムの哲学者。

シェーンベルク、アルノルト（Arnold Schönberg）170

オーストリア出身の音楽家（1874－1951）。20世紀はじめに、調性を廃棄した無調音楽を追究し、その方法論として、1オクターブ中の12音を平等に使用して作曲する12音技法を確立する。20世紀の現代芸術音楽の源泉とみなされる。

ジェスマール、アラン（Alain Geismar）*45*

フランスの政治運動家（1939－）。68年5月では全国高等学校教員組合（SNESup）書記長として、3月22日運動のコーン＝バンディット、フランス全学連（UNEF）のジャック・ソヴァジョと並ぶ有名人。後にプロレタリア左派に参加。社会党政権では教育関係の役職を歴任。

シェリング、フリードリヒ（Friedrich Wilhelm Joseph von Schelling）*157*

ドイツの哲学者（1775－1854）。ヘーゲル、フィヒテとならび、ドイツ観念論を代表する一人に数えられる。「自然哲学」、「同一性哲学」などを展開。代表作に『悪の起源について』。『人間的自由の本質について』（西谷啓治訳、岩波書店、1951年）など。

ジガ・ヴェルトフ（Dziga Vertov）152, 171

ソ連の映画監督（1896－1954）。ニュース映画に携わったのち、ドキュメンタリー映画の監督となる。1929年に発表した『カメラを持った男』では、早回しやモンタージュ、多重露光などを駆使して日常生活を切り取った。映画の純粋性、社会性をめぐる彼の思想は、ゴダールを中心とする「ジガ・ヴェルトフ集団」の結成につながった。

ジャール、アルフレッド（Alfredo Jaar）256

チリ出身のアーティスト（1956－）。ルワンダ虐殺をテーマにしたインスタレーション *The Rwanda Project 1994-2000* などで知られる。日本で韓国の光州事件をモチーフにしたインスタレーションを行ったこともある。大江健三郎の小説『われらの狂気を生き延びる道を教えよ』を引用した作品も手がけている。

ジャコト、ジョゼフ（Joseph Jacotot）62, 78, 106, 107, 122, 135, 144, 145, 199, 201, 219, 330

フランス人教育家（1770－1840）。ランシエールが『無知な教師』（梶田裕・堀容子訳、法政大学出版局、2011年、原著1987年）で大きく取り上げた。万人の知性の平等を原理とする教育メソッド、「普遍教育」法で知られる。厳格な共和主義者で

Découverte, 1983.（未邦訳、『平民哲学者』）

ゴルツ、アンドレ（André Gorz）33

ウィーン出身のフランスの哲学者（1923－2007）。サルトル的実存主義から出発し、政治的エコロジーの先駆者となる。著書に『労働のメタモルフォーズ』（真下俊樹 訳、緑風出版、1997年、原著1988年）、『資本主義、社会主義、エコロジー』（杉村裕史訳、新評論、1993年、原著1991年）など。

コンラッド、ジョゼフ（Joseph Conrad）104

ポーランド出身の作家（1857－1924）。船乗りとして世界各地を訪れた経験をもとに執筆した海洋文学で知られる。代表作である『闇の奥』（黒原敏行訳、光文社文庫、2009年、原著1902年）は、アフリカ奥地を舞台に西洋植民地主義の闇を描きだし、後年フランシス・フォード・コッポラにより『地獄の黙示録』（1979年）として映画化された。

サ

サーネー、リナ（Lina Saneh）305

ベイルート出身の劇作家、映像作家、俳優（1966－）。

サラザール、アントニオ（António Salazar）*93*

ポルトガルの政治家（1889－1970）。28年に軍事政権下の蔵相として財政再建に成功。32年に首相に就任した後、33年に新憲法による一党独裁体制（エスタド・ノヴォ）を樹立。68年まで首相として君臨した。

サルコジ、ニコラ（Nicolas Sarközy）*141*, 142, 283

フランスの政治家（1955－）。第23代フランス大統領（2007年５月16日から2012年５月14日まで）。2005年のパリ郊外での暴動の際には、ド・ビルパン内閣の内相として対策にあたったが、その際、暴動に加わる若者を「くず racaille」と呼び、非難を浴びた。その政治路線はしばしば新自由主義と関連づけられる。

サルトル、ジャン＝ポール（Jean-Paul Sartre）17, 23, 38, *45*, 103, 179

フランスの哲学者・作家（1905－80）。20世紀の実存主義を代表するとともに、知識人の「アンガージュマン」（政治参加）を主張し、様々な社会運動の随伴者となった。著書に『存在と無』（松浪信三郎訳、ちくま学芸文庫、2007年、原著1943年）、『嘔吐』（鈴木道彦訳、人文書院、2010年）など。

サン＝シモン、アンリ・ド（Henri de Saint-Simon）52, 57

フランスの社会主義思想家（1760－1825）。サン＝シモン伯爵クロード・アンリ・ド・ルヴロワ。

サンド、ジョルジュ（George Sand）*269*

フランスの作家（1804－76）。フランスのロマン主義を代表する女流作家。人道主義や女性性を主題とした作品で知られる。ミュッセ、ショパンとの恋愛でも知ら

ゴーシェ、マルセル（Marcel Gauchet）336

フランスの哲学者（1946－）。1970年代に、トロツキズム系で自主管理社会主義を標榜する「社会主義か野蛮か」グループで著作活動を始める。しかし現在はレイモン・アロン研究センターの実質的中心人物として、フランスにおけるリベラル政治哲学を代表する。80年にはガリマール社の編集者で歴史家のピエール・ノラとともに雑誌『デバ（*Le Débat*）』を創刊し、編集長を務める。サルトルの死と重なるように創刊された同誌は80年代以降の知識人の中道化の旗振り役となった。著書に『代表制の政治哲学』（富永茂樹・北垣徹・前川真行訳、みすず書房、2000年、原著1995年）など。

ゴーティエ、テオフィル（Théophile Gautier）74, *75*

フランスの詩人、小説家（1811－72）。ロマン派から出発し芸術至上主義を主張する。詩集『螺鈿七宝集』、小説『モーパン嬢』（井村実名子訳、岩波文庫、2006年、原著1835年）など。

コールマン、ジェームズ（James Colemant）260

アイルランドのアーティスト（1941－）。多義的なスライド、フィルム、オーディオなどの重ね合わせの効果のなかから、そこに巻き込まれる主体とその解釈を問う作風で知られる。本書で言及される *retake with evidence* では、俳優ハーヴェイ・カイテルによるソフォクレスの戯曲『オイディプス王』の朗読を中心に、表象芸術のなかにあるエヴィデンスという主題が問われている。

コスタ、ペドロ（Pedro Costa）80, *81*, 263, 266, 314

ポルトガルの映画監督（1959－）。ランシエールが本書でたびたび言及しているのは、リスボンのスラム街フォンタイニャス地区で家族を２年にわたって撮影した作品『ヴァンダの部屋』（2000年）。マノエル・ド・オリヴェイラとならび、ポルトガルの「作家映画」を代表する。他の作品に『コロッサル・ユース』（劇作品、2006年）、『なにも変えてはならない』（女優ジャンヌ・バリバールの歌手活動を追ったドキュメンタリー、2009年）など。

ゴダール、ジャン＝リュック（Jean-Luc Godard）96, 260

フランスの映画監督（1930－）。いわゆる「ヌーヴェル・ヴァーグ」の旗手。代表作の一つ『中国女』（1967年）は、当時のアルチュセール派を戯画化しつつ、68年５月を先取りした作品として知られる。ほかに『映画史』（1988－98年）など。

ゴニ、ルイ＝ガブリエル（Louis-Gabriel Gauny）52, 57, 71, 106, 107, 131, 136, 140, 152, 161, 208, 223, 314, 316, 325

フランスの労働運動家（1806－89）。ほとんど無名であったが、ランシエールの『プロレタリアの夜』によって古文書庫から「発掘」された。ランシエールは同書刊行後に、ゴニのテキストを編纂して出版している。*Le philosophe plébéien*, textes présentés et rassemblés par Jacques Rancière, Presses Universitaires de Vancennes/La

とキッチュ」でその名を広く知られるようになる。抽象表現主義、なかでもジャクソン・ポロックを擁護し、後年には「ポスト絵画的抽象」の理念のもと、抽象表現主義の新たな展開を示そうとした。

グリニョン（Grignon）61

フランスの労働運動家（1801－？）。七月王政期に共和派として労働運動に参加。自身も加わる仕立工労働運動の組織化とストライキの実施、他労組との連携で活躍。ランシエールは『プロレタリアの夜』、『アルチュセールの教え』などでたびたび言及。

グリュックスマン、アンドレ（André Glucksmann）84, 85, 87, 318

フランスの哲学者（1937－）。レイモン・アロンの助手として迎えた68年5月では『アクション』（各大学の行動委員会の合同機関紙）の編集に参加。著書『戦争論』（岩津洋二訳、雄渾社、1969年、原著1968年）は当時広く読まれた。5月後は毛沢東主義者としてパリ第8大学で「賃労働制廃止・大学破壊下部委員会」で活動する。ランシエールが本書50頁で言及する『新ファシズムと新民主主義』（1972年）にも寄稿した。その後まもなく『現代ヨーロッパの崩壊』（田村俶訳、新潮社、1981年、原著1975年）を発表して反マルクス主義に転向。『思想の首領たち』（西永良成訳、中央公論社、1980年、原著1977年）がベストセラーとなり、「新哲学派」の代表的メディア知識人となる。

クレイマー、ロバート（Robert Kramer）96

アメリカの映画監督（1939－99）。新左翼運動を経て1967年に制作集団「ニューズリール」を創設。新左翼運動や社会運動を題材とした作品を撮る。作品に『アイス』（1970年）、『マイルストーン』（1975年）など。

クレール、ジャン（Jean Clair）318

フランスの美術研究者（1940－）。本名ジェラール・レニエ。パリのピカソ美術館の館長を長らく務める。1995年のヴェネチア・ビエンナーレの総合ディレクター。そのときのテーマは「自己性と他者性」。イタリア人以外から総合ディレクターが選ばれたのは彼がはじめてである。

クンツェル、ティエリー（Thierry Kuntzel）259

フランスのアーティスト、映像理論家（1944－2007）。精神分析や意味論を援用した映像作品分析に加え、70年代後半からは自身のヴィデオ作品を制作するようになった。ベルール（本索引参照）はその作品をフロイトの「マジックメモ」と比較して分析している。

ゲッリウス、アウルス（Aulus Gellius）67

古代ローマの著述家（125頃－180以降）。『アッティカの夜』の著者。同書は当時の社会の様子や人びととの興味のほか、残存しない著述家のテキストの抜粋を含んでおり貴重とされる。

フランスの科学史家（1904－95）。高等師範学校（ENS）ではサルトル、ジャン・カヴァイエスらと同窓。対独レジスタンスにも参加。1955－71年、ガストン・バシュラールを引き継ぎソルボンヌで教える。政治的には社会党に近かったとされるが、68年には学生たちの反乱を支持した。「フランス・エピステモロジー」と呼ばれる潮流を戦後代表する人物であり、近年とみに再評価の気運が高い。著書に『正常と病理』（滝沢武久訳、法政大学出版局、1987年、原著1966年）など。

カンディンスキー、ワシリー（Wassily Kandinsky）249, 250

ロシア出身の画家（1866－1944）。抽象絵画の創始者の一人として知られている。独特のリズムや音楽性を感じさせる色彩と形象の幾何学的配置を特徴とする。代表作に一連の『コンポジション』シリーズがある。

カント、イマヌエル（Immanuel Kant）26, 104, 106, 113, 119, 149, 151, 152, 155, 160, 161, 176

ドイツの哲学者（1742－1804）。主著に『純粋理性批判』（熊野純彦訳、作品社、2012年、原著1781年）、『実践理性批判』（同、2013年、原著1788年）など。

クー、エリック（Eric Khoo）263

シンガポールの映画監督（1965－）。『My Magic』（2008年）では第61回カンヌ映画祭最高賞パルムドールにシンガポール映画としてはじめてノミネートされるなど、シンガポールを代表する映画監督として知られる。2011年には日本の劇画漫画家辰巳ヨシヒロの半生を描いた『TATSUMI』を発表している。

クーンズ、ジェフ（Jeff Koons）243, *243*

アメリカの現代美術家（1955－）。レディメイド、日用品、ポップアートを織り交ぜた派手でキッチュな作風で知られる。イタリアのポルノ女優兼国会議員チチョリーナと結婚し、夫婦のセックスを描いた作品群「メイド・イン・ヘブン」で物議を醸す。既存のイメージを多用するため、著作権関係の訴訟も多い。2008年にヴェルサイユ宮殿で個展を開催、大きな話題を呼んだ。

クニャル、アルヴァロ（Álvaro Cunhal）*93*

ポルトガルの政治家（1913－2005）。ポルトガル共産党書記長（1961－92）で、「リスボンの春」（「カーネーション革命」、1974年）の立役者。熱心なソ連派としても知られた。

クパ、ジュリアン（Julien Coupa）*253*

フランスの政治運動家（1974－）。2008年に列車運行妨害をした容疑で逮捕されている。「不可視委員会」の名で出版された『来たるべき蜂起』（彩流社、2010年、原著2007年）は彼が中心的に関与しているとされる。

グリーンバーグ、クレメント（Clement Greenberg）152, *153*, 154, 155, 319

アメリカの美術批評家（1909－94）。消費社会における芸術の退廃としてのキッチュに対立するものとして前衛を論じた、1931年のエッセイ「アヴァンギャルドの「理論」叢書からフォイエルバッハ『キリスト教の本質』の翻訳を刊行している。その後インド思想とユダヤ思想の研究に転じている。

オルトフー、ブリス（Brice Hortefeux）185

フランスの政治家（1958－）。2014年現在は右派の国民運動連合（UMP）所属の欧州議会議員。05－11年、サルコジ大統領のもとで移民相、労相、内相を歴任。移民相時代の07年に成立した「移民の抑制、統合および庇護にかんする法律」はオルトフー法と呼ばれ、移民が母国から家族を呼び寄せるさいにDNA鑑定を可能にするものであったが、大きな反対に遭い、実施のための法令を制定できずに終わった。近年ではアラブ系住民に対する人種差別発言で物議を醸したことがある。

カ

カストリアディス、コルネリュウス（Cornelius Castoriadis）*39*, 46

ギリシア生まれの哲学者（1922－97）。当初はトロツキスト活動家となるが、1948年に反スターリン主義、評議会主義傾向を持つ「社会主義か野蛮か」グループを設立。後年はマルクス主義批判に転じる。日本編集の論文集に『社会主義か野蛮か』（江口幹訳、法政大学出版局、1990年）がある。

ガタリ、フェリックス（Félix Guattari）84, 91, 221

フランスの精神分析家・政治活動家（1930－92）。代表作の『アンチ・オイディプス』（宇野邦一訳、河出文庫、2006年、原著1972年、ジル・ドゥルーズとの共著）は、ランシエールにとって、資本主義社会へのラディカルな批判よりも、左翼主義の左からの精算と感じられた。

カベー、エティエンヌ（Étienne Cabet）68

フランスの初期社会主義者（1788－1856）。七月革命に参加した後、共和派として活動。主著『イカリア旅行記』（1840年）で、強大な生産力に支えられた共産主義的理想社会論を説いた。実際に信奉者とともに米国に渡り、同名のコミューン建設運動を行った（1848－98年のあいだ存続）。

カミュ、アルベール（Albert Camus）17

フランスの作家（1913－60）。文学においてサルトルとともに20世紀の実存主義を代表する。代表作に『異邦人』（窪田啓作訳、新潮文庫、1963年、原著1942年）、『革命か反抗か』（佐藤朔訳、新潮文庫、1969年、原著1951年）など。

カルヴェス、ジャン＝イヴ（Jean-Yves Calvez）17, *17*, 27

フランスのイエズス会司祭（1927－2010）。本書に言及のあるマルクス論（『カール・マルクスの思想』第1章注4参照）は現在も版を重ねている。第2次大戦直後から50年代までのフランスでは、彼をはじめ、カトリック系社会運動から出発してマルクス主義に接近する者が多く見られた。アルチュセールもその一人である。

カンギレム、ジョルジュ（Georges Canguilhem）24, 26

ヴェルムラン、パトリス（Patrice Vermeren）90

フランスの歴史家（1949－）。パリ第8大学教授。19世紀フランスの哲学と政治の関係史が専門。博士論文のテーマはヴィクトール・クザン（19世紀フランスの唯心論的ヘーゲル主義者）で、ランシエールは審査員の一人だった。アラン・バディウとも近い。

ウォルシュ、ラオール（Raoul Walsh）98, 99

アメリカの映画監督（1887－1980）。グリフィスの助監督を経て監督となる。ジャンルを問わずハリウッドで100本以上の映画を製作。作品に『バグダッドの盗賊』（1924年）、『彼奴は顔役だ』（1939年）など。

ウルフ、ヴァージニア（Virginia Woolf）104

イギリスの作家（1882－1941）。20世紀初頭のロンドンで活動した知識人サークル、ブルームズベリ・グループに所属しつつ、「意識の流れ」に着目するなど革新的小説技法によってイギリス文学の新地平を開拓した。小説に『ダロウェイ夫人』（土屋政雄訳、光文社文庫、2010年、原著1925年）など。また『自分だけの部屋』（川本静子訳、みすず書房、2013年、原著1929年）などのエッセイでは、女性性の問題を真っ向から取り上げた。

エイジー、ジェームズ（James Agee）312, *313*

アメリカの作家、映画批評家、ジャーナリスト（1909－55）。1940年代最高の映画批評家と評される。当時忘れかけていたチャップリンやキートンを復権させた。代表作には本書に登場する *Let Us Now Praise Famous Men*, 1941（未邦訳、『誉れ高き人々をたたえよう』）。自伝的小説『家族のなかの死』（金関寿夫訳、『世界文学全集81』集英社、1978年、原著1957年）が死後に出版され、ピュリツァー賞を受けた。

エスタブレ、ロジェ（Roger Establet）36

フランスの教育社会学者（1938－）。『資本論を読む』の執筆者の一人としても知られるが、クリスチャン・ボードゥロとの共同による教育史研究で名高い。学校をアルチュセールの「イデオロギー装置」概念を駆使して分析した共著『フランスにおける資本主義的学校』（未邦訳、1971年）が協力関係の出発点だった。2人の共著は数多く、邦訳書として『豊かさのなかの自殺』（山下雅之・都村聞人・石井素子訳、藤原書店、2012年、原著2006年）がある。

エリアス、ピエール＝ジャケ（Pierre-Jakez Hélias）56

フランスの作家・民族学者（1914－95）。20世紀前半のブルターニュの民俗を描いた自伝的作品『誇り高き馬』（未邦訳、1975年）がヒット。クロード・シャブロルが1980年に映画化した。

オジエ、ジャン＝ピエール（Jean-Pierre Osier）35

フランスの思想史家（1935－）。高等師範学校（ENS）の学生であった1960年代中頃からアルチュセールと親しく、68年にはアルチュセールが監修するマスペロ社

クサンドル・コジェーヴとともに戦間期以降のヘーゲル理解に強い影響を与える。ENS 校長（1954–63）を経て、コレージュ・ド・フランス教授。著書に『ヘーゲル精神現象学の生成と構造』（市倉宏祐訳、岩波書店、1972–73年、原著1946年）など。

ヴァール、ジャン（Jean Wahl）23

フランスの哲学者（1888–1974）。長年ソルボンヌで教え、ヘーゲルやキルケゴールの研究で思想界に大きな影響を与えた。英米哲学を紹介する仕事も行っている。ユダヤ人であったため、ドイツ軍占領時代には強制収容所に収監された。釈放後の1942–45年にアメリカに亡命。著書に『実存主義入門』（松浪信三郎・高橋允昭訳、理想社、1962年、原著1954年）などがある。

ヴィーコ、ジャンバッティスタ（Giambattista Vico）248

イタリアの哲学者（1668–1744）。デカルト的精神に対し歴史哲学の優位を主張し、人間自身が作り上げた歴史のなかに人間的本質を見てとろうとした。代表作に『新しい学』（上村忠男訳、法政大学出版局、2007年、原著1725年）。

ヴィオラ、ビル（Bill Viola）259

アメリカのヴィデオ・アーティスト（1951–）。ワンショット撮影を多用し、世界と人間とのかかわり、人間の自己認識やその再帰性などをテーマに作品を制作している。日本での個展のカタログに『はつゆめ』（淡交社、2006年）がある。

ヴィクトール、ピエール（Pierre Victor）45　→ベニー・レヴィ

ヴィラン、ドミニク（Dominique Villain）95

フランスの映画研究者（生年不詳）。著書に『映画はこのように撮られた』（梅本洋一訳、勁草書房、1992年、原著増補版1992年）など。

ヴィリリオ、ポール（Paul Virilio）302, 322

フランスの哲学者・都市計画家（1939–）。芸術評論でも知られるが、研究の出発点は第1次大戦時の塹壕の建築史的研究であり、「戦争はテクノロジーの実験場である」という視点から社会論、文明論を展開した。著書に『速度と政治　地政学から時政学へ』（市田良彦訳、平凡社ライブラリー、2001年、原著1977年）、『戦争と映画——知覚の兵站術』（石井直志・千葉文夫訳、平凡社ライブラリー、1997年、原著1984年）など。

ヴィンケルマン、ヨハン（Johann Winckelmann）248, 325

ドイツの美術史家（1717–68）。古代美術を賛美し、その復興をとなえて新古典主義に大きな影響を与えた。訳書に『ギリシャ美術模倣論』（澤柳大五郎訳、座右宝刊行会、1976年）、『古代美術史』（中山典夫訳、中央公論美術出版、2001年）。

ヴェルディ、ジュゼッペ（Giuseppe Fortunino Francesco Verdi）68, 69, 269

イタリアの作曲家（1813–1901）。作品に『椿姫』（1853年）、『アイーダ』（1871年）など。イタリア独立運動に重なるキャリアの前半では、題材選定やメロドラマと合唱を合わせた力強い作劇で愛国運動に刺激を与えた。

を中心に、映画的叙述法に頼らず反復的情景を密度濃く描写する作風で知られる。1995年からはヴィデオ・インスタレーションも作成している。

アサド、バッシャール・アル（Bassar al-'Asad）304
シリアの政治家（1965－）。父ハーフィズを継いで大統領となり（2000年－）、「アラブの春」後に内戦状態に陥ったシリアに君臨し続ける。

アドルノ、テオドール（Theodor Wiesengrund Adorno）152, 153, 319
ドイツの哲学者（1903－69）。フランクフルト社会研究所の論客の一人として、マルクスやフロイトを参照しながら近代文明批評を行う。代表作に『否定弁証法』（木田元ほか訳、作品社、1996年、原著1966年）、『プリズメン』（渡辺祐邦・三原弟平訳、筑摩書房、1996年、原著1955年）など。

アリストテレス（Aristotelēs）138, 165, 168, 203, 210, 230, 273
古代ギリシャの哲学者（前384－前322）。プラトンの弟子であったが、師とは異なる哲学を体系化したことで、西洋哲学のもうひとつの源泉とされる。生前に著した膨大なテクストのうち、『カテゴリー論』、『命題論』、『自然学』、『ニコマコス倫理学』などいくつかの著作が残されている（いずれも『アリストテレス全集』、岩波書店に収録）。

アルキエ、フェルディナン（Ferdinand Alquié）24
フランスの哲学者（1906－85）。マルシアル・ゲルーとならび、20世紀フランスを代表するデカルト学者。ゲルーがデカルトにおける「理性の秩序」を重視したのに対し、アルキエはデカルトの「哲学する行為」を強調し、実存主義的デカルト解釈を行った。著書に『デカルトにおける人間の発見』（坂井昭宏訳、木鐸社、1979年、原著1956年）など。シュールレアリスム運動と近かったことでも知られる。

アルチュセール、ルイ（Louis Althusser）8, *9*, 15, *17*, 22, *23*, 24, 25, *25*, 26-29, *29*, 30-32, *33*, 34-36, 38, 43, *43*, 44, 46, 78, 103, 118, 124, 150, 191, 192, *193*, 195
フランスの哲学者（1918－90）。編著書に、ランシエールも著書の一人である『資本論を読む』（今村仁司訳、ちくま学芸文庫、1996－97年、原著1965年）。単著として『マルクスのために』（河野健二ほか訳、平凡社、1994年）、『哲学・政治著作集』（市田良彦ほか訳、藤原書店、1999年、原著1994－95年）など。

アレクサンダー大王（Alexandros）310
マケドニア王（前356？－323）。その東方遠征はヘレニズム文化の端緒を開いた。アリストテレスが家庭教師を務め、親交を結んだことでも知られる。

アントニオーニ、ミケランジェロ（Michelangelo Antonioni）98
イタリアの映画監督（1912－2007）。ロッセリーニらの次世代の監督として現代人の孤独と不安を描く。作品に『情事』（1960年）、『赤い砂漠』（1964年）など。

イポリット、ジャン（Jean Hippolyte）24
フランスの哲学者（1907－68）。高等師範学校（ENS）でサルトルらと同級。アレ

【人名索引】

※数字のイタリック体は注釈のページ数を示す。

ア

アーレント、ハンナ（Hannah Arendt）173, 174, *175*, 194, 236

ドイツ出身の哲学者（1906−75）。第2次大戦以前、ドイツでハイデガー、ヤスパースのもとで哲学を修め、亡命したアメリカでは全体主義批判を中心とする政治理論を展開。ソ連圏崩壊後に、再び脚光を浴びるようになった。代表作に『全体主義の起源』（大島通義・大島かおり・大久保和郎訳、みすず書房、1981年）、『人間の条件』（志水速雄訳、ちくま学芸文庫、1994年）など。

アガンベン、ジョルジョ（Giorgio Agamben）304

イタリアの哲学者（1942−）。現代政治哲学と美学研究を代表する一人。現代人の生の特徴は、例外状態に置かれた剝き出しの生であるとの議論で知られる。著書に『ホモ・サケル』（高桑和巳訳、以文社、2007年、原著1995年）、『思考の潜性力』（高桑和巳訳、月曜社、2009年、原著2005年）など。イタリア語版ベンヤミン全集の監修者。

アギュロン、モーリス（Maurice Agulhon）62

フランスのアナール派歴史学者（1927−2014）。1986年から97年までコレージュ・ド・フランスの歴史学教授を務めた。1848年革命の地方への波及にかんする研究から出発し、共和国の諸制度と権力表象に注目した。「社交性 sociabilité」の概念を歴史研究に持ち込んだことでも知られる。著書に『フランス共和国の肖像　闘うマリアンヌ1789−1880』（阿河雄二郎ほか訳、ミネルヴァ書房、1989年、原著1979年）など。

アクセロス、コスタス（Kostas Axelos）*39*

ギリシア人であるが、第2次大戦後、フランスに移住して活動した哲学者（1924−2010）。ハイデッガー研究で知られる。著書に『遊星的思考へ』（高橋允昭訳、白水社、2002年、原著1964年）、『技術の思想家マルクス』（竹内良知・垣田宏治訳、創林社、1980年、原著1961年）など。

アグリッパ、メネニウス（Menenius Agrippa）*139*, 144

古代ローマの政治家（前503頃）。前494年、都市国家ローマで平民が蜂起し、アウェンティヌスの丘に立てこもった際、調停交渉のために議会から派遣され、平民たちの説得にあたった。

アケルマン、シャンタル（Chantal Akerman）260, *261*

ベルギーの映画監督（1950−）。フェミニストとしても知られる。女性の日常性

【著者略歴】

ジャック・ランシエール
（Jacques Rancière）

パリ第8大学名誉教授（哲学、政治思想、美学）。1940年、アルジェ生まれ。
翻訳された著書に『アルチュセールの教え』（航思社）、『不和あるいは了解なき了解』『民主主義への憎悪』（ともにインスクリプト）、『無知な教師』『感性的なもののパルタージュ』『解放された観客』（以上、法政大学出版局）、『言葉の肉』（せりか書房）、『マラルメ』（水声社）、『イメージの運命』（平凡社）など。

【訳者略歴】

市田良彦
（いちだ・よしひこ）

神戸大学大学院国際文化学研究科教授。1957年生まれ。
著書に、『存在論的政治』（航思社）、『ランシエール 新〈音楽の哲学〉』（白水社）、『革命論』『アルチュセール ある連結の哲学』（以上、平凡社）、訳書にジャック・ランシエール『アルチュセールの教え』（共訳、航思社）、ルイ・アルチュセール『哲学・政治著作集』全2巻（共訳、藤原書店）など。

上尾真道
（うえお・まさみち）

立命館大学専門研究員。1979年生まれ。
訳書にジャン＝クレ・マルタン『百人の哲学者 百の哲学』（共訳、河出書房新社）、ブルース・フィンク『精神分析技法の基礎』（共訳、誠信書房）など。

信友建志
（のぶとも・けんじ）

鹿児島大学准教授。1973年生まれ。
訳書にアントニオ・ネグリ『スピノザとわたしたち』、ステファヌ・ナドー『アンチ・オイディプスの使用マニュアル』（ともに水声社）、エリザベート・ルディネスコ『ラカン、すべてに抗って』（河出書房新社）など。

箱田 徹
（はこだ・てつ）

京都大学人文科学研究所研究員。1976年生まれ。
著書に『フーコーの闘争 〈統治する主体〉の誕生』（慶應義塾大学出版会）、訳書にジャック・ランシエール『アルチュセールの教え』（共訳、航思社）、クリスティン・ロス『六八年五月とその後』（航思社）など。

平等の方法
びょうどう ほうほう

著　者	ジャック・ランシエール
訳　者	市田良彦、上尾真道、 信友建志、箱田　徹
発行者	大村　智
発行所	株式会社 航思社 〒113-0033 東京都文京区本郷1-25-28-201 TEL. 03 (6801) 6383 ／ FAX. 03 (3818) 1905 http://www.koshisha.co.jp 振替口座　00100-9-504724
装　丁	前田晃伸
印刷・製本	シナノ書籍印刷株式会社

2014年10月8日 初版第1刷発行

ISBN978-4-906738-08-3　　C0010
Japanese translation©2014 ICHIDA
Yoshihiko, UEO Masamichi,
NOBUTOMO Kenji, HAKODA Tetz

本書の全部または一部を無断で複写複製することは著作権法上での例外を除き、禁じられています。

落丁・乱丁の本は小社宛にお送りください。送料小社負担でお取り替えいたします。

(定価はカバーに表示してあります)

Printed in Japan

アルチュセールの教え （革命のアルケオロジー 1）

ジャック・ランシエール 著
市田良彦・伊吹浩一・箱田徹・松本潤一郎・山家歩 訳
四六判 仮フランス装 328頁　本体2800円（2013年7月刊）

大衆反乱へ！　哲学と政治におけるアルチュセール主義は煽動か、独善か、裏切りか —— 68年とその後の闘争をめぐり、師のマルクス主義哲学者を本書で徹底批判して訣別。「分け前なき者」の側に立脚し存在の平等と真の解放をめざす思想へ。思想はいかに闘争のなかで紡がれねばならないか。

68年5月とその後　反乱の記憶・表象・現在

（革命のアルケオロジー 3）

クリスティン・ロス 著
箱田 徹 訳
四六判 上製 472頁　予価4200円（2014年10月下旬刊予定）

ラディカルで行こう！　世界世界的な反乱の時代を象徴する出来事、「68年5月」。50年代末のアルジェリア独立戦争から、21世紀のオルタ・グローバリゼーション運動に至る半世紀で、この反乱はいかに用意され、語られてきたか。フランス現代思想と社会運動を俯瞰しつつ、膨大な資料を狩猟して描かれる「革命」のその後《アフターライフ》。

存在論的政治　反乱・主体化・階級闘争

市田良彦
四六判 上製 572頁　本体4200円（2014年2月刊）

21世紀の革命的唯物論のために　ネグリ、ランシエール、フーコーなど現代思想の最前線で、9.11、リーマンショック、世界各地の反乱、3.11などが生起するただなかで、生の最深部、〈下部構造〉からつむがれる政治哲学。『闘争の思考』以後20年にわたる闘争の軌跡。（フランスの雑誌『マルチチュード』掲載の主要論文も所収）

天皇制の隠語

絓 秀実
四六判 上製 474頁　本体3500円（2014年4月刊）

反資本主義へ！　公共性／市民社会論、新しい社会運動、文学、映画、アート……さまざまな「運動」は、なぜかくも資本主義に屈してしまうのか。排外主義が跋扈する現在、これまでの思想・言説を根底から分析し、闘争のあらたな座標軸を描く。日本資本主義論争からひもとき、小林秀雄から柄谷行人までの文芸批評に伏在する「天皇制」をめぐる問題を剔出する表題作のほか、23篇のポレミックな論考を所収。